马一浮与国学

（增订版）

刘梦溪 著

生活·讀書·新知 三联书店

图书在版编目（CIP）数据

马一浮与国学 / 刘梦溪著. —增订本. —北京：生活 · 读书 · 新知三联书店，2018.7
ISBN 978－7－108－06320－5

Ⅰ. ①马… Ⅱ. ①刘… Ⅲ. ①马一浮（1883～1967）－思想评论 Ⅳ. ①B261.5

中国版本图书馆 CIP 数据核字（2018）第 101117 号

责任编辑 张 龙
装帧设计 蔡立国
责任校对 龚黔兰
责任印制 徐 方
出版发行 生活·讀書·新知 三联书店
（北京市东城区美术馆东街 22 号 100010）
网 址 www.sdxjpc.com
经 销 新华书店
印 刷 北京市松源印刷有限公司
版 次 2018 年 7 月北京第 1 版
2018 年 7 月北京第 1 次印刷
开 本 880 毫米 × 1230 毫米 1/32 印张 12.75
字 数 224 千字 图 10 幅
印 数 0,001－3,500 册
定 价 68.00 元
（印装查询：01064002715；邮购查询：01084010542）

马一浮先生（1883—1967）

马一浮自题影像

二十余岁自题

是我相，非我相，佛者心，狂者状。

六十四岁自题

无色无心，非生非灭。常寂光中，本无一物。

无位真人，面门出入。离相离名，追之弗及。

七十岁自题

忧来无方，老至不知。空诸所有，乃见天机。

七十九岁自题

行若遗，坐若忘，宇泰定，发天光。

黜聪明，绝言思，守寂默，顺希夷。

马一浮语要

国家生命所系，实系于文化，而文化根本则在思想。从闻见得来的是知识，由自己体究，能将各种知识融会贯通，成立一个体系，名为思想。

学者当知六艺之教，固是中国至高特殊之文化。唯其可以推行于全人类，放之四海而皆准，所以至高；唯其为现在人类中尚有多数未能了解，百姓日用而不知，所以特殊。

天地一日不毁，此心一日不亡，六艺之道亦一日不绝。

不信六经，更信何书。不信孔子，更信何人。

信吾国古先哲道理之博大精微，信自己身心修养之深切而必要，信吾国学术之定可昌明，不独要措我国家民族于磐石之安，且当进而使全人类能相生相养而不致有争夺相杀之事。

学问却要自心体验而后得，不专恃闻见。要变化气质而后成，不偏重才能。知识、才能是学问之资藉，不即是学问之成就。

人之气质，焉能全美。学问正是变化气质之事。识得救取自己，方解用力。

向外求知，是谓俗学；不明心性，是谓俗儒；昧于经术，是谓俗吏；随顺习气，是谓俗人。

境界不出顺逆二种，如富贵、贫贱、夷狄、患难、毁誉、得失、忧喜、苦乐，皆能移人。以仕宦夺志，以饥渴害志者，不足与立。

思想之涵养愈深厚，愈充实，斯其表现出来的行为言论愈光大。

目　录

自 序

我关注马一浮先生，始于20世纪90年代初，当时正编纂《中国现代学术经典》，有《马一浮卷》，得以读了马先生的大部分著作。由于我的心性偏于审美与哲思，又略有佛缘，与马一浮的思想一拍即合。后来，浙江古籍出版社和浙江教育出版社联合出版的《马一浮集》问世了，三巨册，二百多万字，让我兴奋不已，一年之内读了两遍。尤其他的诗作和信札，我以为那是马先生学问的宝藏。写一本研究马先生的书的想法，不禁油然而生。可是，当时我已经在写陈寅恪，马先生只好暂且靠后了。

同时，也由于研究马一浮不是一件容易的事，起码需要熟悉宋学和佛学。因此好长一段时间，我是一面研究陈，一面准备马。我不得不跟着马先生的足迹往佛学里面走。孰料佛禅义海路有万重，追寻两载还不见内学的边际底里。写了一篇《熊十力与马一浮》，对唯识之学稍存感会。时间积久而生变，马著中的佛学部分慢慢可以读懂了。于是又写了《马一浮的佛禅境界和“方外诸友”》，是自己比较满意的文字。这是2004年到2005年的事情。《马一浮的学术精神和学问态度》《马一浮与复性书院》两篇，也是此前此后写成的，刊载于《文艺研究》和香港的《九州学林》。《马一浮的儒佛会通思想》当时也写成了初稿，但没有改定发表，直到最近才修润完成。

我还得跟着马先生进入宋学。又是一年多的时间，读竟了濂、洛、关、闽四家五人的全部著作。进入宋学比进入佛学相对障碍较少。各家都有版次比较好的排印本、手边书，阅读方便。宋明学术史这一块，原先我是先明后宋，阳明学摸清楚以后，才返宋去碰朱子。这和我研究陈寅恪有关，因为义宁之学的传统，从陈宝箴的父尊陈琢如，到陈宝箴，再到陈三立，都是以阳明学为宗主。我的大好阳明与此不无关联。张载、朱子也喜欢，早已是旧相识。只有“二程”属于新知，不料如同旧雨，从细读来，方知洛阳两兄弟的厉害。难怪朱子那样称颂他们，连他们的门弟子也拿来讨论。写了一篇《为生民立命——“横渠四句教”的文化理想》，首载2008年的《中华读书报》，增补后又刊于2010年的《中国文化》，是为研习宋学的一次心得。2009年写的《竹柏春深护讲筵——白鹿洞书院访学记》，主要想重构朱熹当年创办白鹿洞书院的艰辛历程，载2009

年 8 月 9 日《文汇报》，也属于涉宋学的文字。

问题是马一浮由宋学又返归到“六经”，并独发单提“六艺之学”。这块天地更加广袤无垠、渊深无底了。我只好跟着往那个云雾缭绕的高点上走。好的条件是，自幼熟读《语》《孟》，熟悉“诗三百”，喜欢《左传》，细读过前四史。需要啃一番的主要是《尚书》《礼记》和《周易》。《礼记》不难读，马先生也认为需要读此书。《大戴礼》马先生也颇看重，只好也去涉猎。《大戴礼·哀公问五义篇》对“士”的解释简直妙绝。哀公问孔子：“何如斯可谓士矣？”孔子说：“所谓士者，虽不能尽道术，必有所由焉；虽不能尽善尽美，必有所处焉。是故知不务多而务审其所知，行不务多而务审其所由，言不务多而务审其所谓。知既知之，行既由之，言既顺之，若性命肌肤之不可易也。富贵不足以益，贫贱不足以损。若此，则可谓士矣。”这是孟子之后对“士”行的最好论述。知、行、言都必须有其理由，而且守之“若性命肌肤之不可易”，贫贱、富贵均无以“夺”，不足“损”，这才是“士”。试想这是何等分量。

“六经”中《尚书》一向以难读著称，连韩愈都有“佶屈聱牙”的感会。当然，读《易》玩辞最难，但我的兴趣驱之不退。孔子说五十学《易》，我学《易》快六十了。马先生是高深博雅的易学大师，他称《易》为“六艺之原”，不学《易》无以研马。应《中华读书报》的约稿，当时写了《2008我读的书》一文，其中讲了学《易》、温“经”、读程子的情形。此一期间，又写了《马一浮和“六艺论”》《马一浮的文化典范意义》，分别载《中国文化》和《中华读书报》。但这时我对先秦学术的兴趣超过了对马一浮的兴趣，往而不知有返，于是研马又停下了脚步。梳理“国学”概念的源流及探讨如何在当代发用，花去我许多时间，《论国学》和《国学辨义》两篇长文，即写于此一时期。尽管是因研马而引起的上下“旁骛”，写马书的时间毕竟延宕下来了。

何况我还得写陈寅恪呢。研陈二十年，到2012年才有《陈宝箴和湖南新政》出版。其实研陈的积稿早逾三四十万言，只需要连贯的时间整理定稿。中国传统文化价值理念在今天的意义，是近两年我的学术关切。这缘于对《语》、《孟》和“六经”的研习。我想探讨中国文化的观念的思想史。2012年三联书店出版的《中国文化的狂者精神》，是这方面系列思考的一部分。研陈之书，去年又从积稿中整理出一部《陈寅恪的学说》，日前已付梓。

走进宋学和研习“六经”的收获，使我解开了研究马一浮的一个难题。马的《泰和会语》和《宜山会语》两论著，其中有八篇文字在题目下面标有“义理名相论”字样。开始接触，茫然不知所对。十余年过后，开始拨云见日，知道马先生在说什么以及为什么要这样说了。本书

第五章“马一浮的‘义理名相论’”，探讨的就是此一问题，新近才完成。马先生是通过融通儒佛，以佛家之名相来阐释儒家的经术义理，二学比较推勘，达到由分析名相到排遣名相的目的。天下的事物与人物，无不为名词概念所笼罩，所以孔子才有“必也正名乎”的教言。人文学术研究尤其如此。本体、性体、性理是无形无色、无声无臭的，眼不可见，手不可触。所能见及的无非一个个单独的“器”与“物”，以及因“气”的流行而形成的“相”。跟“器”“物”“相”相关的称谓、名词、术语、概念、范畴，形成于万千斯年，也是可辨、可梳、可推、可演而不可见的抽象物。至“气”中之“理”“器”寓之道、“相”后之性，亦为不可见及的空无。性理和性体是同等概念。研究者之所能事，不过是识得性体，参究本体，见得道体。这就需要引入思维，而思维需要分析名相、破除名相、排遣名相，然后会相归性。其间经过了极为艰难曲折的体认、体究、审谛、察识的过程，此即学问的过程。因气明理、即器见道、明体达用的境界，就是在此种情况下产生的。也只有在此种情境之下，所谓“体用一原、道器无二、显微无间”的“实理”，才能为我们的理性所认知。理性和义理为人人所同具，但容易为各种“习气”所汩没，须得刊落“习气”，才能恢复本然之知和本然之性。章太炎民元之前因苏报案囚上海狱中，得读唯识旧师的著作，深悟“以分析名相始，以排遣名相终”的谛义并与之发生共鸣，以至于十年之后撰写《蓟汉微言》犹忆及此一公案。而马先生的为学，则完成了从分析名相到排遣名相的学理超越过程。故马一浮“义理名相论”的宗旨实在于“复性”，他的谛言是：“会得者名相即是禅，不会者禅亦是名相。”

终于有机会将以往研究马一浮的文字全部梳理增补厘订一遍，共得九章，即为是书。书写体例，大体以义理题义为纲，以时间为序，似乎带有学术思想传论的性质。马先生的学术思想系直承宋学而来，特别受朱子的影响至为明显。但他的思想义理多为原创独发，“六艺论”和“义理名相论”可视为他的两项极为重要的学理发明，足以在现代学术思想史上现出光辉。要之，马一浮的学术思想体系，可以用“新义理学说”立名，其学理构成为“六艺论”和“义理名相论”两部分，其方法则是儒佛互阐和会通儒佛。所谓“新”者，是针对宋儒的义理学说而言。宋儒融佛而辟佛，马先生视儒佛为一体之两面，只是名言化迹之不同而已。他的“六艺论”亦与郑康成的“六艺论”有别。他将国学重新定义为“六艺之学”的“国学论”，前贤不逮，义显当代，泽被后世。事实上，只有如此厘定国学的内涵，国学才有可能成为一单独的学科，与文史哲诸科门不相重叠。中华文化具有恒定意义的价值理念悉在“六经”，以“六经”为国学，可以使国学进入现代教育体系。马一浮的

“六艺论”包括“六艺之道”“六艺之教”“六艺之人”三项连贯的思想范畴，现代国学教育可以通过“六艺之教”，传播“六艺之道”，从而培养“六艺之人”。此即马氏“六艺论”之一“新”也。二“新”则是视“六艺”为我国最高之特殊之文化，由古即今，永不过时。我曾说《语》《孟》和“六经”的基本价值伦理，是以敬、诚、信、忠恕、仁爱、知耻及“和而不同”为代表，成为中华民族两千年来立国和做人的基本依据，此即直承马氏“新六艺”学说而来。

本人多年研究马一浮，有一深切的体会，即在马先生其人和他的著作面前，我们的话说得越多，离马先生越远。因此本书的写作，力求让马先生自己说话。笔者之所为作，在个人是梳理、体悟与思考，形诸文字则是辨析、归纳与介绍。所介绍者为题义、事体、故事，介绍前须予以归纳类分。所辨析者为学思、义理、名相。马先生说：“学原于思。思考所得，必用名言，始能诠表。名言即是文字，名是能诠，思是所诠。”马一浮的“学”“思”“诠”“表”，是我辨析与介绍的重点内容。马先生又说：“必先喻诸己，而后能喻诸人。”这个居于“先”位的“喻诸己”的过程，我想我大体做到了。至于能否“喻诸人”，则不敢预其必也。

马先生援引《易·系辞传》的话写道：“唯深也，故能通天下之志。”他的意思是说，对“一切事物表里洞然，更无睽隔，说与他人，亦使各各互相晓了，如是乃可通天下之志，如是方名为学”。对此，我只能引孟子的话为说：“虽不能至，然心向往之。”

2014 年 7 月 30 日凌晨序于京城之东塾

第一章　马一浮的文化典范意义

一　我们知马一浮先生很难

《文心雕龙》的“知音篇”，开头第一句就是“知音其难哉！”千古文章，难在知音。如果说了解任何一个作者都不是一件容易的事，那么，了解马一浮这个特殊的作者，尤其不容易。不是谁都可以了解马一浮的。不是简单地读他的书，就可以了解他。他是中国现代学者当中最难解读的一位。

陈寅恪先生也比较难于解读，但他是史学立场，时、地、人出典清楚。他的思想的关键，是晚清大变局所引发的家国悲剧给他的精神世界带来的伤痛。了解马一浮的难，难在他的学问并不都在他的正式著作当中。他的著述其实不是很多，我们经常读的，无非是泰和、宜山两《会语》和《复性书院讲录》，以及《尔雅台答问》和《答问补编》等。但他的书信和他的大量诗作，是他的学问的延伸，或者说是马一浮学问的另一载体，那里呈现的是马一浮先生学问境界和学术精神的最生动的世界。马先生自己也讲，看他的诗，可以了解他的学问。可是，真正读懂他的诗，又谈何容易。还有更重要的，马先生的学问是向内体究的学问，不以闻见知识为能事，不以著书立说为究极。而且其学术思想的结构，表现为融通三教、会通儒佛，佛禅义理充溢于字里行间，今天解读起来自然增加难度。

学术界习惯把马和熊（熊十力）、梁（梁漱溟）联系起来，称作新儒家的“三圣”。但是，如果加以比较（其实不大好比较，他们各有擅长），我个人认为，马先生和熊先生相比，会觉得熊先生在学理方面有一点“杂”，而且还有“理障”；而马先生不杂不泥，显微无间，毫无理障。当然，熊先生我也喜欢，率性真情，文气充沛，学问己出。如果把马先生和梁先生相比，我觉得梁先生未免太过讲究学问的实用性，而马先生更强调对学问本身的体验。讲经术义理，他虽然提倡践行，但绝不以通常所谓实用为依归。所以，如果以为学的本我境界来衡量，马先生的名字在“三圣”中，应排在最前面；虽然他们都很了不起，都有足以传世的学问成果。

解读马先生的难，还可以从他极少知音得到证明。跟从他的学生很少能够了解他。1939 到 1945 年，时当抗战期间，马先生在四川乐山创办复性书院，讲经术义理，听课的人没有几个能听得懂。就是长期跟随在身边的王星贤、乌以风等资质好的早期门生，也没有真正读懂他。马先生自己说："我为学得力处，只是不求人知。"[①]这确是马先生一贯的为学境界，但也未始不反映他的学问有不容易为人所知的一面。马先生的书信里面，常常流露出一种孤寂感。一次与弟子发为感慨，说道："吾于今世，气类之孤也久矣。独尚友千载，开卷则亲见古人，有以得其用心，下笔则确乎自信，知古人之必不我远，可为乐耳。"[②]他是如此的孤独而自信，不愧为超绝的大学者。也许如陈寅恪先生所说，马先生也是"后世相知或有缘"吧。不过，马先生自己，似乎并不期待后世的了解。

二　马一浮其人就是一个文化典范

马一浮与近现代以来的学术文化潮流完全不能相契，如同陈寅恪一样，也可以说是"迥异时流"。他不染尘俗，不汩习气，不沾势利。学问家有不同的等差分际，有专门家，有通儒；专门家多，通儒少。马先生是通儒。另外还

① 《马一浮先生语录类编》(乌以风等编次)，《马一浮集》第三册，浙江古籍出版社和浙江教育出版社，1996年，第1078页。

② 《马一浮先生语录类编·诗学篇》，《马一浮集》第三册，第1024页。

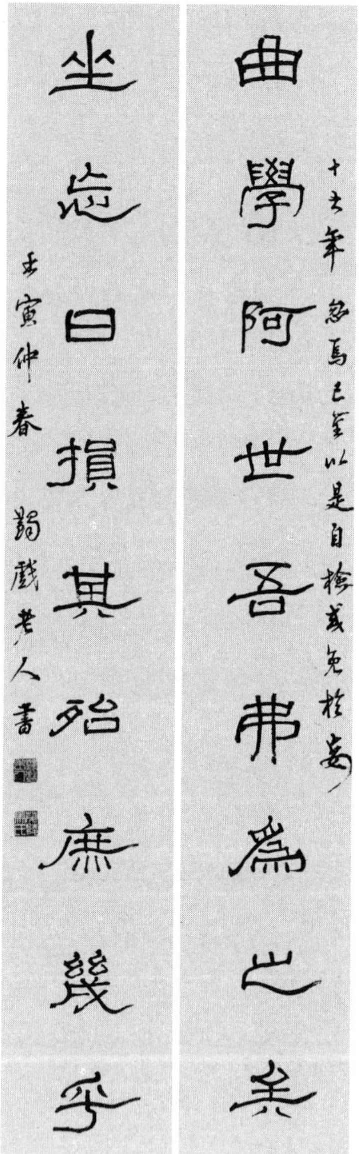

隶书九言联

有一种学问家，可以称作“高人”，就更少了，很少有人能够担当得起。譬如，我们不能讲熊（十力）先生是高人，也不能说梁（漱溟）先生是高人，但马一浮先生的的确确是高人。不仅是高人，他还是逸士。古代有高人逸士的说法，马先生既是高人，又是逸士。这在近现代中国是极为少见的。陈寅恪自是高人，但还不能说是逸士。马一浮是20世纪学者里面真正的高人逸士。

他为我们树立了一种气质清通、不染尘俗、彻底刊落习气的纯粹学者的典范。他在纷乱的时代开启了一种文化境界，这就是不任教职、不著时文，“语默动静，贞夫一也”的境界。这八个字是《易经》里的话，马先生喜欢引用。比如，办复性书院，最高当局具名特请，这在一般人眼里，很容易认为是件了不起的大事，实际上熊十力先生就有类似的看法，所以主张把此事做得像样一些。但马先生却很低调，认为是一个异数，是不应有、不可为之事，他是不得已而应之。因此，他想用佛道山林的方法来办学，力主不隶属于现行教育体制之内，不参加任何政治活动，也反对所谓“名士论政”。

国民政府开始虽有筹办经费拨给，马先生仍主张通过社会的途径筹措，反对仰赖政府。他并不存有奢望，认为有少数人在这里从事就足矣了。实际上，书院的生员一向不多，持续的时间也很短，随时随地都在等待如何终局。

总之，是“自行吾素，不能枉道徇人”[①]。马先生的这种办学理念和行事方式，熊十力先生不以为然，所以两位老友发生了争论，以至于后来熊竟拂袖不辞而别。不“枉道徇人”，也就是陈寅恪先生所说的不“曲学阿世”，都是冀图保持学者人格与思想的独立性。

1991年，华夏出版社出版的《马一浮遗墨》这本书值得一顾，收入的马先生的法书自然是重点内容，兹不具论。引发我兴趣的是书后的附录，包括叶圣陶先生的《与马一浮先生交往琐记》，披露了不少关于马一浮的有趣故事。熊十力先生和马先生的分歧，贺昌群和马先生的分歧，大家都尊敬马一浮但马先生的办学理念却不为人理解，叶的文章都写到了。熊先生离开书院之后，贺后来也离开了书院。分歧是熊、贺主张书院要为学生谋出路，课程应包含有切合实际的可以致用的内容。而马先生坚持不求致用，不谋出路。这些，在书院筹划过程马和诸当事人的通信中，已经反复讲明了。

我个人非常敬爱叶圣老的学品和文品，他是淳厚的前辈，但遗憾的是，他也未能懂得马一浮先生。当时除了马先生自己，几乎没有谁赞成他那种办书院的方法。可是，时过境迁，是非经久而论定，重新审视这段历史，我们会

---

① 《马一浮先生语录类编》，《马一浮集》第三册，第1065页。

觉得马先生的理念是对的，他的坚守是难能的。恰好证明他有先见之明，为人行事守持学理之正和信念之纯，是为学不徇己、行事不为势力所屈、特立达人而不随顺时俗的文化典范。

三 马一浮是当之无愧的思想家

马一浮先生学问的特点，是主张把“闻见知识”和“自性本具之义理”区分开来。每一个人的一生，都难免通过耳朵（闻）和眼睛（见）接触到许许多多的“闻见知识”，但这些“知识”如果不经过自己的思维过滤，不返身体究，不化作生命本体的一部分，这些“闻见知识”不过是与自己无关的暂时堆放物而已。即使是往圣前贤的嘉言懿行，也必须入于自己的思维，经过自己的体悟，方能发用。

所以，马先生说：“古人之书固不可不读，须是自己实去修证，然后有入处，否则即读圣贤书亦是枉然。”[①] 1938年他在江西泰和对浙大毕业生发表的讲词，有如下的警醒之论：

> 国家生命所系，实系于文化，而文化根本则在思想。从闻见得来的是知识，由自己体究，能将各种知

① 《问学私记》，《马一浮集》第三册，第1140页。

识融会贯通，成立一个体系，名为思想。①

人们一直都在讲思想、讲文化，文化为何物，讲得比较多，定义内涵或不难把握。但何为思想？则讲得不多。马先生认为，知识和思想是不同的概念，知识是“外铄”的，属于“闻见”的范围，不化入本我的生命，便无法形成思想。换言之，并不是把知识连缀起来就叫思想，而是转化为自身的义理才是思想。这是他给思想下的一个非常精确的定义。我们讲思想的同时，也讲思想家。可什么是思想家？是不是读书多的人，占有很多知识的人，就是思想家？当然不是。知识未化入思维而融会贯通，就不成其为思想。

我们现在的教育体制，向学生灌输的大都是新旧杂陈的各种知识，不容易化为个体生命的自觉意识。马先生向以读书多享誉士林，但他的学问，是在知识的海洋中通过切身涵泳体究的结果，知识已经化作了思想，已成为自己生命的一部分，与自性本具之义理融而为一，也就是形成了属于自己的思想体系。他的思想来源于宋代的义理之学，而又归之于先秦“六经”，综合阐发，以佛解儒，最后形成经术义理的思想体系。因此可以说，马先生是少见的重视思想义理的国学学者，是20世纪的一位当之无愧的思想家。

① 《对毕业诸生演词》，《泰和会语》，《马一浮集》第一册，第50页。

四　马一浮的儒佛会通的学问结构

马一浮是儒学大师，学术界向无异议。我甚至讲过，在儒学的义理构建方面，几乎可以说他是宋明以后最重要的学者。我所以这样说，是由于他的儒学研究与佛学研究结合在一起，形成一种新的义理学说。这有他的著作为证。无论是《泰和会语》《宜山会语》，还是《复性书院讲录》，抑或是《尔雅台答问》，以及其他的文字著述，都是儒佛一体的讲述。即使是集中讲论儒学，甚至专门讲述“六艺之学”，也都是与佛学联系起来一体讲的，几乎是讲儒就讲佛，无佛不讲儒。

我个人反复阅读马先生的著作，发现他的佛学造诣和对佛理的探究深度，绝不在儒学之下。他是晚清以来中国现代学者中，佛学造诣最深湛的一位。我一时想不出还有另外哪几位学者在佛学方面能和马先生相比。金陵内学院的创始人杨文会以及欧阳竟无两位现代佛学大师，他们的著作我仔细读过，就圆融贯通而言，我宁愿相信马先生是站在了杨、欧的前面。吕秋逸先生的佛学源流研究，是一等的，因为他通梵文，佛学知识的传达非常准确。但学者个人的佛禅境界，对佛氏的义学和禅学的研究体悟，吕先生还不能与马先生站在一处。

我曾经说过，马一浮先生的佛学造诣，使得有幸和他多所接触的人，难免有出尘之想。李叔同就是个例证。当然，李的出家，有各种缘会，马只是其中一因。但另外一位叫彭逊之的人，其出家跟马先生的影响应有直接的关系。其实，马先生不赞成其出家，后来彭出家后因不能戒掉瞋恚忿怼，甚至和小僧人吵架，结果不得已又离寺还俗。马先生早预知其佛缘未到，只是不便强行劝止，只好对彭的家庭、子女多方施以惠顾。

马一浮的治学方法，是以佛解儒，儒佛双融，儒佛会通。他的一句著名的话是："儒佛等是闲名，心性人所同具。"[①]他说："《华严》可以通《易》,《法华》可以通《诗》，苟能神会心解，得意忘言于文字之外，则义学、禅学悟道之言，亦可以与诸儒经说大义相通。"[②]他认为只有从佛学里翻过身来的人，才有可能真正通解儒学。如果问，马先生的学问到底哪一方面为主？我倾向是儒佛并重，儒学和佛学同为马一浮学问大厦的支柱。

如果说熊、梁都经过"由佛返儒"的过程，那么马则是在不同时期对儒佛各有侧重，不存在返而不归的"返"的问题。比如，他在复性书院和弟子讲，如果以大乘佛学

---

① 《答吴希之》,《尔雅台答问补编》,《马一浮集》第一册，第743页。

② 《马一浮先生语录类编》,《马一浮集》第三册，第1064页。

来解释儒学义理，“彼此印证”，可以说“无往而不合”，并说他所以对圣贤语言尚能知得下落，就是因为“从此得来”，因而“颇觉亲切”。然后才说：“比年颇少道及，亦所谓‘反之于六经’。”[①]从“比年”一词，可知指的是1938年在浙大开始国学讲座，然后创办复性书院于乐山这一时期。而究其实，即使在泰和、在宜山、在乐山，主要讲的是儒学，也未见佛学少讲。事实上，他随时随地都在讲经说禅，他一生的精神旨趣从未曾离开过佛学。

五　马一浮的学问是“达道之学”

学问有各种分类的方法，人文的、社科的、史的、论的、哲学的、艺术的等等。就学问和“道”的关系，也可以分作“达道之学”和“非达道之学”。中国现代学者中，由于受西方实证主义和工具主义的影响，很多都是不能“达”之于“道”的学问。我们把西方的教育体制照搬过来，一个很大的遗漏，就是“道”的丢失。

我们的传统教育方式包含有传道的内容，所以韩愈的《师说》开头便说：“师者，所以传道、授业、解惑也。”你看，传道是第一位的。但是现代的知识主义的教育，却不

---

① 《马一浮先生语录类编》，《马一浮集》第三册，第1052页。

再担负传道的职责。有人也许会发出疑问，说西方的教育不是也不传道吗？我们为什么还要感到遗憾？其实西方并非不讲传道，只不过另有系统，他们的宗教设施专门负有此项使命。这种情况下，现代学者的为学而能“达”之于“道”，是越来越少了。

很多学人只讲“证据”，不讲“证悟”。只满足于“知”，而缺少“识”。按《说文》段注，“识，常也”的“常”是“意”字之误，应作“识，意也”。而“意”，则是“心之所存”。如果要做到不仅有“知”，而且有“识”，就需要用“心”去“体究”或者“证悟”。经过“证悟”，才会有智慧产生。智是明理，慧就是悟。

马一浮先生的学问，是与道体合一的学问。他认为一个人吸取知识，不仅需要“学习”，而且需要“涵泳体究”；不仅要“格物致知”，而且要“穷理尽性”；不仅是“道问学”，而且是“尊德性”。他主张把“德性之知”置于“闻见之知”之上。有德性之知，学者才有可能秉持大智慧。这样的学问态度，显然和通常所谓求知的学问是相区隔的。求知的目的是为了探求真理，可是在马先生看来，“求真理”仍然是“向外寻求”的方法，其真实性未免可疑。只有“反身而求”，才能达之于道。

如何达道？需要拔俗。马一浮说：“向外求知，是谓俗学；不明心性，是谓俗儒；昧于经术，是谓俗吏；随顺习气，是谓俗人。”[①]当然，他提出问题的语境，主要是在文史之学等人文学科的为学范畴之内。

六　马一浮“国学论”的学理价值

马一浮先生对国学的立名原是有所置疑的，他认为这个名词“本不可用”，如果一定随俗使用，他认为国学应该指“六艺之学”。这是马先生给出的国学的不同于以往的新定义，可惜学术界长期未予足够重视。2006年我写《论国学》一文，重提此案，郑重表示对马先生的国学定义本人最能认同，并建议在小学教育中设国学一科，内容以《论语》和《孟子》的选读为主，搭建通向“六艺”即“六经”的桥梁。

2008年8月，我又在《文汇报》和上海《社会科学报》分别刊出《国学辨义》长文，再一次对国学是“六艺之学”的学理价值做了比较详尽的论说。我说国学以往有过两个定义，一是国学是“国故学”的省称，二是国学指中国的固有学术。马先生给出的国学是“六艺之学”的定义，是第三个定义，其学理内涵最为恰切，可以施之于现行的教育体制，并有助于厘清国学概念的乱用和滥用。最

---

① 《示吴敬生》，《尔雅台答问续编》卷一，《马一浮集》第一册，第550页。

近几年，国学前所未有地热络，人人都在讲国学，不懂国学的人也讲国学，什么都成国学了。我看到一篇文章，说奥运会开幕式是一次“国学的盛宴”，实在拟于不伦。还有人把古代的胎教也称作“国学”。最近又有人提出“大国学”的概念。

马一浮先生讲国学是“六艺之学”，使国学回到了中国文化的初典，可以看作是对国学定义最经典的表述，更容易和现代人的精神世界相连接，也更容易入于现代教育体制。《诗》《书》《礼》《易》《乐》《春秋》“六艺”，也就是“六经”，是中国学术思想的经典源头，是中华文化的最高级形态。马先生说：“六艺之教固是中国至高特殊之文化。”[①]熊十力也说：“六经为中国文化与学术思想之根源，晚周诸子百家皆出于是，中国人做人与立国之特殊精神实在六经。”[②]中国的以文史之学为主的人文学如果不把经学从文史哲各科门中独立出来，则现代学术终走不出学科的混沌不明之路。而“国学”的名称亦将难以获得与普通民众与教育结合一处的实际意义。

熊、马的学术思想虽存在分歧，但他们对“六经”的

---

① 《泰和会语》，《马一浮集》第一册，第23页。

② 熊十力：《论六经》（与《中国历史讲话》合订），中国人民大学出版社，2006年，第104页。

看法完全一致。马一浮先生是迄今最重视“六艺之学”的现代学者，也是将中华文化的最高典范“六艺”楷定为国学的现代学者。

七　马一浮言文体制的典范意义

马一浮先生的言说和书写方式极为独特，是典雅的文言和带有文言色彩的典雅白话相结合的文体，而且何种题旨、何种文类，应该使用什么样的言说方式，马先生极为讲究。他讲述、论说、诠解、叙论、答问、称谓，均讲究分际，用词遣字，非切毋取。他重文体，重正名，重场景，重义理，重礼仪。为言为文，不只在于达理，而且在于达礼。达礼需要持敬。马的言文都有“敬”存焉。百年来的学风和文风，是越来越世俗化、粗糙化和粗鄙化，可是马先生的文字，既能曲尽事体情理，又能做到典则质雅。

他对华夏文藻，对国家的文事，实抱持极大的期待。在全民抗战的艰难窘迫的环境，他对国家未来复兴之后的文体问题便提出了自己的设想：“飞书走檄用枚皋，高文典册用相如。中土如有复兴之日，必不安于鄙倍。但将来制诰之文，必须原本经术，方可润色鸿业，此尤须深于《诗》《书》始得。”[①]同

---

① 《示王子游》,《尔雅台答问续编》,《马一浮集》第一册，第667页。

时援引汉代张汤使倪宽写奏书，汉武帝明其来路不寻常，以“此非俗吏所能为”一语道破的例证，说明制诰之文，须通达治体。“鄙倍”一词见于《论语·泰伯》，曾子说要想达之于道，有三点亟须注意：一是“动容貌，斯远暴慢”，二是“正颜色，斯近信”，三是“出辞气，斯远鄙倍”。“鄙倍”是俗陋悖理的意思，马先生以之批评40年代的文风，是很严厉的。而今天，文风之恶俗，辞气之鄙倍，取喻之不伦，更今非昔比了。马先生文风辞气的雍容典雅，本身就为我们树立了一个修辞立诚的典范。

兹举一例，以见马先生文辞称谓的断限之严。1942年岁杪，一位叫李芳远的人士，将弘一法师临灭前的偈语二首寄给了马一浮先生。此即为大家比较熟悉的弘一大师的最后偈语，其第一偈为：“君子之交，其淡如水，执象而求，咫尺千里。”第二偈为：“问余何遗，廓而亡言，华枝春满，天心月圆。”马先生用偈中语成一诗，写给李并嘱其告于弘一法师的灵座。第二年，李又有一函寄奉马先生，信的内容已不可知，但马先生的复信颇耐人寻味。由于李在信中对马一浮以“师”相称，又有“座主”“师叔”等称谓，属拟于不伦。故马先生说：“来书谬欲相师，所以见呼者，忽曰座主，忽曰师叔，皆非所当施。”又解释道：“吾非讲经法师，何来座主之号？与尊师弘一虽为朋友，然在俗素非同门，出家更非法眷，师叔之称，尤为不伦。凡世间名字称谓，各有所当，岂得混乱而施。又贤固未尝及吾门，未具师资之礼而遽自称弟子，亦为不可。若依通俗以先生见称，自称后学，此犹不失于礼也。”[①]

人我之间的称谓问题，直接与礼仪相关，马先生特别重视。本来由于弘一法师的关系，马先生对这位李芳远是优礼的，前信还称李为“仁者”；这次由于称谓不伦，严重失礼，马先生不得已施之以教诲。按之今天当然算不得什么了，岂止“师”可以随便称呼，“师傅”不也是各阶层人士乐道互称彼此为礼为尊的普世性概念么。是又越发证明马先生当年对一青年后学失礼的施教，在辞气鄙倍和称谓紊乱远迈前代的今天，应具有怎样的启悟证发的意义。

马一浮先生的言文辞气带有浓厚的佛禅意境，其发为言说或写为文章往往千回百转，荡气回肠。他的许多书信尤其具有这方面的特点。刘公纯是马先生比较看重的弟子，因一次提问不惬，被马先生严加钳锤了一番。公纯想寻觅“悟缘”，马先生说：“悟后一字用不着，但可借此引起疑情，切莫向他言句上觅，转觅转远，忽然捉得自家鼻孔，方知死尸原是活人，到此方不被天下老和尚舌头瞒也。”然后又说：“参禅须是猛著精彩，古人从这里翻过身来者，个个似生龙活虎一般。所谓‘野狐跳入金毛队’，如

① 《致李芳远》,《马一浮集》第二册，第1013—1014页。

此方真是变化气质，立地超凡入圣。岂是不唧溜汉，终日寻寻觅觅，伫思停机所可等待者，不可将一言半语小有解会便当作悟也。”①

古代禅宗大德为使人解悟，有时不免用“恶辣语言”，钳锤棒喝，而其发心则无限慈悲。马先生说，他仅仅是对他喜欢的弟子，“聊为倾出一栲栳”，尚不是古德的“骂会”。以此，如果认为佛氏义学和禅学的修养，使得马一浮先生的语言在典则古雅的同时，还增加了活泼痛快，真的如“生龙活虎一般”，“猛著精彩”，恐怕不算溢美之词。

八　马一浮的诗学成就

我们还不要忘记马一浮先生的诗学成就。马先生生平为诗三千多首，数量已经可观，而质量尤少可比肩者。20世纪学者当中，王国维、陈寅恪、钱锺书、萧公权、吴宓等都能诗，但马先生的诗学成就应该排在前面而又前面（诗似逊于静安先生）。他的诗避熟弃俗，禅意馥馥，独辟胜境，自创理境。他说“作诗以说理为最难”，古贤理境高妙者应推陶渊明、谢灵运等人。对释氏义学和禅学影响下的诗的创作，他给予正面评价。

① 《示刘公纯》，《尔雅台答问补编》，《马一浮集》第一册，第730—731页。

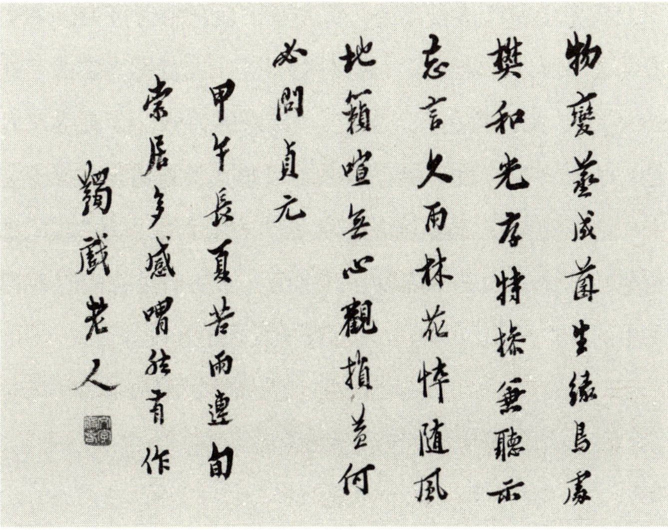

自作诗

实际上，他自己的诗就充满了禅悟和理趣。《答虞逸夫》信中所说的“自有义学、禅学而玄风弥畅，文采虽没而理极幽深，主文谲谏，比兴之道益广，固诗之旨也。唐宋诸贤犹未能尽其致，后有作者，必将有取于斯”，以及“舍俗游玄，绝求胜之心，则必有合矣”[①]，所表达的固然是他关于我国诗歌流变史的认识，但如视作他对为诗的禅意理趣的自评，亦无不可。当然禅悟和理趣不等于在诗中说理，而是指诗旨的幽深和意象变化的无穷。

① 《答虞逸夫》,《尔雅台答问补编》,《马一浮集》第一册，第 741—742 页。

马先生所以擅长诗道，首先在于他是感情极为深挚充溢之人。所以，他主张“诗以感为体”。在复性书院讲《论语大义》，阐诗教之旨，曾说：“诗以感为体，令人感发兴起，必假言说，故一切言语之足以感人者皆诗也。”[①]还主张“诗贵神解”“诗人感物起兴，言在此而意在彼”“其味无穷”(《论语大义·诗教》)。这里，不妨引录抗战时期马先生的诗作两篇，一为五言古诗《八月十五夜月》：

万古中秋月，今年特地看。
身云同出没，人海各波澜。
独客乾坤老，千军壁垒寒。
巴山吟望处，北斗已阑干。[②]

马先生自己对此诗颇看重，他说这首诗“虽苍凉衰飒，故自沉雄可以断言”。又说：“此时虽于人无益，后世闻风兴起，亦可以厚风俗，正人心，固非汲汲流传以取虚誉也。”[③]

另一是《杂拟》，由七首绝句组成的乐章：

银汉迢遥拂露行，微波辞好惜倾城。玉颜总被胭

---

① 《论语大义》,《复性书院讲录》,《马一浮集》第一册，第 161 页。

② 《八月十五夜月》,《马一浮集》第三册，第 142 页。

③ 《马一浮先生语录类编·诗学篇》,《马一浮集》第三册，第 1024 页。

脂涴，一片秋心画不成。

邻女溪头昔浣沙，绿杨门巷认栖鸦。妆成顾影娇无那，误作吴宫绝代花。

不问苍生问鬼神，贾生才调世无伦。千金但买长门赋，何用相如谕蜀文。

斗胜端阳宜百草，分曹腊日又双钩。绕床俗汉呼卢雉，不及猧儿覆一楸。

雁门人说郅都鹰，破虏争夸上将能。不待金牛安蜀道，早看秦火下夷陵。

谁见佳人出九河，空闻梼杌唱回波。霜林黄叶纷纷下，未抵苍鹅列阵多。

秦树吴云望渺然，素娥青女斗婵娟。芦花枉作漫天雪，野水西风扑钓船。[①]

马先生对这组诗也有自评，他说："老来亦谬作绮语，然却是好诗，欲以相示。其间用事稍隐，别纸疏示大意：（一）讥倭使聘美；（二）见某领袖参政会演词，自居不世之功；（三）为参政会通电补作；（四）交战国如博徒，各言最后胜利；（五）谓战报多夸而少实；（六）罗、邱宣言不惟不能弭战，益使诸夷以利器为可恃；（七）苏、德战未央，中

① 《杂拟》,《马一浮集》第三册，第 152 页。

国亦以反侵略阵线自豪。”[①]诗中具体用典，笔者就不逐一拆解了，大家意会可也。马先生说第二首是“见某领袖参政会演词”，则由“邻女溪头昔浣沙”句，可知该领袖应为浙籍，盖尝与浣纱之西施为“邻”也。

马一浮先生诗作三千余首，是现代学者诗人为诗最多的一位，我举两例实说明不了什么问题，不过略示其意而已。马先生说：“作诗须是所感者深，胸襟广大，则出语不落凡近。”[②]他不同意前人所谓诗不关学的说法，认为多读书是作得好诗的必要条件。还需要激起灵感，以便随手拈来，都成妙谛。用语则可拙而不可俚。作为诗人来说，还需要有天真之气和旷逸之趣。发而为诗的这些条件，马一浮先生悉皆具备。一次，他颇为自负地说：“但使中国文字不灭，吾诗必传，可以断言。”[③]又说：“吾诗当传，恨中国此时太寂寞耳。”[④]马先生为人谦谨，很少作如是语，可知他对自己的诗学和诗道是何等看重。而对沈寐叟、陈散原、郑孝胥等近代大家，他能道其所长，也知其所短。揆诸民国时期的学人诗坛，马一浮先生是有一无二之人。

---

① 《马一浮先生语录类编・诗学篇》，《马一浮集》第三册，第995—996页。

② 同上书，第1029页。

③ 同上书，第1024页。

④ 同上书，第1029页。

第二章　马一浮青少年时期的学问储备

一　早慧的天才

马一浮原籍浙江绍兴，1883年4月2日（农历二月二十五）生于四川成都，幼名福田，单名浮，一浮是他的字，又号湛翁，别署蠲戏老人。他的家族世系，可以上推至汉代的会稽太守马稜。高祖俊生，做过徽州知府，后来则一直家运不昌。他的父亲马廷培，字冠臣，17岁入川承嗣其大伯父，究心法律、刑名、经济之学，能识其窾要。而后，长时间在成都府、顺庆府以及绵州、遂宁等府县充当幕僚。光绪七年（1881）以通判发四川，得到当时川省布政使鹿传霖的赏识，委以查库总办之任，政绩昭然。因得以调署潼川府通判及仁寿县知县。马一浮出生时，正当马廷培在仁寿知县任上。

1869年，马廷培的本生母倪太恭人在绍兴病逝，因当时查库事急，没有获准前去奔生母之丧，这使他痛不欲生。1888 年复遭遇庶母饶宜人之丧，他又亟请回原籍奔丧，仍未获批准。这位笃于儒学伦理的马廷培，无论如何不愿再留下心灵的憾事，而且也由于深感晚清官场的腐败，便自动弃官离职，携妻儿回到绍兴上虞长塘乡后庄村旧居，为生母和庶母举丧，从此过起闲散隐居的生活。这年马廷培 44 岁，马一浮 5 岁。

马一浮是个早慧的天才，童年就有“神童”之称。4 岁就学，8 岁能诗，9 岁能诵《楚辞》《文选》。10 岁时，身患重疾的母亲限题限韵，让他作一首菊花诗，他立即应命吟诵道：

我爱陶元亮，东篱采菊花。
枝枝傲霜雪，瓣瓣生云霞。
本是仙人种，移来处士家。
晨餐秋更洁，不必羡胡麻。[①]

第二年，马廷培请一位声望颇著的举人来家里教马一浮读书。但没有多久，这位郑姓的先生就提出辞馆，原因是弟

---

① 《示弥甥慰长、镜涵》(1943 年 10 月)，《马一浮集》第二册，第 178—179 页。

子才智过人，自感不能胜任。1898 年农历十一月，15 岁的马一浮参加绍兴举行的县试，他考中第一名，同考者有周树人（鲁迅）、周作人昆仲，分别为三佥三十七名和十佥三十四名。浙省贤达名士汤寿潜以此看中了马一浮的才华，以长女妻之。汤寿潜，字蛰先，籍山阴，民初与会稽合并为绍兴县，遂为绍兴人。光绪十八年进士，与南通张謇善，处身晚清变法维新潮流，两人各有"树识立事"，并称为"张汤"。光绪三十一年，授四品卿衔，总理浙省铁路，连通沪杭，商旅无不称之。辛亥首义后，浙人驱逐巡抚而群起拥寿潜为首任都督。民国政府组阁设官，任命为交通总长，寿潜辞而未就。汤之为人，志强韧，性淡泊，直至 1917 年（民国六年五月）病逝，未尝接受任何官职，享年六十有二。

马一浮和汤女结婚时，年十七，而汤女（名仪，字润生）18 岁，夫妻情感甚笃。但仅两年又七个月，汤仪就不幸去世了。而此前，当马一浮 10 岁时，也就是指赋《菊花诗》的第三天，即 1893 年的农历九月十五日，马一浮的生母何恭人病逝，只活了 39 岁。何恭人名定珠，出身于历代为宦的陕西世家，知书达礼，教子女严而有方。八年后，即义和团变乱的 1900 年，马一浮的二姊和父亲亦相继弃世。马一浮有三姊，大姊明璧，长其十岁，出嫁丁家后仍悉心照拂唯一的幼弟。三姊惠芳，8 岁即夭，当时马一浮 6

岁。二姊明珪，性刚而有奇气，12 岁即誓言不嫁。母病笃，欲自缢以殉，发现后救而复苏。二姊只活了 22 岁。汤仪之逝与马氏家族的连遭变故实相关联[①]。因此，马一浮极为悲痛，深深感悟"人命危浅，真如朝露，生年欢爱，无几时也。一旦溘逝，一切皆成泡影"[②]。遂矢志终身不娶。直到 50 年代以后，他还视死去爱妻的长塘乡后庄村为伤痛之地，不忍再回故乡一看。

---

① 马一浮在发妻死后曾撰有《哀亡妻汤孝愍辞》，其中写道："孝愍归我三十一月，中间迭更丧乱，无一日不在悲痛中，浮未有与卿语尽三小时者。然浮所言他人所弗能解者，卿独知其意。吾之志、之学，卿之慧盖已能及之。卿虽幼不知书，浮或教以诗，卿辄默记无遗，且好诵悲愤惨痛之篇，往往至于哭泣。盖其性情笃厚，真马浮妻也。卿既死，马浮之志、之学、之性情、之意识，尚有何人能窥其微者。"此处所引文字，见于马镜泉等著《马一浮评传》，百花文艺出版社，1993 年，第 15 页。《马一浮集》第二册所载《亡妻汤孝愍哀辞》之文辞，与马镜泉先生所引颇有出入，疑为不同稿本。至于汤孝愍的死因，据马一浮的好友丰子恺的回忆，是由于马一浮的父亲于 1901 年病逝，而守孝期间，新婚燕尔的汤仪却有了身孕，这在深受传统纲常伦理影响的马、汤两家，必都认为是不可接受的事情，一旦有新生命降世，就有了"非礼"的罪名。于是便自己悄悄求药，胡乱吃下，结果胎儿没有打下，却断送了爱妻的性命。马一浮在妻子逝世之后悲痛万分而终身不娶，实与此一不幸事件有直接关系。此说是否可信，尚有待证实，兹记以备考。请参见陈星著《隐士儒宗马一浮》，山东画报出版社，1996 年，第 5—6 页。

② 转引自陈星著：《隐士儒宗马一浮》，第 5 页，有省略。

二 接触“外学”

1903 年是马一浮人生与为学的一个转折点。

这一年的 6 月，他被遴选为清政府驻美使馆留学生监督公署的秘书，职务本身并没有让他感到兴趣，但在美期间使他有机会直接接触西方的文化和典籍，包括但丁和拜伦的诗歌、莎士比亚的戏剧、亚里士多德的《政治学》、黑格尔的《伦理学》、斯宾塞的《社会学原理》，以及达尔文的《物种起源》、基梭的《文明史》和日人村上专精的《佛教原理论》等名著，都成为他搜揽的对象。他还翻译了《日耳曼之社会主义史》《法国革命党史》等著作。尤其令他意外的是，他还在一个偶然的机会搜求到了英译本《资本论》。他在 1904 年 3 月 17 日的日记中写道：“下午得英译本马格士《资本论》一册，此书求之半年矣，今始得之，大快，大快！胜服仙药十剂，予病若失矣。”[①]此可见青年马一浮接受新思潮的热情，当时他刚满 21 岁。

马一浮由于受到西方民主、自由思想的影响，益发激起他对戊戌政变后腐朽的清廷统治的不满。一次看到驻美使馆散发的广告中，仍有“我学生当造成辅佐朝廷之资格”

---

① 《北米居留记》,《马一浮集》第二册，第 307 页。

一类说辞，他极为反感，在日记里写道：“至于今日，苟尚有一点人血者，尚忍作此语耶？因又念此种崇拜暴主政体，天赋之贱种，直不足与语也。哀哉，我同胞乎！入自由国，受自由教育，而奴性之坚牢尚如是，吾族富有豸耶！”[①]对康有为倡立的保皇会，他更是持决绝地反对的态度，蔑称为“保皇会诸贼”[②]。青年马一浮和晚清许多学人的青年时期一样，政治思想站在了维新变革派的一边。

马一浮 21 岁的生日是在美度过的，但内心充满苦痛。他在 1904 年 4 月 9 日（农历二月二十五）的日记中写道：“今日为予生日，予之来此世，至今凡二十一年，过去之痛苦已多，未来之哀毒方亟。悲哉！无家之子，亡国之民，当有感情，何能遣此。”[③]只身在外的孤独感增加了对亲人的想念，对家乡的思念，对祖国的怀念。1904 年 2 月 15 日，是中国甲辰年的春节，马一浮感慨万千，在日记中写道：

> 今日者中国之元旦也。自哲学理论上言之，历数者不过由于种族观念之差异而别，无甚关系于社会

① 《北米居留记》，《马一浮集》第二册，第 276 页。

② 同上书，第 288 页。

③ 同上书，第 313 页。

> 之事实。自爱国心上言之，则此历数者，自黄帝以来（自汉以来皆建寅，非一人所定之正朔）相传之遗物。吾爱祖国，吾亦当爱吾祖国之历数，于是吾对于历数上之今日而生种种感情。
>
> 一、对于民族国家之感情（由历数之感情而推及）；
>
> 一、对于人类社会之感情（由对于民族国家之感情而推及）；
>
> 一、对于家族自身之感情（由上二者之普遍观念而回转反省）；
>
> 一、对于宗教哲学上之感情（由上之普遍狭义二观念结合之究竟而生）；
>
> 凡诸感情连续不断，是生迷惑烦恼。嗟乎！吾将截断之乎，种种现象浮于吾脑，不可驱也。吾将推尽之乎，一切痛苦纷然来袭，何可穷也。可若何！可若何！①

孤身羁旅海外的人，难免有一种精神焦虑症。但马一浮不同，他的焦虑延伸到宗教、哲学、自身、社会、家族、国族各个方面，百感交集，万念纷聚，致使他迷惑烦恼，身心俱摧，无限苦痛。他在日记中几次写道，自己已经生病

① 《北米居留记》，《马一浮集》第二册，第 296 页。

了，甚至“昏然欲死”，到了几近要写绝命词与国内骨肉故旧诀别的境况[①]。马一浮的精神世界极其敏锐，对学问、对事物、对生命，有触必有感。21岁的天才青年，正是情感山崩、理性复苏的青春时刻，宁不穷思竭虑、苦痛而困扰者哉！

尤其几年来族中亲人的相继离世，让马一浮实在难以释怀。1904年4月28日，农历三月十四，是其父尊马廷培逝世三周年的忌日，马一浮伤痛地写下了自己的情感刻痕：“痛哉！吾父弃我于是遂三年哉！吾家庭之痛不可绝。夜回想四年前今日方侍吾父病，二年前今日则吾犹得哭于邱墓；乃今者，去国远，去吾父亦远。哀哀鲜民，惨惨亡国，能不痛哉！又悬想今日家中方举梵呗，设像供，而无一人在前。一触于心，辄如刀裂。”[②]这段哀辞之中，自然也会包括对二姊和早逝的爱妻的缅怀。

能够使马一浮的精神得到宁康的，唯有读书。不仅外国书，一边搜罗一边阅读，常常充满惊喜；中国古典也是有书必读。在美期间，他读了《后汉书》《水浒传》《红楼梦》，以及李白、杜甫诗，并写信给家里，希望寄来《桃花扇》《牡丹亭》，又向谢无量索要《楞严经》。甲辰春节过后

① 《北米居留记》，《马一浮集》第二册，第306—307页。

② 同上书，第318页。

的正月十六，正在烦闷之中的马一浮，因“得狄摩斯谛尼演说集、但丁诗及罗斯福论文一册，稍解郁闷”[①]。诗情易生爱恋，而孤独欲病时，正是读书期。马一浮在美虽只一年的时间，其知识与学问的收获与拓展可是不小，成为他日后回首往事时的一段无法抹去的人生记忆。

1904年6月19日（农历五月初六）马一浮离美。接着又在日本有数月的停留。旅美期间亦曾游历欧洲大陆。还产生过在柏林和欧土诸邦停留较长时间的想法，因故未能如愿。他对吸收外域知识充满热情。赴美之前，已经与谢无量、马君武、邵廉存等在上海创办《二十世纪翻译世界》，系统地译介西学典籍是他早期的学术理想之一。英、德文字有相当的掌握。对欧西文学，马一浮也表现出浓厚的兴趣，甚至有撰写《欧洲文学小史》和《诗人传》的计划。他还形成了一些有价值的观点，诸如希腊的史诗是英、法等欧洲文学的源泉，可与中国的《风》《骚》相比，以及德国文学体制详备、内容典雅深厚，颇似唐以前的中国作品。可是当1904年年底回国之后，他没有继续往西学的路径上走，而是迭经检讨、反思、比较，最终还是走上了向中国学术传统的回归之路。

---

① 《北米居留记》，《马一浮集》第二册，第302页。

三 读书最多的人

马一浮开始了新一轮的疯狂阅读。

他先是在镇江焦山的海西庵作中西学问的反思，与好友谢无量同在一处，切磋砥砺，一年有奇。同时，他开始翻译塞万提斯的《堂吉诃德》，以《稽先生传》为书名，陆续发表于上海的《独立周报》。1907 年，他在写给舅氏的信里说："见当世为西学者，猎其粗粕，矜尺寸之艺，大抵工师之事，商贩所习，而谓之学。稍贤者，记律令数条，遂自拟萧何；诵章句不敌孺子，已抗颜讲道。哆口议时政。心异其矜炫，而盈国方驰骛以干要路、营世利，甥实未知其可，故宁黯然远引，不欲以言自显。"[①]他认为，晚清以还国内流行的西学失之于粗造稗贩，徒称其"器"，而未能进之于"道"。然则，他自己对西方学术与艺文是如何看法？该信中继续写道："甥所收彼土论著百余家，略识其流别。大概推本人生之诣，陈上治之要。玄思幽邈，出入道家；其平实者，亦与儒家为近。文章高者拟于周末诸子，下不失《吕览》《淮南》之列。凡此皆国人所弃不道，甥独好之，以为符于圣人之术。知非当世所亟，未敢辄放

① 《致何稚逸》第二函（1907 年），《马一浮集》第二册，第 349—350 页。

论，取不知者疑怪。欲综会诸家国别、代次，导源竟委，为《西方学林》，辅吾儒宗，以俟来者。又欲草《西方艺文志》，著其类略，贫不能多得书，病撢绎未广，讫未可就。时人盛慕欧制，曾不得其为治之迹，惊走相诧，徒以其器耳。上所以为政，下所以为教，谓能一变至道，甥不敢知也。夫上智远察，或乖一时之策，高议违俗，易触人上之忌，由来远矣。今独欲排众忤时，轻有所短长，不亦殆哉。此甥所以默守臧密，不露文章，灭景湛身，儋然遗虑者也。"[①]马一浮对西学的这些看法显然与时人不同，他试图以中国学术作为参照系，来理解西方的艺文与学术。当然，他的这些思想并没有形诸文字，只是向舅氏报告心得而已。

对中国学问的检讨与反思，他打算用两部著作来完成，一为《儒宗》，记述秦汉至近代的学术源流，"考其师承，别其流派"，以补黄梨洲、全谢山所著《学案》的不足；一为《文宗》，记"羲画以降文艺之盛衰"，体例则以七序、八史、五表、六论"发挥旨趣，著其得失"[②]。我们由此可知，青年马一浮眼界之高和学术怀抱之大。这些学术设想虽然没有最终完成，但在致舅氏信里阐述的学术禀性、学

---

① 《致何稚逸》第二函（1907 年），《马一浮集》第二册，第 350 页。

② 同上书，第 348—349 页。

术怀抱和学术理想，却是研究马一浮学术思想的重要材料，值得我们深长思之。这是一段比较长的文字，兹具引如下：

> 㑥生禀义方，夙嗜文史。弱岁孤露，沦泊江湖，性慕幽遁，肆志玄览，不名一艺。阇于当代之故，未娴人间之节。内自量省，惟当缮命岩谷，韬影丘园，橡柖自充，猿鹤为群。非有鲁连存赵之术，徒怀鲍焦抱木之操。材否异受，飞潜殊限。虽欲远谒，末由自致。窃惟王迹中迈，九州云扰，群鹿竞逐，黔首愁苦。将欲雍容决策，咄嗟树义。却虎狼于西土，驱狐鼠于中原。使功高泰山，国重九鼎。斯非常之烈，魁桀之事，非介夫素士所能预。若乃贯缀前典，整齐百家，搜访文物，思弘道艺；次献（先）哲之旧闻，俟来者之足征，则中材菲学，可勉而至也。夫仲尼周流，晚综六艺；伯阳将隐，遂草五千。子长发愤于《史记》，扬维默守于《太玄》；董生精思于天人，平子推象于灵宪；仲淹崛起于河汾，尧夫高步于百源；司马萃力于涑水，濂洛绍统于尼山。此皆名世之业，㑥何敢望焉。若《中垒别录》《昭明总集》，班蔡通故考文，符充抒论正俗，郑樵博洽，端临多识，辨物比类，述者为贤。虽非至道之契，抑亦著作之林也。今礼敝俗窳，邦献隳阙。士行回辟，贱义漓真。睢盱嘐竞，罔克繇道。

甥虽不敏，窃有志于二宗。[①]

此段叙述说明，马一浮通过两年多的典籍阅读与学术反思，对中国学问的了解已经进入新的境界，对自身禀赋才性的体认更加明晰稳定。他说自己“生禀义方，夙嗜文史”“性慕幽遁，肆志玄览”，愿意以“岩谷”和“丘园”作为自己的容身之所，其儒宗和隐士的超绝怀抱已昭然可睹。

为彻底脱却尘杂，马一浮在离开镇江的海西庵后，索性住进杭州西湖边上广化寺的禅房，就近阅读外西湖“文澜阁”所藏《四库全书》。于是，僧舍、青灯伴古籀，心无旁骛，手不释卷，日夜披览。学林中以此有马先生读完了《四库全书》的说法。此说是否真的可靠，已不能完全考知。但马先生读书之多、典籍之熟、记诵之博，远非一般学人所能望其项背，则无疑义。丰子恺和弘一法师是他的契友，对他最了解。弘一法师说：“马先生是生而知之的。假定有一个人，生出来就读书，而且每天读两本（他用食指和拇指略示书之厚薄），而且读了就会背诵，读到马先生的年纪，所读的还不及马先生之多。”[②]丰子恺则说：“无论

① 《致何稚逸》第一函（1907年），《马一浮集》第二册，第348页。

② 丰子恺：《桐庐负暄》，《缘缘堂随笔》，天津教育出版社，2007年，第245页。

什么问题，关于世间或出世间的，马先生都有最高远、最源本的见解。他引证古人的话，无论什么书，都背诵出原文来。”[①]苏曼殊在致友人刘半农的信里谈到马一浮，也说过：“此间有马处士一浮，其人无书不读，不慧曾两次相见，谈论娓娓，令人忘饥也。”[②]马一浮在青年时期，即以其博学慧识为南国学林高士所推重。

四　陋巷高士

马一浮在广化寺栖居的时间，应该在1906至1908年。中间亦曾借住过永福寺。然后迁移至杭州街区，先后住在宝柱观巷、延定巷和马所巷。所谓“居陋巷”，即指此也。孔子称赞颜回的“一箪食，一瓢饮，在陋巷，人不堪其忧，回也不改其乐”，现代学者中唯马先生当得。书家沙孟海当年曾前去拜谒马一浮先生，他回忆说：“1928年客杭州，由老友童君藻孙陪同，拜谒马先生于延定巷寓居。一片泥地，长满青苔。堂上只放一张新式圆桌，几把椅子，会见客人。壁间挂一副手写小篆楹联，文曰‘任呼茂叔穷

① 丰子恺：《桐庐负暄》，《缘缘堂随笔》，第245页。

② 苏曼殊：《与刘半农书》（丙辰十一月，杭州），《苏曼殊全集》第一册，当代中国出版社，2007年，第184页。

禅客，早判公羊卖饼家’。见得老前辈治学的旨趣。”[①]丰子恺的《陋巷》一文，记述他三次见到马一浮先生的情形，尤为生动具体。

第一次是1914年，他17岁，留下的印象是：“他的眼不像L先生（指李叔同——笔者注）的眼地纤细，圆大而炯炯发光，上眼帘弯成一条坚致有力的弧线，切着下面的深黑的瞳子。他的须髯从左耳根沿着脸孔一直挂到右耳根，颜色与眼瞳一样深黑。我当时正热衷于木炭画，我觉得他的肖像宜用木炭描写，但那坚致有力的眼线，是我的木炭画不出的。我正在这样观察的时候，他的谈话中突然发出‘哈哈’的笑声。我惊奇他的笑声响亮而愉快，同他的话声全然不接，好像是两个人的声音。他一面笑，一面用炯炯发光的眼黑顾视到我。”第二次见马先生是在十六年后，即1930年，他说：“我看见陋巷照旧是我所想象的颜子的居处，那老屋也照旧古色苍然。M先生的音容和十余年前一样，坚致有力的眼帘、炯炯发光的黑瞳和响亮而愉快的笑声。”第三次见面，又过了三年，在1933年年初，这次“M先生照旧孑然一身地隐居在那陋巷的老屋里，两眼照旧描着坚致有力的线而炯炯发光，谈笑声照旧愉快。只是使我惊奇

---

① 沙孟海：《〈马一浮遗墨〉序》，《马一浮遗墨》，华夏出版社，1991年，卷首。

杭州留影
（20世纪20年代）

的，他的深黑的须髯已变成银灰色，渐近白色了。”[①]

丰子恺是画家兼作家，心性温厚善良，文笔朴实细腻，他用写实的笔触描绘出马一浮先生作为一位智者的音容笑貌。1914年到1933年的二十年间，马一浮的深邃的目光和朗朗笑声固然没有变化，但他学问的累积和思想的磨砺，可是斗转星移，遥不可测了。哲学家贺麟说：“马一浮先生本系隐居西子湖畔的一位高士，也是我国当今第一流的诗人。”又说：“马先生兼有中国正统儒者所应具备之诗教、

① 丰子恺：《陋巷》，《缘缘堂随笔》，第78—81页。

礼教、理学三种学养，可谓为代表传统中国文化的仅存的硕果。”[①]哲学家的眼光果然不错，他说对了。

五 “任道不惑”，“必归于儒”

然而早年马一浮很少从事著述，又不入于学府讲论，他的知识学问的储备与呈现状态是怎样的呢？30岁之前他究竟在致力于何种学问？学术的旨趣和宗主如何？我们从他写给友人的书信里，以及他的诗作中可以窥其大略。

1908年，马一浮在致谢无量的信中，称自己“瘗影陋巷”“索居累载，望道如雾”；又说：“若夫季长颓老，尚愧儒宗，阳明居夷，始阐性学。浮之区区，何足望之。”[②]则可知马先生所专注者，是为道学和心性之学。谢无量欲邀请他一起修史，他婉辞逊谢。1909年，马在致谢函中提出，很想知道老友的“为教之旨”，因为过去所谈论的，如今觉得似不无“稍驳”，不能认为属于“醇儒之务”。马先生说：“无量圣贤之姿，兼总百家，必归于儒。浮私所期仰，君山之于子云，未足为拟。伏惟任道不惑，以礼正俗，永牖新

---

① 贺麟：《当代中国哲学》，《民国丛书》第三编第5册，上海书店影印版，1991年，第16页。

② 《致谢无量》第一函（1908年），《马一浮集》第二册，第352页。

民。使蜀士彬彬，比于邹鲁，此真天下之幸耳。”[①]马一浮所期待于谢无量的，是“任道不惑”“必归于儒，以礼正俗”。显然，这是马先生自己当时所一意追求的，以至于对于谢无量的弟弟谢希安有遁入空门之想，开始并未表示认同，这与后来的态度颇不一致。盖此时的马先生方沉浸肆力于儒学，认为释氏之学无法与于需要“以礼正俗”的时代要务。

而在1910年写给王锺麒的信里，马一浮明确表示自己崇尚儒家而宗主程朱的学说，写道：“儒家之言至‘二程’而极其醇，至晦庵而极其密，此百世之师也。学道不师程、朱，是谓出不由户。遗书具在，世人忽焉不之读，读者或又挟其成心以测之，蔽惑所以日深。”又说：“道之不明，岂非不善学之过与。天下无邦，民弃厥天，则日怵迫于利，以竞其生，不夺不餍，此孟子所谓仁义充塞，率兽食人之时至矣。吾党今日唯当反身修德，致命遂志，尽其在己，存天理，去人欲，而后患难夷狄之纷乘乃有以自主而不为所动。此非细事，所愿与毓仁共勉之者也。”[②]表明他是鉴于当时的社会失序，价值瞀乱，野蛮争竞，国将不国，所以主张以朱子的“存天理，去人欲”之说给以救赎，期以即使夷狄侵凌，国人也有自主自立的精神支点而不为之所动。

---

① 《致谢无量》第四函（1909年），《马一浮集》第二册，第354页。

② 《致王锺麒》（1910年），《马一浮集》第二册，第423—424页。

为此，他送一部《二程全书》给王锺麒，期以共勉。并告以为学求识的入门途径曰："窃谓欲求门径，莫如先读朱子文集。晦翁与友朋论学书最多，其言为学功夫、次第、品节、条目，最深切详尽。于学者之弊，亦摘发无遗。但虚心平气以读之，自能时见己之病痛所在，因而用力。无以急迫之心求之，自有循循之效。此浮年来读朱子书所亲历之言。"此可知，马一浮当1910年27岁的时候，其为学的状态应是全部浸润在"二程"、朱子之中，所提倡者则为穷理尽性之学。他在此信中继续写道："儒者穷理尽性之学，须是于斯道认得端的，粹然循乎天性之自然，非有追而为之也。孟子曰：'尽其心者，知其性者也。'圣人人伦之至，不过能尽其性，不曾于性上加得毫末。所谓性者，亦非有浑然一物可以把捉。但随时体认，不令此心走作向外，则得之矣。程子教学者涵养须用敬，进学在致知。此言最为切要，不可忽也。"[①]则不仅对程朱之学的义理一往情深，对进学修己的方法和工夫，也持积极肯定的态度。

宋儒的来路在孔、孟，在"六经"，马一浮也跟着宋儒返归到《语》《孟》和"六经"。从此一时期的书信中看到，他已经钟情于《易》，且有深湛的研究。他的友人曹赤霞、彭逊之都治《易》，一次在致曹的信里写道："浮虽未能学易，

---

① 《致王锺麒》(1910年)，《马一浮集》第二册，第424页。

闻其说消息与爻之情，盖时有自得之义，实由玩索先天圆图而来。持以通之卦爻诸辞，无复滞碍，疑亦或有可补先儒之阙者，意颇善之。”[①]此信之写作虽在1917年，是为30岁之后，但易学之累积储宝，当在沉浸宋学的时候，因“二程”和朱子都有《易》著，马先生不会放过。由是可以断言，马一浮先生至少在30岁以前的七八年时间里，以宋学为入点，一意于经术义理，期以对江河日下的世道人心有所匡正。

六 《悲秋四十韵》

1911年辛亥革命前后，国家事变增多，对马一浮的思想不无刺激，他看到了更多的悲剧与死亡。尤其使他不能平于心的，是他的乡党女杰秋瑾于1907年7月15日被苟延残喘的清廷杀害，他心波荡漾，激愤难平，作《鉴湖女侠行》以记其事。诗前有小序云：

> 山阴女子秋瑾，才辩有奇气。既嫁，居京师，愤时挠黩，叹曰：“人言女子勿豫国事，今国中男子直弃其国，吾曹安能媕婀处闺闼事亡国之虏乎？”遂去。之日本，喋血海上，思结天下奇士，与谋倡大义，诛

① 《致曹赤霞》（1917年），《马一浮集》第二册，第457页。

国贼。唏嘘奋发，奔走讫数载，卒无所集。会徐锡麟杀皖抚，国内震动。瑾方在乡里，或告瑾锡麟党也，且叛。官吏遽捕杀瑾，时人莫不惜之。予生不识瑾，从其死后，得瑾所为歌诗，诵之隐然有亡国之痛。又瞻瑾画像，施高髻为日本妆，广褒约腰，曳缣裳，革靴，蒙幂䍦，佩倭刀长竟二尺，神姿皎皎若霜雪。桐城女子吴之瑛述瑾遗事，言瑾好蓄剑，能舞。又客言：瑾尝袭男子服，骑怒马，郊外枪射飞鸟，应弹落，心奇之。嘅盈国皆丈夫而执婢妾之行，若瑾抗志虏庭，誓灭国贼，杀其身不悔，此其风节岂脆士所及乎！古者，国之女子以贞殉所欢，犹群以为难，若夫死国事，盖未有也。瑾死，足变国俗。以瑾自称鉴湖女侠，作诗哀之，号《鉴湖女侠行》。[①]

马先生给秋瑾以高度评价，称此女侠之遇难足可以改变国俗。他自己寄慨之深至有颂其诗而有“亡国之痛”。而且毫不顾忌地将清廷称为“虏庭”，其反满思想与当时的革命者同一脉动矣。

《马一浮集》编者置该诗序于“诗辑佚”部分，并注明“诗佚”。但在此诗序前有《悲秋四十韵》，写于1907年的

① 《鉴湖女侠行》之诗序，《马一浮集》第三册，第767—768页。

秋天。我怀疑此诗即是《鉴湖女侠行》的别题。为甄别何似，不妨抄录原诗与读者共赏。

含涕辞欢侣，甘心赴国仇。湛身原妾志，为虏是即羞。松柏西陵怨，燕支朔地愁。怀人犹望岁，羁旅早惊秋。绝岛穷年思，清江万里舟。樱花迷上野，芳草遍瀛洲。暮雨迟归梦，春风独倚楼。凝颦翻梵叶，带笑佩吴钩。步拥青绫障，门停白玉约。褰裙追海月，舞剑对灵湫。锦字云中讯，胡笳塞上讴。褷芬余绣厕，铅泪在香韝。永夜何时旦，佳兵日未休。倾城悲女祸，恤纬切嫠忧。郁郁求龙种，申申詈犬酋。经过多侠少，感愤起同仇。在野思尝胆，中朝苦赘疣。檄书时裂帛，侍从或兜鍪。宝肆捐珠匣，芸房掩翠帱。钗细闲不御，粉黛黯谁收。揲草双蛾敛，鸣弦十指柔。凌波无可语，转袖待回眸。谣诼盈当路，艰难恃半筹。履霜宁抱戚，多露敢逢尤。世事浮云变，年华逝水流。南山罗正设，东海石仍投。痛绝黄门狱，冤沉北市囚。岂知谗士口，竟断美人头。终古轩亭惧，崇朝皖郡谋。可怜殉虎穴，犹得首狐丘。太息三仁远，谁为二子俦。鲁衰贤漆女，秦帝愧留侯。遗憾逃文字，余生戴髑髅。漫空飞毒蛊，白日叫鸺鹠。雨血天应泣，流沙地转遒。起愤明大道，顿辔望长楸。隐雾来玄豹，神飙动赤虬。素车谁恸哭，青冢独行游。斯事成千载，何人问九幽。招魂惭后死，无复悯宗周。[①]

我们看诗的开首四句："含涕辞欢侣，甘心赴国仇。湛身原妾志，为虏是即羞。"这不是写一位女子不甘心为"虏"，而辞别家人要出去干一番事业嘛。这个女子是谁呢？"绝岛穷年思，清江万里舟。樱花迷上野，芳草遍瀛洲。"此人显然有留学日本的经历。"带笑佩吴钩"、"门停白玉绹"，说明此人喜欢佩剑，且善骑马。"谣诼盈当路，艰难恃半筹。"她受到很多谣言攻讦。而后面的"痛绝黄门狱，冤沉北市囚。岂知谗士口，竟断美人头。"是说此人被捕入狱，直至被杀害。"终古轩亭惧，崇朝皖郡谋。"揭明遇害的地点在"古轩亭"，秋瑾就是在那个官府（黄门）行刑的老地方被杀害的。而锻炼的"罪名"，则出自"皖郡谋"，即和不久前刺杀安徽巡抚恩铭的徐锡麟一案直接相关。这不是明白写女侠秋瑾吗？马一浮不仅歌颂秋瑾，对徐锡麟也充满同情，所以才写出"太息三仁远，谁为二子俦"的句子。孔子说："殷有三仁焉。微子去之，箕子为之奴，比干谏而死。"此"三仁"事迹早已烟云辽远，但徐锡麟和秋瑾这两位豪杰之士，却是无与伦比、难以为俦

---

① 《悲秋四十韵》,《马一浮集》第三册，第 766—767 页。

的。诗的结尾两句："招魂惭后死，无复恫宗周。"用的应是《诗·大雅·桑柔》之典："哀恫中国。"意谓在秋瑾的灵魂面前，后死者应该感到无比惭愧，就不要说全国都为之悲痛了。

我以为这首《悲秋四十韵》就是为秋瑾而写，原题作《鉴湖女侠行》，诗序就是此诗的题序，故诗序所写与诗的内容完全冥合。只不过马先生后来改题为《杯酒四十韵》，编者不察，误以为该诗已佚。

七　何处"遣悲怀"

这里，我们需要为马先生辨明一事，即 1916 年当马一浮先生 33 岁的时候，他的已逝妻子的第三个妹妹，也在这一年逝世了。而在此两年以前，经汤寿潜老先生和其长子汤拙存商议，拟将这位待字闺中的三妹嫁给马一浮，并且郑重写信向马先生提出。马一浮感激汤家父子的情义，又觉得这样做可以"无改先人之命，得以终继二姓之好"，自己平生的遗憾庶几可以得到弥补，所以欣然同意了这桩婚事。但汤女不乐于此，延宕一年，还是不肯答允，订婚的礼品也拒不接受。当时汤女在病中，汤老太太担心女儿病弱，打算作罢此事。马先生一再写信陈说，希望能够完此婚事，不必因病而废此成议。为此，马先生"修诚申譬，书词累牍，时阅二禩”（两年），仍“未蒙见察”。而汤女的病是越来越重了，“形神消损，淤邑待尽”，直到夭逝。马一浮非常悲痛：“哀我良嫔，遂及窈窕，异体同气，推心若一。”于是写了三首《遣悲怀》，以为哀悼缅怀之意。诗前小序所叙事情原委至详，真是可悲可憾也矣。此事在马先生的生活和为学的道路上不啻一个事件，特补叙如上并引录其诗作如下：

郁郁兰蕙芳，植根自高山。滋兰不俟佩，移蕙不俟搴。皇天降霜雪，凋落一何先。岁晚安可追，良时坐自捐。川逝无反流，华萎不重妍。馨香为谁发，迟暮岂予愆。

昔予悼淑俪，久绝平生缘。恭承君子命，尚许申缠绵。娣归以恒吉，原筮理则然。微情幸有托，孤愿不及宣。上惭孔父勇，下愧梁生贤。丹心空自持，不敢望相怜。哀风厉霜辰，奄忽乘化迁。孰云朝露促，似比金石坚。恻恻掩枯桐，凄凄感下泉。喟息将谁道，怆悦终残年。

残年知有极，幽夜何时光。徙倚步前庭，仰视参与商。参商永相错，飞鸟下成行。予情信堪忍，美疢定谁将。缘想成苦身，幻灭故无常。本自行路人，何为怀感伤。岂伊鞶帨思，结念在糟糠。感至既循性，泽教亦止坊。命也夫何言，沉忧力自忘。[①]

第二首“孰云朝露促，似比金石坚”句下有注：“亡妻生年十八来嫔，二十一而遂夭。今闻其妹在室之龄二十有二，已为寿矣。”马一浮的爱妻汤仪死的时候年仅21岁，不料这位三妹也只活了22岁。马先生只好承认是“命”之所使然，导致参商相错，使得“缘想成苦身，幻灭故无常”。马先生陷入深深的遗憾，情不自禁地觉得这位汤家三妹之逝是不是由于自己的过错：“馨香为谁发，迟暮岂予愆。”

马一浮这三首《遣悲怀》，抒情写实，感情深挚，文情并茂，不落言诠。而追怀秋瑾之死的长篇歌行《悲秋四十韵》，更是慷慨激昂而又不失含蓄蕴藉，真真古今诗人之杰构、并世不二之佳篇。其实，马一浮27岁之前还有更为奇特的诗作，即《愿歌》60首，今存58首。作者说是“悯其国人知爱美人不知爱自由，故托为爱美人者之词，以劝爱自由者如爱美人焉”[②]。诗中的美人为了追求自由，不顾现世的残酷，置生死于度外，即使刀山火海、罗刹地狱也在所不辞，“愿为三月华”“愿为金刚石”“愿为一尺绢”“愿为碧落琴”“愿为手中书”。全诗232句，充满了瑰奇华丽的想

---

① 《遣悲怀》三首，《马一浮集》第三册，第780—781页。

② 《愿歌》，《马一浮集》第三册，第772—776页。

象和意象。笔者被马先生的诗惊呆了。原诗俱在，读者不妨检看比照。

区区之意，无非是说马一浮先生青年时期的学问储备，应该包括诗学这一大块，儒学、佛学、诗学，是马一浮学问大厦的共同组成部分。只不过不同时期有不同的凸起和侧重。譬如30岁以前，是由西学到中学，再由中学归结到儒学特别是程朱之学。33岁写作《遣悲怀》，或曰30岁之后，有将近十年的时间，他徜徉在佛学的禅学和义海之中。诗学则贯穿始终。对马先生的一生为学而言，儒学是底色，佛学是生活，诗学是性情。

第三章　马一浮的学术精神和学问态度

马一浮的为学态度和学术精神与同辈学人有很大不同。他不仅读书多，而且能够融会贯通；不仅能够融会贯通，而且能够将往圣前贤的义理化入自己的生命；不仅化入自己的生命，而且能够从生命中凝聚升华出属于人之为人的共同道德理性。今天重新审视马一浮，首先引起我们注意的是他的与众不同的学问态度和独特的为学观念和进学途径。为探讨此一问题，我们不妨先讲几个关于马先生学问经历的故事。

一　马一浮学问经历的故事

故事一：1909 年，在上海办《民呼》报的邵廉存写信给马一浮，希望他拿出自己的撰述出版或给报纸写些文章。马先生没有立即回复，邵于是又来函询问督促。这种情况下，马一浮写了一封长信给邵，详细阐明自己对著述的态度。大意是说：我是山野之人，对当世之务固然不是很了解，但古君子之立言，凡有书留下来的，我未尝不找来阅读，并力求探明其旨趣。可是拿现在的人写的东西和古人比较，相差实在太远了。报纸刊登的那些新闻、言论，也许自以为是在“立言”，而究其实不过是以稗贩为标榜，体例猥杂、文辞芜秽，目的无非是想赚钱牟利，还有的干脆就是借舆论骗人。当然也有好的，你们的《民呼》看过几张，很有生气。但仍有不足，内容和过去的邸报差不多，语言也琐碎欠雅，还不如野史笔记，真为之可惜。那么原因何在呢？马一浮说：

今日之祸，不患在朝之多小人，而患在野之无君子。不患上之无政，而患下之无学。祸之灼然切肤一国所共见者，得豪杰之士，犹可弭也。独其中于无形发于隐微之地者，为学术人心之大忧。履霜坚冰，驯致其道，辨之不早辨，则人欲横流，天理将废。呜呼，吾为此惧矣。夫天理终不可灭，人心终不可亡，此确然可信者。然其间必赖学术以维系之。不然者，几何不相率以渐而入于兽也。今之炫文者去经术，尚口者緤躬行，贪功者矜货利，骛名者贼廉耻。人人皆欲有所凭借以求逞。循此以往，人与人相食，不待异族之噬而吾属尽矣。诸君子果欲以济民物为己任，安可不于此加之意乎。古之君子，其立身有本末，其出言有物有序，夫而后可以行远有信。诸君子信能以道谊自任，其中纯然不杂以功利之私，使浮持三寸弱翰竭其所欲言，助诸君子张目，以尽匹夫之责，亦所固愿。[①]

马一浮认为国家的最大问题在学术人心，而不是那些人人得而见之的社会弊端，因为社会弊端一旦有能人、有豪杰之士出山，就不愁解决之道。但天理和人心则需要学术来维系，如果不及早着手，后果不堪设想。他对于抛弃儒家经典、不重视知行合一、不顾及道德廉耻的现状，深表忧虑。他说如果诸君子能够以道谊为己任，做事情不杂以功利之心，他愿意助一臂之力，可以写文章讲自己的看法，也算尽了匹夫之责。但如果不是这样，写文章又有什么用呢？不如"刊落声华，沉潜味道，不欲以文自显"。

邵廉存收到马一浮的信，误以为马先生希望在报纸上刊登，所以来函说信的内容高而不切，不便于发表。马先生回答说自己没有这个意思，连邵送给别人看他都颇不惬意，遑论其他。他说报纸是"以市道为业"，自己讲的东西虽合于著述之旨，却与"市道"迥异，所以两个人谈不拢

① 《致邵廉存》第二函（1909 年），《马一浮集》第二册，第 410 页。

并不奇怪。他“宁愿闇然自悔，将以求其所志”，而不愿徒逞口说以求胜于人。他引孟子的话：“大匠不为拙工改废绳墨，羿不为拙射变其彀率。”引《易》之为言云：“言行者，君子之枢机。”又说：“有文王之德而后可以演《易》；有孔子之志而后可以制《春秋》；有屈原之才而后可以作《离骚》。若夫今之君子，其怢然自许者，亦非浮所敢知也。”[①]可见马先生对文章事业期许之高，这是他不愿轻易著论报刊的缘由。他为学走的是默默沉潜之路，而非以文名世的世俗之路。“可不慎乎”，是他毕生从事学问而发论著说守持的信条。马一浮的学术精神和学问态度，我们从这个故事里可以看到一些端倪。

故事二：马一浮的一个朋友叫王锺麒的，1912 年准备创办《独立周报》，邀请马一浮为之撰稿，马先生复信谢不能。他说自己一向未究心于当世之务，勉强为之，无异于请道士参与朝廷政事，或者打仗的时候搞祭祀，读者一定以为不伦，肯定要责备办报的人没有眼光。而且也与办报简章中说的“最新学理”相违背。至于希望刊载以前翻译的有关西方艺文方面的文字，他说亦大可不必。因为那些东西如同辽东的白头猪一样，不值得格外重视。考古方面的文章，过去写过一些，恐怕也与报章的体例不合。连诗

① 《致邵廉存》第三函（1909 年），《马一浮集》第二册，第 411 页。

也许久未写了。马一浮委婉地但也是断然地拒绝了王锺麒的撰稿之请。他说："哀群言之芜秽，无术以易之，则宁嘿然以没世耳。穷而至于卖文，则苟而已矣。"[①]对当时盛行的为文著论动辄称引外域典籍的学术风气，马一浮深不以为然，他说：

> 时人议论称引，不出异域皮革之书，此灭学之征也。昔之论职官者，犹知考《周礼》，讲刑法者，犹知准《唐律》。今则抱日本法规以议百世之制度，执西方名学以御天下之事理。动色相矜，以为管、葛所不能窥，董、贾所不能谕。及察其研核是非，敷陈得失，则徒连犿缴绕，非真有幽妙宏阔之思，确乎不拔之理也。以此论道经邦，日以滋乱。[②]

连当时报刊流行的西化的文风和语言逻辑马先生都给予了批评，而"敷陈得失，则徒连犿缴绕"一语，可谓直中要害。这就如今天人们批评的，动辄以西方话语为准的，有话不好好说，在那里晦涩不明地绕圈子。他的正面主张是："今日唯当反身修德，致明遂志，尽其在己"，即使遇

① 《致王锺麒》第二函（1912 年），《马一浮集》第二册，第 425 页。
② 同上。

有祸患，包括“夷狄之纷乘”，也能够“有自主而不为所动”。[①]简言之，也就是“穷理尽性”，而且是“循乎天性之自然”，而不是出于被迫，扭曲乃至丧失自我的主体。马先生显然主张，涉及文化的学理与实践问题，包括道德伦理和语言表达方式，不必亦不应“执西方名学以御天下之事理”。

故事三：1912 年民国政府成立后，蔡元培任教育总长，他特邀马一浮担任教育部秘书长一职，到职不到三个礼拜，马先生就以“我不会做官，只会读书，不如让我回西湖”为由，挂冠而去。实则是教育思想与蔡先生不合，马一浮不赞成废止读经，蔡先生反是。马建议设通儒院，以培国本，具体办法为：“聚三十岁以下粗明经术小学、兼通先秦各派学术源流者一二百人，甄选宁缺毋滥，优给廪饩，供给中外图籍，延聘老师宿儒及外国学者若干人，分别指导。假以岁月，使于西洋文字精通一国，能为各体文词，兼通希腊、拉丁文，庶几中土学者可与世界相见。国本初张，与民更始，一新耳目。十年、廿年之后，必有人才蔚然兴起，此非一国之幸，亦世界文化沟通之先声也。”[②]现在看来，马一浮的建议颇具先验的眼光，如能实现，不啻为我国文教的千秋万代之事。后来的清华大学国

---

① 《致王锺麒》第一函（1910 年），《马一浮集》第二册，第 424 页。

② 《马一浮先生语录类编 · 师友篇》，《马一浮集》第三册，第 1084 页。

学研究院，体制和宗旨就略同于马先生倡议的通儒院。可惜，蔡元培当时没有采纳马一浮的建议。不过，蔡先生自1912年1月至7月，只做了七个月的总长就坚辞不干了，也许不设通儒院不完全关乎教育思想的异同，还有情势许可不许可的问题。

故事四：1916年蔡元培出任北京大学校长，再次恳请马一浮出山，请他担任北大文科学长，又遭婉拒，理由是"古有来学，未闻往教"。他感到此八字之电文未免过简，于是又有一信给蔡先生，写道：

承欲以浮备讲太学，窃揽手书申喻之笃，良不敢以虚词逊谢。其所以不至者，盖为平日所学，颇与时贤异撰。今学官所立，昭在令甲。师儒之守，当务适时，不贵遗世之德、虚玄之辩。若浮者，固不宜取焉。甚愧不能徇教，孤远伫之勤。幸值自由之世，人皆获求其志。委巷穷居，或免刑僇。亦将罄其愚虑，幽赞微言，稽之群伦，敬俟来哲。研悦方始，统类犹乏，以云博喻，实病未能。若使敷席而讲，则不及终篇而诟诤至矣。谢无量淹贯众学，理无不融，浮不能及。先生若为诸生择师，此其人也。化民成俗，固将望诸师友；穷理尽性，亦当敕之在躬。道并行而不悖，以先生之宏达，傥不疾其固耶。方春时育，惟慎徽令典，多士响风，克隆肇新之化。不具。浮再拜。丙辰十二月二十四日。[1]

蔡先生固是马一浮所敬佩之人，所以，信中诚恳地讲明了不能赴命的理由。主要是他感到自己的学问追求，与当时的潮流不相吻合，如果侧席讲筵，不及讲完就可能招致批评。不如有所分别，“化民成俗”的事情由别的学者来做，他自己则甘愿以“穷理尽性”为事。函中所说的“今学官所立，昭在令甲。师儒之守，当务适时，不贵遗世之德、虚玄之辩”，可谓深察民国以来现代教育体制利弊得失的警语，这与后来他应邀创办复性书院坚守的学术理念如出一辙，今天重新检讨，益觉马先生的教育思想不失为孤明先发之见。但对蔡元培的为人为学，马先生始终是尊而敬之的，对其治北大的兼容并包的学术思想，“深服其度”。1940 年蔡先生逝世，马一浮撰一挽联：“学海众流归，今也则无，闻者尽为天下惜；家山多垒在，往而不返，伤者不见九州同。”

故事五：1930 年 7 月，时任北京大学代理校长的浙籍教授陈大齐（1886—1983，字百年），邀请马一浮到北大任研究院导师。先致一信，随后又电邀。马一浮回函婉谢。他在回函中写道：“方今学子务求多闻，则义理非所尚。急

---

① 《致蔡元培》，《马一浮集》第二册，第 453—454 页。

于世用，则心性非所先。平生粗究终始，未尽玄微。耻为一往之谈，贵通天下之志。亦知语默道同，物我无间，酬机赴感，教所由兴。但恐无裨仁贤历学之心，不副髦俊研几之望，是以未敢遂承，匪欲自隐其陋也。”[①]马先生表示自己所致力者，为义理心性之学，以随顺潮流讲话为耻，与当今学府的务多闻讲实用的学风不合，因此无法应命。但陈百年坚邀不懈，并寄来正式聘书，马先生于是推荐熊十力代己应聘。不料，刚刚辞去国民政府教育次长职务、复任教北大的马叙伦，又写信给马一浮，备申陈百年的盛意，敦请马先生能够前来北大执教。马叙伦是杭州人，有名的教育家，早在1917年就欲聘马一浮为家傅，未获允，但他对马先生的学行念念于怀。面对故人的诚邀，马一浮的回信写得格外恳切委婉，他说：

> 久谢人徒，遂成疏逖。迩者陈君百年以讲学见招，亦既电辞。未蒙省察，乃劳手书申譬，殊愧无以堪任。夫学有诸己，岂不欲转喻诸人。然义在应机，亦非一概。故道逢尹喜，始出五千；退老西河，乃传六艺。感然后应，信然从后。是知教化所由兴，不必尽在明堂辟雍也。今儒术方见绌于时，玄言亦非世所

---

① 《致陈大齐》，《马一浮集》第二册，第516页。

亟，乃欲与之扬邹鲁之风，析夷夏之致。偭规改错，则教不由诚；称性而谈，则闻者恐卧。以是犹疑未敢遽应。虽荷敦勉之切，虑难仰称所期。与其不能解蔽于一时，吾宁俟悬解于千载耳。希为善谢陈君，别求睿哲，无以师儒责之固陋。"[①]

婉辞的理由仍是学理及学问态度不同，因为儒术在当时为主流学术所排斥，玄言义理之学亦不见重于当时。因此马一浮认为，既然不能"称性而谈"，就不如不应此聘，宁可"俟悬解于千载"。这就是马一浮致力经术义理、追求"穷理尽性"而不苟于时俗的学问态度。

故事六：1936年4月，竺可桢任浙江大学校长，莅校不久，就有人向他介绍，说马一浮是杭州的瑰宝。于是，竺便托人探听马先生的想法，看他能否来浙大任教。5月18日举行校长宣誓典礼，24日，竺可桢便登门拜访马一浮，希望马先生能为浙大学生授课，或者由学生到马的寓所听讲亦可。7月17日，竺再次拜望马先生，准备设专门讲堂作为马一浮的讲所。但两人交谈时间短促，马在学理方面的想法，竺未能深会。于是，竺又托王子余写信给马先生，具道邀请之诚。马回信给王，告之他所以尚在犹豫，

① 《致马叙伦》第三函（1929年），《马一浮集》第二册，第455—456页。

主要是自己平日所讲，不在学校之科，也不易为初学者所了解，担心彼此扞格不入，未必有益。但鉴于竺校长再三请人来说，他也就不再坚持最初的想法了。他说："昨竺君复枉过面谈，申述一切，欲改来学为往教。为体恤学生计，此层尚可通融。"[①]但他又担心他之所讲学生未必能听得懂，所以进而申论道：

> 群言淆乱而无所折衷，实今日学子之大患也。若只泛言国学，譬之万宝全书、百货商店，虽多亦奚以

---

① 《致王子余》第一函，《马一浮集》第二册，第517—518页。按《马一浮集》的编者将此函件的时间系为1930年8月，实误。因竺可桢出任浙江大学校长的时间为1936年4月底，为此事他曾犹豫再三，蒋介石（时兼任行政院长）还曾召见了他。4月29日，竺可桢由上海赴杭州，就职典礼举行的时间是5月18日，中央研究院气象研究所所长一职仍由他兼任。两次拜望马一浮的时间是5月24日和7月17日，与马致王子余信所述"与竺君相见两次"完全相符。《竺可桢日记》对此有详尽记载，可参看《日记》第1册，第34—46页，人民出版社1984年版。而且7月20日竺可桢日记："任葆泉来，谈及马一浮事，谓据张圣征云，马或疑余请邀之心非真诚，无非欲借渠之名义，似有疑余之真心，故嘱余即作一覆与子余。"（《竺可桢日记》第1册，第46页）此处之子余，自应是王子余无疑。可知王子余给马一浮写信，是受竺可桢之托，故马的回信称王信"具道竺君藕舫（竺可桢字藕舫）见期之意"。由此完全可以证实，马致王子余的信是在1936年，无论如何不会是1930年，只不知《马一浮集》编者何以发生此误。尝电话请教现在杭州的马镜泉先生，他认可笔者的订正，认为《马一浮集》的署年肯定是错了。

为？且非弟之所能及也。此意竺君如以为然，能喻之学生，使有相当了解，然后乃可与议。否则圆凿方枘，不能收教学相长之效。与竺君相见两次，所谈未能尽意。在竺君或以为弟已肯定，然弟实疑而未敢自任。不欲令种子断绝，此天下学者所同然。虽有嘉谷，投之石田，亦不能发荣滋长。故讲即不辞，实恐解人难得。昔沈寐叟有言，今时少年未曾读过四书者，与吾辈言语不能相通。此言殊有意味。弟每与人言，引经语不能喻，则多方为之翻译。日日学大众语，亦是苦事，故在祖国而有居夷之感。处今日而讲学，其难实倍于古人。师严而后道尊，道尊而后民知敬学，亦难责之于今。乐则行之，忧则违之，吾行吾素而已。竺君不以弟为迂阔，欲使诸生于学校科目之外更从弟学，大似教外别传，实为特殊办法。弟之所言，或恐未足副竺君之望、餍诸生之求。其能相契，亦未始非弟素愿。若无悦学用力之人，则语之而不知，虽舍之可也。此当视诸生之资质如何，是否可与共学，非弟所能预必，非如普通教授有一定程序可计日而毕也。故讲论欲极自由，久暂亦无限制，乃可奉命，否则敬谢不敏。此意当先声明，并希代致竺君谅察为荷。[①]

---

① 《致王子余》（1936年），《马一浮集》第二册，第518页。

这里马先生不仅申明了自己的学术理念和学问态度，关于讲学的理念他也做了说明。他希望讲论是极自由的，讲论的时间也不做限制，不要视他为浙大的一般教授，讲论的内容也是在现有科目之外，“实为特殊办法”。如此要求是否能够得到满足，他没有把握（“非弟所能预必”）。当然还有学生能否听得懂的问题，也是马先生迟迟不能做出决定的原因。他平生最佩服的学者是沈曾植（字子培，号乙庵，晚号寐叟），所以引其语以为佐证。马先生的学问，自是别有宗趣，另有旨归，与大学文科教育属于殊科异撰。

马先生把他的想法概括为在大学“特设国学讲习会”，并拟订了讲习会的旨趣和办法[①]。遗憾的是，通达重教的大

---

① 马一浮《致王子余》第二函的后面，附有他撰写的“大学特设国学讲习会之旨趣及办法”，文字不长，兹录其全文：一、本校为引导学生对于吾国固有学术之认识，兼欲启示学生使知注重内心之修养，特设国学讲习会。一、国学讲习会设特别讲座，由本校延聘主讲大师，自由讲论。每星期一次，其时间另定之。但主讲大师有故不能到会时，得由本校商请派遣高足弟子出席代讲，或许学生造门请业，仍以每星期一次为限。一、国学讲习会纯粹为养成国学基本知识，使学生离校后可进而为深切之研究，发挥本具之知能，阐扬固有之文化，故超然立于本校所有各院、各系科目范围之外。不列学分，不规定毕业期限。但每届一年终了时，由主讲大师考询其领受之深浅，另定甲乙。其学业优异者，经校长之特许，得酌予嘉奖。一、本校各院、各系学生中，不论年级，于所修科目之外，有志研究国学，曾读四书及五经中一经以上者，由校长选拔，令自行填具志愿书，得入国学讲习会听讲。其未读四书者不与。一、国学讲习会暂分经术研究、义理研究二门。

科学家竺可桢校长，最后竟未能满足马一浮要求，致使数月的努力功亏一篑。《竺可桢日记》1936年8月1日条记载："九点至青年路晤张圣征，应子梅之邀谈及马一浮事，时圣征之兄天汉亦在座。据张云，一浮提出一方案，谓其所授课不能在普通学程以内，此点余可允许，当为外国的一种 Seminar［研究班课程］。但一浮并欲学校称其为国学大师，而其学程为国学研究会，则在座者均不赞同，余亦以为不可。大师之名有类佛号；名曰会，则必呈请党部，有种种麻烦矣。余允再与面洽。"①马先生拟订的"大学特设国学讲习会之旨趣及办法"，第一条规定："国学讲习会设特别讲座，由本校延聘主讲大师，自由讲论。"没想到竺校长及周围人士会对"主讲大师"一词如此反感，是亦不真正理解马先生矣。而且"国学讲习会"的"会"字也触犯了党国之大忌，居然需要呈请党部，可知马先生期待的

（接上页）俟学生领解力增进时，得增学术流别（即哲学评判）、文章流别（即文学评判）二门，或其他门类。由主讲大师察看学生能力自由酌定之。一、学生既入国学讲习会听讲，不得无故中途废辍。其有领解力薄弱或不守规则者，由主讲大师随时告知校长，令其退席。一、国内通儒显学遇有缘会，由主讲大师介绍，经校长之同意，得临时特开讲座，延请讲论，示学者以多闻广益之道。见《马一浮集》第二册，第520页。

①《竺可桢全集》第六卷《日记一集》，上海科技教育出版社，2005年，第121页。

讲论之自由，已不复存在。宜乎操持最大的一次聘请马一浮讲学于浙大事，就如此这般地流产了。

故事七：1917年农历十月，宗白华写信给马一浮，欲拜马先生为师。马一浮回信说："承力学好问，励志进修，甚善甚善。至以求道之切，乃于浮有见师之意，此非鄙陋所敢任也。《学记》曰：'君子知至学之难易而知其美恶，然后能博喻。能博喻然后能为师。'《论语》曰：'温故而知新，可以为师矣。'二者浮皆不能有之。平日于记问之学，犹有所不及，曷敢抗颜而为足下之师乎。且师者非徒以多闻博识而已，必其道德已立，言行皆仪法，然后学者心悦诚服，严事而不倍焉。如浮者何足以拟于是。苟如来书之言，不惟遗浮以近妄之失，亦使足下蒙不择之嫌，故期期不敢奉命。若夫先圣之教，备在经籍，德性之本，具于一心，为仁由己，不假外求。读书穷理，实有余师。乐取于人，咸资淑艾。深之以思绎，益之以讲贯，谨之于微隐，笃之于践履，其日进于道也夫孰御之。"[①]马先生虽然未接受宗白华的拜师之请，但此信已经把进道之方法完完全全地告诉给对方。"读书穷理，实有余师"，即"读书穷理"就是拜师、进学、入道的最重要的途径。"先圣之教，备在经籍，德性之本，具于一心，为仁由己，不假外求"，这是马一浮学问方法的基本理念。

---

① 《致宗白华》第一函（1917年），《马一浮集》第二册，第499—500页。

上面这些关于马一浮学问经历的故事，不过是举其要者，远不是全部。但也足见他的学问态度和学术精神与当时的流行风气不能同年而语。他宁可安于居僧舍、住陋巷的隐士生活，也不愿随顺世俗写作时文，也不入于讲舍。他认为传播学问不只有学校一途。讲论需要自由，来学者需要有进入此学的基础。马先生所致力者在存乎经术，所欲明辨者为名相义理，所归结者是为心性，所寄望者在于践履。他讲求立身有本末，贵通天下之志。自 1904 年底从国外回来，直到 1937 年，整整三十余年的时间里，马先生始终处于这种独特的学问状态之中。如果不是 1937 年日寇犯华，抗战军兴，看不出他会改变这种人生状态和学问状态。他后来讲学于江西泰和、广西宜山和四川乐山，是不得已之举。可是如果没有这些讲论，没有泰和、宜山两《会语》和《复性书院讲录》问世，我们更难窥马先生学问的窾要于万一了。

二　马一浮对读书之道和学问义涵的阐释

马一浮对读书和做学问的理解非常独特，他的著作和大量的信函里对这方面的问题有详尽的阐释。但有两篇专门的文字论述得尤为精到，这就是《宜山会语》中的《释学问》和《复性书院讲录》中的《读书法》。

我们先来看《读书法》这篇文章。因为做学问固然需要读书，即使不做学问的人，事实上也不可能完全不读书。读书是人类文明生活的必要组成部分。问题在于如何读书？怎样读书？读书之前是否需要做一点什么功课？马一浮在《读书法》中写道："欲读书，先须调心，心气安定，自易领会。若以散心读书，博而寡要，劳而少功，必不能入。以定心读书，事半功倍。随事察识，语语销归自性，然后读得一书自有一书之用，不是泛泛读过。"[①]在马先生看来，读书的前置条件是要使自己处于"心气安定"的状态。浮躁烦扰的情绪不利于读书。何以如此？马先生认为，读书是穷理博文之事，"必涵养纯熟，然后气自常定，理自常明。逢缘遇物，行所无事，毫不费力。然其得力处，皆在平日读书穷理工夫不间断，于不知不觉之中，滓秽日去，清虚日来，气质自然清明，义理自然昭著，此正孟子所谓集义也。"[②]盖读书的首要之点，在于明理，在马先生则曰"穷理"，亦即不仅需要"得意"，而且知晓"义"之所从出。马先生说："书是能诠，理即所诠。《系辞》曰：'书不尽言，言不尽意。'故读书在于得意，得意乃可忘言。意者，即所诠之理也。读书而不穷理，譬犹买椟还珠，守

---

① 《复性书院讲录·读书法》,《马一浮集》第一册，第 125 页。

② 《致云颂天》第五函（1936 年）,《马一浮集》第二册，第 808 页。

此筌蹄，不得鱼兔，安有用处。”[1]读书而不“得意”，不能“穷理”，书就白读了。而要做到“穷理”，马先生告诉我们，必须去掉“成见”的障碍。只记得一些名词术语，刚有一点解会，就“顿生狂见”，如同《圆觉经》所说：“无令求悟，唯益多闻，增长我见。”此处的“我见”即为“成见”，可谓读书为学的“不治之病”。所以马一浮先生说：“故读书之法，第一要虚心涵泳，切己体察，切不可以成见读书，妄下雌黄，轻言取舍，如时人所言批评态度。”[2]是啊！还未及阅读，就预置一个“批评态度”，无异自垒壁障挡住自己的眼睛，阅读还有何益。所谓“批评态度”就是马先生说的“成见”。

然而读书的目的又不只为“穷理”，同时也为了“蓄德”。马先生引《易》“大畜”之象辞云：“天在山中，大畜。君子以多识前言往行，以畜其德。”又引伊川的解释曰：“人之蕴畜，由学而大，在多闻前古圣赞之言与行，考迹以观其用，察言以求其心，识而得之，以畜成其德，乃大畜之义。”马先生设问：“书者何？前言往行之记录是也。”所以为了“蓄德”，必须读书。故“读书非徒博文，

① 《读书法》，《复性书院讲录》，《马一浮集》第一册，第125页。

② 同上书，第126页。

又以蓄德，然后能尽其大。”[①]读书的目的在于知意、穷理、博文、蓄德，这些理念固然来自宋儒，但在体验和悟识的同时予以系统论述，则是马先生基于自己的为学经验而在学理上有自家的发明。以此他对清儒的治学方法提出批评就是自然的了。他说：“守目录校雠之学而以通博自炫者，不可以语于畜德也。清儒自乾嘉以后，小学一变而为校勘，单辞碎义，犹比窥观。至目录一变而为板本，则唯考论椠刻之久近，行款之异同，纸墨之优劣，岂徒玩物丧志，直类骨董市谈。此又旧习之弊，违于读书之道者也。”[②]马先生绝不是站在宋儒的立场上来批评清儒，而是申明一个现代学者的为学职志。

马一浮先生最后将“读书之道”概括为四门：一曰通而不局；二曰精而不杂；三曰密而不烦；四曰专而不固。并解释说：“局与杂为相违之失，烦与固为相似之失。执一而废他者，局也；多歧而无统者，杂也；语小而近琐者，烦也；滞迹而遗本者，固也。”与此局、杂、烦、固相反的是通、精、密、专，其好处是“通则曲畅旁通而无门户之见；精则幽微洞彻而无肤廓之言；密则条理谨严而无疏略之病；专则宗趣明确而无泛滥之失”。如果做到“不局不

---

① 《读书法》,《复性书院讲录》,《马一浮集》第一册，第128—129页。

② 同上书，第129—130页。

杂”，就是“知类”；做到“不烦不固”，就是“知要”。而知类而辨其流别，这是“博之事”，知要而综其指归，这是“约之事”[①]。马先生说，明白了这些，为学的道理和读书进德的途径就掌握得差不多了。在中国现代学术史上，为学之读书人多多，却很少有人像马先生这样能够深切探明读书之道。

但知类、知要，博而能约，等等，还只是读书为学的一般途径和方法，除此之外，读书为学还有更深层的义涵。马一浮认为，读书做学问的深层义涵，是向内求诸己，而不是离开自我向外旁骛。所以如此，乃由于在他看来人的“自性”无可增损，如同天地的无可增损一样。变化增损的，只是“习”，正是“习气”汩没了人的“自性”。读书则是为了涤除“习气”，恢复“自性”[②]。他说：“学问之道无他，在变化气质，去其习染而已。”[③]马先生清晰无误地提出，读书的作用，可以使一个人的气质发生变化（朱子讲过类似的话）。此点既是读书的潜移默化的结果，也是进入学问之道的标志。试想，一个由于读书而能够蓄德明理的人，其气质发生变化是再自然不过的事情。

---

① 《读书法》，《复性书院讲录》，《马一浮集》第一册，第 130 页。

② 《宜山会语》，《马一浮集》第一册，第 56 页。

③ 《复性书院学规》，《马一浮集》第一册，第 106 页。

至于读书和为学的关系，马一浮说："学必有资于读书，而但言读书，实未足以为学。"[①]此话怎讲？这涉及如何理解"学问"一词的含义。且让我们来看他的《释学问》一文，他在这篇文章的开首即写道：

> 人人皆习言学问，却少有于此二字之义加以明晰之解说者。如见人读书多、见闻广，或有才辩、能文辞，便谓之有学问。古人所谓学问，似乎不是如此。此可说是有知识，有才能，若言学问，却别有事在。知识是从闻见得来的，不能无所遗；才能是从气质生就的，不能无所偏。（今所谓专家属前类，所谓天才属后一类。）学问却要自心体验而后得，不专恃闻见；要变化气质而后成，不偏重才能。知识、才能是学问之资藉，不即是学问之成就。唯尽知可至于盛德，乃是得之于己；尽能可以为大业，亦必有赖于修。如此，故学问之事起焉。是知学问乃所以尽知尽能之事，而非多知多能之谓也。[②]

马先生这里把学问和知识做了一个区分，认为知识只是学问的凭借，而不是学问本身。这就如同一个人的才能，也

---

① 《读书法》，《复性书院讲录》，《马一浮集》第一册，第130页。

② 《释学问》，《宜山会语》，《马一浮集》第一册，第58—59页。

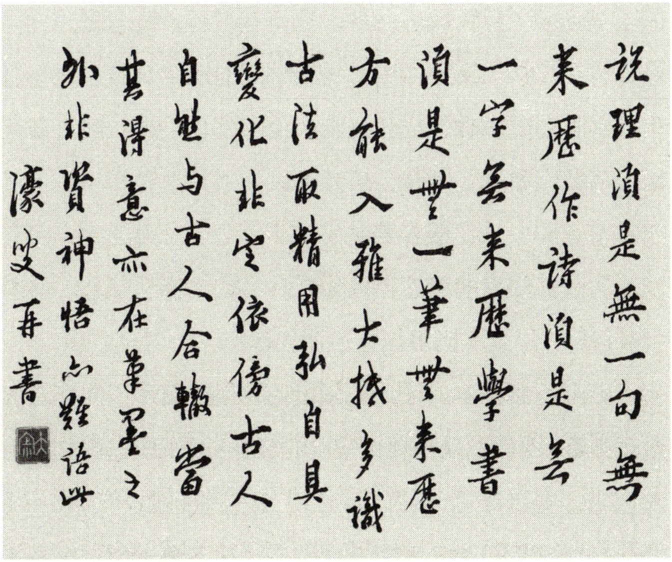

楷书《远游写本》部分

是成就学问的条件，但才能并不是学问。而且知识是从闻见得来的，不经过自心的体验融化，人格气质没有发生变化，与学问还是不搭界。此亦如章太炎先生所说，学问须得之于心，并不是写出了书就是有学问；甚至相反，形诸文字，成一著述架构，反而“猢狲离树，全无本领”。大学者的这些“怪话”，须经历过学问的历练，仔细玩味体会，方能知其妙谛。

按照古人的说法，学问实际上有“学”义和“问”义之分别。马先生说：“‘学问’二字，今浑言不别，实际上

‘学’是学，‘问’是问，虽一理而有二事。浅言之，‘学’是自学，‘问’是问人。自学是要自己证悟，如饮食之于饥饱，衣服之于寒暖，全凭自觉，他人替代不得。问人即是就人抉择，如迷者问路，病者求医，须是遇善知识，不然亦有差了路头、误服毒药之害。”[①]马先生对为学之“问”，以及遇有善知识的回答，极为看重，在《释学问》一篇中引经据典，对斯义阐释得至为渊雅博洽。

中国经典文本中，关乎学问的“学”义和“问”义的论述甚夥。《易》乾卦“文言”有云：“君子学以聚之，问以辨之，宽以居之，仁以行之。”这是中国最高经典《易经》涉及“学问”之义的一段经典论述。马先生的解释如下：“学要进德修业，积累而成，故曰聚。问则解蔽去惑，言下洞然，故曰辨。‘宽以居之’谓体无不备，‘仁以行之’谓用无不周。”[②]与此相关的，是《中庸》里面“博学之，审问之，慎思之，明辨之，笃行之”一段，人们经常称引，但究系何义？马先生说，上四即博学、审问、慎思、明辨，是为“明体”，属于知；下一即笃行，是为“达用”，属于行。上下总贯，则为“知行合一，体用不离”，这与《易》文言的聚、辨、居、行，旨趣相同。解释到此处，马先生

① 《释学问》，《宜山会语》，《马一浮集》第一册，第59页。

② 同上书，第60页。

又引释氏之说，以释氏的闻、思、修“三学”，对比《中庸》的学、问、思、辨。他说：“闻该学问，思约思辨，修即笃行也。”又说：“思辨即学问之事，学而不思则无得，问而不辨则不明，故学问必要思辨。”[①]所以《论语》讲思与学，佛氏讲闻、思、修,《中庸》讲学、问、思、辨、行，都是讲的为学的“学”与“问”这件事。

然而《论语》引子夏语，又言：“博学而笃志，切问而近思，仁在其中矣。”此为何义？马先生解曰：“博学而不笃志，犹之未学。切问而不近思，犹之未问。学欲其博，是要规模阔大，非谓泛滥驳杂也。问欲其切，是要体会亲切，非谓腾口说骋机锋也。”[②]又谓，“笃”的意思，是“安止而不迁”，即志立而不动摇；“近思”的意思，是“不远而可复”，即反复思考。因此“学必资于问，不学则不能问”。所谓“问”者，在于发现“学”中的问题。故不能发“问”者，常常是不学或学而不思的缘故。但“问”也有多种情况，“问”而不“切”是一种，说明问者对所问的问题缺少体会。还有一种是《学记》里说的“幼者听而弗问，学不躐等”。盖学有不同阶次，需要循序渐进。不按次序，超越等级，就是“躐等”。亦即按学问的“问”义要求，不

① 《释学问》,《宜山会语》,《马一浮集》第一册，第 60—61 页。

② 同上书，第 61 页。

应提出不入流的很幼稚的问题。所以，马先生在讲完《释学问》之后，特标示受教问学有“七不答”，即第一，问僻书杂学无益身心者不答；第二，问时政得失不答；第三，问时人臧否不答；第四，辞气不逊不答；第五，越次而问不答；第六，数数更端不答；第七，退而不思再问不答[①]。其中的第五不答，就是指“躐等”之问，可以“舍之”，不予回答。

就问者和答者的关系而言，答者的角色也可以理解为是“教”，问者的角色应即是“学”。中国传统的所谓教与学，学者对教者固有所期待，教者对学者亦有所期待。孔子说：“不愤不启，不悱不发。举一隅不以三隅反，则不复也。”（《论语·述而》）按朱子注，“愤者，心求通而未得之意；悱者，口欲言而未能之貌”[②]。马先生解释说：“愤、悱是能思，举一反三是善悟。不能如是，圣人之所不教。”[③]孔子弟子中，颜渊是“闻一知十”，子夏是“告往知来”，子贡是“闻一知二”。最差的是樊迟和司马牛，属于“闻而不喻”。《论语》所记录的，大都是孔门师弟子的问答，故马一浮称之为学之答问的鼻祖。孟子说：“君子之

---

① 《释学问》，《宜山会语》，《马一浮集》第一册，第62—63页。

② 朱熹：《四书章句集注》，中华书局，1983年，第95页。

③ 《释学问》，《宜山会语》，《马一浮集》第一册，第61页。

所以教者五：有如时雨化之者，有成德者，有达材者，有答问者，有私淑艾者。”（《孟子·尽心上》）其中的“如时雨化之”“成德”“达材”，都需要借助于问答。《礼记》的《学记》篇关于学之问义，尤深而求之曰：“善问者如攻坚木，先其易者，后其节目，及其久也，相说以解。”此处是说善问者，须是先易后难，问题的关节点放在后面。“问”与“答”的最佳效果，是达到“相说以解”。“教”与“学”本来是教学相长，但其最高境界，则是“闻一知十”、“举一反三”，问者欣然，答者莞尔。这里的关键，在于问者是否善问。《礼记》的《学记》篇写道：“善待问者如撞钟，叩之以小者则小鸣，叩之以大者则大鸣，待其从容，然后尽其声。不善答问者反此。”马先生说：“此是问答之轨范。学以穷理，问以决疑。问前须学，问后要思。故学问之道以致思为最要，思则得之，不思则不得也。学者观于此，亦可以明问答之旨矣。”①

至此，学问的问答之义，或曰学问的“学”义和“问”义，马一浮先生已经诠释得无有剩义了。但就如有了知识不等于有学问一样，懂得了学问的义理还不就是学问本身，尤其不能证明学问已经有了所成。马先生为说明此点，还是引了《学记》中的一段话：“古之教者，家有塾，党有

① 《释学问》，《宜山会语》，《马一浮集》第一册，第 62 页。

庠，术有序，国有学。比年入学，中年考校。一年视离经辨志。三年视敬业乐群。五年视博习亲师。七年，视论学取友，谓之小成。九年，知类通达，强立而不反，谓之大成。夫然后足以化民易俗，近者说服而远者怀之，此大学之道也。”《学记》中的这段话，历来懵解甚多，“一年”云云，是指初学者明章句，郑注昭然，兹不论。“三年”、“五年”、“七年”、“九年”，马先生解释最恰，他说：“敬业、博习、论学，皆读书渐进功夫。乐群、亲师、取友，则义理日益明，心量日益大。”不过此为“七年”之效，“如是积累，犹只谓小成”。只有到了“九年”，才可以称为“大成”。“大成”的标志，是“知类通达，强立而不反”，马一浮称之为学之至境①。

三　马一浮的为学观念和进学途径

马一浮基于对学问义涵的深切理解，颇不满意于当时的学风。他说：“今日学者为学方法，可以为专家，不可以成通儒。”又说：“古之论学主通，今人论学贵别。”他并不是完全否定现代学术的分类之说，而是主张别而能通。因此他说：“百家众说，不妨各有科题，但当观其会通，不可

① 《读书法》,《复性书院讲录》,《马一浮集》第一册，第130页。

是丹非素，执此议彼。苟能舍短取长，何莫非道？万派朝宗，同归海若；容光必照，所以贞明。小智、自私，乃存畛域，自智者观之，等同一味，岂有以异乎哉？”[①]盖马先生所阐释的“学”，自是通人之学。即使专家之学，也不能“是丹非素，执此议彼”，而是应该辗转开通，表里洞然，然后可“通天下之志”。如果学而不通，在马一浮看来，就不能称其为“学”了。

《易·系辞》所说的“唯深也，故能通天下之志；唯几也，故能成天下之务”，是马一浮经常称引的原典。他说：“大凡一切学术，皆由思考而起，故曰学原于思。思考所得，必用名言，始能诠表。名言即是文字，‘名’是能诠，‘思’是所诠。凡安立一种名言，必使本身所含摄之义理明白昭晰，使人能喻，谓之教体。必先喻诸己，而后能喻诸人。因人所已喻，而告之以其所未喻，才明彼，即晓此。因喻甲事而及乙事，辗转开通，可以助发增长人之思考力，方名为学。故学必读书穷理，‘书’是名言，即是能诠，‘理’是所诠，亦曰‘格物致知’。‘物’是一切事物之理，‘知’即思考之功。《易·系辞》曰：‘唯深也，故能通天下之志。’换言之，即是于一切事物表里洞然，更无睽隔，说与他人，亦使各各互相晓了，如是乃可通天下之志，

---

① 《释学问》,《宜山会语》,《马一浮集》第一册，第60页。

如是方名为学。”[①]《易》之所作，是“圣人之所以极深而研几”的结果。学问之道，也需要“极深而研几”的过程。经此过程，才有可能“通天下之志”。

然则通过怎样的为学途径，才有可能达至马一浮先生所阐述的那种理想的学问境界呢？马一浮在《复性书院学规》中提出了“四端”：一曰主敬，二曰穷理，三曰博文，四曰笃行，并概括为：“主敬为涵养之要，穷理为致知之要，博文为立事之要，笃行为进德之要。”[②]接下去他对此“四端”的“之要”，做了长篇论析，使这位大儒的为学思想豁然而细密地得以全景呈现。

先看论“主敬为涵养之要”。他首先解释“涵养”一词，引孟子的话：“苟得其养，无物不长；苟失其养，无物不消。”然后发挥道：“凡物不得涵濡润泽则不能生长，如草木无雨露则渐就枯槁，此是养其生机，故曰涵养也。”又说：“涵有含容深广之意，喻如修鳞之游巨泽，活鱍自如，否则如尺鲋之困泥沙，动转皆碍。又有虚明照澈之意，如镜涵万象，月印千江。”[③]意即依马先生的意思，人心之本体原该是澄明不昧的，如同虚明月印，只是由于气禀所拘、

---

① 《泰和会语》，《马一浮集》第一册，第 8—9 页。

② 《复性书院学规》，《马一浮集》第一册，第 107 页。

③ 同上书，第 108 页。

物欲所蔽，才失其冲和广沛之象。救正的办法，是孟子说的“持其志，毋暴其气”。“志”是“气”的主宰，如果想守住主宰即“持志”，这就需要“主敬”。“主敬”是马一浮使用的最重要的为学进道的概念。他论述说：“何以持志？主敬而已矣。伊川曰‘涵养须用敬’，即持志之谓也。以率气言，谓之主敬；以不迁言，谓之居敬；以守之有恒言，谓之持敬。心主于义理而不走作，气自收敛。精神摄聚则照用自出，自然宽舒流畅，绝非拘迫之意。故曰‘主一无适之谓敬’，此言其功夫也。敬则自然虚静，敬则自然和乐，此言其效验也。”[①]敬的反面是肆，是怠，是慢。马一浮认为，圣、狂之分在敬与肆的一念之间；礼以敬为本，而忠就是敬。所以：“敬则此心常存，义理昭著，不敬则此心放失，私欲萌生。敬则气之昏者可明，浊者可清。气既清明，义理自显，自心能为主宰。不敬则昏浊之气展转增上，通体染污，蔽于习俗，流于非僻而不自知，终为小人之归而已矣。”[②]对流行于当时的“唯务向外求知，以多闻多见为事，以记览杂博相高，以驰骋辩说为能，以批评攻难自贵”的“学者通病”，马一浮颇不以为然，认为是“胜心私见”“矜名哗众”在作怪，是陷入“徇物忘己”“戕贼

① 《复性书院学规》,《马一浮集》第一册，第 108 页。

② 同上书，第 109 页。

自心”而不自知。如果如此“往而不返”，不用说入于学问，即一般的进德修业的理想也无以实现。马先生对此议题的最后总结是：

> 须知“敬”之一字，实为入德之门，此是圣贤血脉所系，人人自己本具。德性之知，元无欠少，不可囿于闻见之知遂以为足，而置德性之知任其隐覆，却成自己孤负自己也。圣人动容周旋莫不中礼，酬酢万变而实无为，皆居敬之功也。常人“憧憧往来，朋从尔思”，起灭不停，妄想为病，皆不敬之过也。程子有破屋御寇之喻，略谓前后左右，驱去还来，只缘空虚，作不得主，中有主则外患自不能入。此喻最切。主者何？敬也。故唯敬可以胜私，唯敬可以息妄。私欲尽则天理纯全，妄心息则真心显现。尊德性而道问学，必先以涵养为始基。及其成德，亦只是一敬，别无他道。故曰：敬也者，所以成始而成终也。[①]

在中国学术史上，马一浮是继宋儒之后，第一个对“敬”这一范畴做如此系统深微阐释的学人。“敬”作为中华传统文化和思想的一个概念、一个范畴，宋儒讲得最多。故笔

---

① 《复性书院学规》,《马一浮集》第一册，第 110 页。

者认为，此系由于吾国思想传统、宗教观念薄弱，信仰的庄严性未能依宗教来建立，故伊川、晦庵诸大师欲以“敬”的范畴补而救之。马一浮深明此理，特提出“主敬为涵养之要”的思想，并烦引前哲往圣之言，对此一范畴给以循环阐释，祈图为我民族人格精神之完善与信仰之建立，觅一自足在己、无须外求的理念传承的渠道。

再看对“穷理为致知之要”的论述。他首先澄清朱子解释“致知格物”的主要观点，指出历来学者多有错会朱子之意者，以为朱子的意思是“以理为外”。他认为必须明白“心外无物，事外无理，事虽万殊，不离一心”，所谓“即物穷理”是指“即此自心之物而穷其本具之理”。并论证说：“儒家所言事物，犹释氏言万法，非如今人所言物质之物。若执唯物之见，则人心亦是块然一物质耳，何从得有许多知识。”[①]此处见出马一浮所守持的是心本体论，在解释格物致知问题时，他的观点近朱，而理念的本体所守，则近王（阳明）。他于此点还有更进一层的论证，他写道：“今言穷理为致知之要者，亦即是‘致知在格物’也。何以不言格物而言穷理？只是从来学者，都被一个‘物’字所碍，错认物在外，因而再误，复认理为外。今明心外无物，事外无理，事虽万殊，不离一心。一心贯万事，即一心具

① 《复性书院学规》，《马一浮集》第一册，第111页。

众理。即事即理，即理即心。心外无理，亦即心外无事。理事双融，一心所摄，然后知散之则为万殊，约之唯是一理。”[①]此又将理、事皆归之于一心。而“穷理”之“穷”，则是究极的意思：“究极此理，周匝圆满，更无欠缺，更无渗漏，不滞一偏一曲，如是方名穷理。”所谓“致”者，是竭尽的意思，“知”者，是知此理的自觉自证境界。马先生把宋儒直承孟子而来的这些学理概念，诠释得如鱼得水，活泼自如。但还有更精彩的论述，请看下面对“致知”的诠解。

> 一切名言诠表，只是勉强描模一个体段，到得此理显现之时，始名为知。一现一切现，鸢飞鱼跃，上下与天地同流，左右逢源，触处无碍，所谓头头是道，法法全彰，如是方名致知，所谓知之至也。清凉观答唐顺宗心要云：语证则不可示人，说理则非证不瞭。证者方是真知，证后所说之理方是实理。不然只是揣量卜度，妄生分别，如盲人摸象，各说一端，似则似，是则不是。在佛氏谓之情识思量境界，谓之遍计执，全体是妄；在儒家谓之私智穿凿，谓之不诚。故穷理工夫入手处，只能依他古来已证之人所说一一反之，

① 《复性书院学规》,《马一浮集》第一册，第111页。

自心仔细体究，随事察识，不等闲放过。如人学射，久久方中。到得一旦豁然贯通，表里洞然，不留余惑，所谓直到不疑之地，方可名为致知也。[1]

可谓要言妙道，议论风生，令人应接不暇。“致知”既为此义，但何以又言“穷理为致知之要”？孟子有言：“尽其心者，知其性也，知性则知天矣。”《易·系辞》云：“穷理尽性以至于命。”马一浮借以发挥说：“‘穷理’即当孟子所谓‘知性’，‘尽性’即当孟子所谓‘尽心’，‘至命’即当孟子所谓‘知天’。天也，命也，心也，性也，皆一理也。就其普遍言之，谓之天；就其禀赋言之，谓之命；就其体用之全言之，谓之心；就其纯乎理者言之，谓之性；就其自然而有分理言之，谓之理；就其发用言之，谓之事；就其变化流行言之，谓之物。故格物即是穷理，穷理即是知性，知性即是尽心，尽心即是致知，知天即是至命。”[2]是又将天、命、心、性收拾一处，纳入“理一分殊”的范式。而这种穷理尽性的工夫的获得，全靠反之自心，也就是僧肇所说的：“会天地万物为自己者，其唯圣人乎？”不用说，这种理学家的修养工夫，已经非常近于佛禅的境界了。

---

① 《复性书院学规》，《马一浮集》第一册，第112页。

② 同上书，第113页。

值得注意的是，马一浮在论述“穷理为致知之要”时，还对学术界不知学问系性分内之事的现象，提出了尖锐的批评。他说：“今时学者每以某种事物为研究对象，好言解决问题、探求真理，未尝不用思力，然不知为性分内事，是以宇宙人生为外也。自其研究之对象言之，则己亦外也。彼此相消，无主可得，而每矜为创获，岂非虚妄之中更增虚妄？以是为穷理，只是增长习气，以是为致知，只是用智自私，非此所谓穷理致知也。”①这里涉及学问的主体和对象的关系问题。按照马先生的学术理念，“心外无事、离体无用”，宇宙万物皆可归于一心，亦即对象为主体所摄，方谓之学问，否则并无创获可言。他强调的是主体和心性的作用，这与他的心本体论哲学适相一致。平心而言此义，人文学科的研究如果和研究者的“穷理尽性”的学术精神不搭界，所谓研究成果是很难令人信服的，就不用说是否有学术创获了。马先生所论是建立在吾国固有学术根基之上的为学观念和学术理论，求得现代学人全然的理解和认同，或许未免求之过奢，也许我们首要的是看他的论述能否自圆其说，以及可否自成一家之言。

马一浮对“博文为立事之要”和“笃行为进德之要”的论析，同样详密而精彩。“博文”之文，在马一浮并不专

① 《复性书院学规》，《马一浮集》第一册，第114页。

指文辞，也不限于典籍。天地间一切事相，他认为都是文。至于“立事”之事，他说：“凡言事者，非一材一艺、一偏一曲之谓，自入孝出悌、爱众亲仁、立身行己、遇人接物，至于齐家治国平天下，开物成务，体国经野，大之礼乐行政之本，小之名物度数之微，凡所以为因革损益、裁成辅相之道者，莫非事也。”[①]“穷理”的重点在于思，“博文”的重点是学。而“立事”之“立”，则是“确乎不拔”的意思。《学记》讲的“九年知类通达，强立而不返”，马一浮说“知类通达”可以算作博文，“强立而不返”方可以“立事”。他特别强调，所谓“博文”绝不是记览和词说的多闻，而是要闳通淹贯、“蓄德多而谨于察物”；“立事”也不是一技一能、守其一曲，而应汰除功利之心，“行其所无事”。“行其无事”才能成其大，故立事之要实在于此。“博文”和“立事”导出另外两个概念，即“知”与“能”。“博文属知，立事属能”。马一浮说：“《中庸》曰，匹夫匹妇之愚，可以与知与能，及其至也，圣人有所不知不能焉。学者切忌自谓已知已能，如此则是自画而不可以进于博，不可以与于立矣。”[②]然后马先生又举孔子“吾有知乎哉？无知也”的自省，说明圣人之为意，视“知”为通，而

① 《复性书院学规》,《马一浮集》第一册，第 117 页。

② 同上书，第 119 页。

“能”在全。

马一浮对学问的要求，自始至终不离“蓄德”和“进德”两项目标。但“德”与“行”相连属，在内为德，在外为行。“德是其所存，行是其所发；自其得于理者言之，则谓之德；自其见于事者言之，则谓之行，非有二也。”[①]那么，何以又言“笃行”？马一浮说：“充实而有恒之谓笃，日新而不已之谓进。知止而后能笃，不为物迁，斯可以载物；行健而后能进，自强不息，乃所以法天。无有欠缺，无有间断，乃可言笃；无有限量，无有穷尽，所以言进。行之积也愈厚，则德之进也愈宏。”反之，如果行之未成，就是德还不够丰裕。所以才说笃行是进德之要。把“进德”和“笃行”紧密联系在一起，体现了马一浮的“知行合一”的思想。但德有性德、修德之分，即使性德，也必然因修而显现。而修德须经过学，学而后变化气质，变化气质即是修[②]。因此“笃行为进德之要”这一门，实际上又是前

---

① 《复性书院学规》，《马一浮集》第一册，第 119—120 页。

② 同上书，第 120—121 页。又此处马一浮先生引述了刘劭《人物志》对人才流品的论述，他写道：“刘劭《人物志·九征篇》虽名家言，亦有可取，大致以偏至为才，兼才为德，全德为圣，故曰：‘九征皆至，则纯粹之德也。九征有违，则偏杂之才也（九征者，谓九质之征，谓精、神、筋、骨、气、色、仪、容、言也。文繁不具引）。三度不同，其德异称，故偏至之才，以才自名，兼才之人，以德为目，兼德之人，更为美号。[是故]兼德而至，谓之中庸。中庸者，圣人

三门的“总摄”。如果主敬、涵养、穷理、致知、博文、立事，都是“实是”而非“空言”，其结果也就是笃行。

马一浮最后总结说：“总该万行，不离一心。即知即行，全理是事。即博即约，全事是理。始终本末，一以贯之，即下学，即上达。子以四教：文、行、忠、信。文即六艺之文，行即六艺之事，忠、信即六艺之本。今此四门亦略同四教，全体启用，全用归体。此乃圣学之宗要，自性之法门，语语从体验得来，从胸襟流出，一字不敢轻下。要识圣贤血脉，舍此别无他道。于此不能有会，决定非器，难于入德。”[①]论述的是为学进德的义理精神，却处处显得典雅庄敬明白恳切，底是“语语从体验得来，从胸襟流出”，无法不跟从进入其“大雅”之境（马先生说德行为大雅之称）。而论述中所引用的先哲往圣的精言妙语，都是不

（接上页）之目也。具体而微，谓之德行。德行者，大雅之称也。一至谓之偏才。偏才，小雅之质也。一征谓之依似。依似，乱德之类也。一至一违谓之间杂。间杂，无恒之人也。无恒、依似，皆风人末流。末流之质，不可腾论。’名家之言，乃以品核人流，未必尽为知德，然其所谓三度则有当也。”又说：“前言学问之道在变化气质，须知变化气质即是修。汉儒每言才性，即指气质。魏钟会作《四本论》，论才性异同，其文已佚，当是论气质不同之书，或近于刘劭之《人物志》。其目为才者，指气质之善而言。气质之不善者，固当变化，即其善者，只名为才，亦须变化，乃可为德，此即是修德。”同上书，第 122 页。

① 《复性书院学规》,《马一浮集》第一册，第 124 页。

经意地信手拈来，甚至也是自然地从胸襟流出，绝非以掉书袋为能事的冬烘先生所可比拟。《易》之象辞岂不云乎："君子以多识前言往行，以畜其德。"马先生为我辈后学树一典范。

呵呵！世间如果有以马先生为"冬烘"者，那只能说他自己不仅是"非器"，而且也不知道学问究竟为何物事。马先生的学问已经化作了自己的血脉，并且经过化合再造，也可以说他的血脉就是圣贤的血脉。因此他敢于说，上述关于学问入径入德之"四端"或曰"四门"，犹如"航海之有罗盘针，使知有定向而弗致于迷方；如防毒之有血清注射，使抵御病菌而弗致于传染"①，其自信如此，又何足怪哉。

总括马一浮先生的学问态度和进学途径的要诀，一是把读书和穷理尽性联系起来，二是把读书和蓄德进德联系起来，三是把读书和体验证悟联系起来，四是把读书和涵养工夫联系起来，五是把读书和变化气质联系起来。苟如是，方可谓之学问之道；苟如是，学人乃有以自立。马先生之所寄望者，无非是要学人、知识分子能够独立不倚，志不可夺。1938 年，他在《赠浙江大学毕业诸生序》中对此点讲得最清晰不过，兹引据作为本篇的结语。

---

① 《复性书院学规》,《马一浮集》第一册，第 107 页。

夫今之所谓知识分子，古之所谓士也。今大学毕业，人目之为知识分子，论其资，可以服务于社会矣。事其事之谓服务。士者，事也，即能为社会服务之称。然则诸生既卒所业，可以当古之士矣。经籍中凡言士行者，不可胜举，其最约而要者，莫如《大戴礼·哀公问五义篇》。哀公问曰："何如斯可谓士矣？"孔子对曰："所谓士者，虽不能尽道术，必有所由焉；虽不能尽善尽美，必有所处焉。是故知不务多而务审其所知，行不务多而务审其所由，言不务多而务审其所谓。知既知之，行既由之，言既顺之，若性命肌肤之不可易也。富贵不足以益，贫贱不足以损。若此，则可谓士矣。"夫道术甚广，学问之事无穷，诸生今日之所知，勿谓其已尽也。今所见为美善者，稍进焉，则知其尤有至者，勿遽谓止于此也。虽然，诸生学业之所就，是其所知也，其将求自効而见诸用也，将言之必可行焉，行之必可言焉。不务多而务审，则其知也察，其为言行也必谨而有度。择之精而守之笃，乃有以自足乎己而弗迁，故曰"若性命肌肤之不可易也"。如是则富贵贫贱不足以挠其志，推而至于夷狄患难，皆有以自处而不失其所守，由是而进于道术，以益臻乎美善之域不难矣。所贵乎士者，不惟用而后见其所学。虽曰弗用，其学之足以自立者，弗可夺也。故曰：

> “不患无位，患所以立。”“不患人之不己知。”“求为可知也。”今毕业于国之大学者众矣，国家方当危难之时，其需材也亦亟矣，诸生思求服务之志亦勤矣。诸生但求无负其所学而不期于必用，斯其在己者重而在人者轻，无失志之患而有进德之益，在艰苦蹇难之中养成刚大弘毅之质，其必有济矣。此今日凡为士者所当勉也。[①]

今日之世，我国诸大学毕业之学子也众矣，然历遇年所，人们可曾见过如此深沉典雅、庄严恳切而风骨嶙峋的致辞乎？马先生先行讲明如何是古代称为士的知识分子。他引《大戴礼记》的哀公和孔子的对话。孔子说的“所谓士者，虽不能尽道术，必有所由焉；虽不能尽善尽美，必有所处焉。是故知不务多而务审其所知，行不务多而务审其所由，言不务多而务审其所谓。知既知之，行既由之，言既顺之，若性命肌肤之不可易也。富贵不足以益，贫贱不足以损”[②]，就是马先生一再强调的为学当自立、志不可夺的知识分子应该秉持的立场。为学如果已致知，行动上就该有所显现，言行一致，显微无间，其不可动摇性，有如“性

① 《赠浙江大学毕业诸生序》，《马一浮集》第一册，第48—49页。

② 《大戴礼·哀公问五义篇》，《大戴礼记汇校集解》（方向东）上册，中华书局，2008年，第52—53页。

命肌肤之不可易也”。马先生在引录孔子的话之后，又引申为说，勉励学子无论富贵还是贫贱，都不要“挠其志”，即如当时日寇犯华所造成的“夷狄患难”，同样应该“有以自处而不失其所守”。又强调“士”的可贵，不仅在于学而能用，即使不能用，“其学之足以自立者”也不可易不可夺。“不失其所守”是文化人和知识人立身行己的关键。所以才说“不患无位，患所以立”。

马一浮先生这篇赠序，可以看作是他的学术精神和为学态度的现实应用和学理精神的总括说明，古典今典，理事双融，金声玉振，力有千钧。

第四章　马一浮和“六艺论”

一　“六艺”溯源

马一浮所秉持的为学观念和学术精神，是以“六艺”的思想义理为统领、为贯穿的。“六艺”即《诗》《书》《礼》《易》《乐》《春秋》六种原初典籍，经过孔子删订，后称为“六经”。《诗》是两周至春秋以来的诗歌作品选录，原传据说有三千余篇，孔子删订为三百〇五篇，故称之为“诗三百”。《书》指《尚书》，即上古之书的意思，是为虞夏商周时代的文献记录。孔子经常将《诗》《书》并提，并说“诗、书、执礼，皆雅言也。”（《论语・述而》）《礼》一般指《礼记》，孔门所传，马先生很喜欢的一种经典。《易》即《周易》，“六经”中成书最早，相传伏羲画卦、文王撰卦辞、周公为爻辞。彖辞、象辞、文言、系辞上下、说卦、序卦、杂卦，则为孔子所作。《春秋》为鲁国的记事简史，孟子说是孔子所作，但也有主张鲁国原本有春秋，系孔子删订笔削。《乐经》不传，只剩下“五经”。但习惯上，直至后来，学者仍称之为“六经”，成为中国学术思想文化的最高经典。

马一浮不称“六经”而称“六艺”，是沿用典籍的初称。孔门之教，分技能操作与典籍传习两大类。技能则礼、乐、射、御、术、数，此处之“礼”，为“执礼”，类似礼仪程序的排演，“乐”则咏歌诵唱，不学无以为能也。典籍传习则《诗》《书》《礼》《乐》《易》《春秋》，以为传道之本。两者都称“六艺”而形态不同。马一浮所述论之“六艺”，自是后者，故他说：“此是孔子之教，吾国二千余年来普遍承认一切学术之原皆出于此，其余都是六艺之支流。故六艺可以该摄诸学，诸学不能该摄六艺。”[①]这是他的一贯思想，很早就有过撰写《六艺论》的设想，因故未果。盖马先生之学，始为考据，继而涉猎欧西之学，转而进入宋之程朱之学，并以佛禅之义理为助发，归而究心于“六艺”之学。他是由研究宋学而进入先秦诸子之学的，所以还写过《论老子流失》[②]一文。《论语》尤为马先生所重，他的独得先发之处，是从《论语》中研究“六艺”的义理。“六

① 《泰和会语》，《马一浮集》第一册，第10页。

② 《论老子流失》，《马一浮集》第一册，第44—48页。

艺”既是他为学的思想纲领，又是他为学的思想归宿。他一生为学最是舍之不去的学术兴趣在经术义理，所谓好玄言是也。但玄言并非蹈空，因所讲之理都是实理。认为六经的义理都是实理，人之所能具，求之而不远，这是马一浮拔乎众学的独家发明的看法。

马一浮深明“六艺”之学却很少讲论“六艺”。首次公开讲论是1938年在江西的泰和，为浙江大学师生开设国学讲座。竺可桢校长1936年为聘请马先生到浙大讲学费尽了心力，而终无所成。仅一年之后，他的愿望就轻松地实现了，而且不是他主动去请马一浮，而是马先生自动找上门来——当然不单是为讲学，同时也希望暂时与浙江大学师生一起流亡避寇。

二 “天下虽干戈，吾心仍礼乐”

1937年7月7日，真是一个令人想忘记也无法忘记的日子。祖国的山川这一天因之变色，学人的生活因这一天而改变。而卢沟桥“七七事变”未久，又有“八一三”淞沪战事失利，日寇侵华之气焰直逼杭城。居陋巷、与古贤为伍的马一浮，也不得不于丁丑年九月（1937年10月）避兵桐庐，十二月又迁往开化。随行者有马先生的外甥丁安期和门人王星贤两家共十五人，及书籍百箱。其所作五言古诗《将避兵桐庐，留别杭州诸友》有句："妖寇今见侵，天地为改色。遂令陶唐人，坐饱虎狼食。伊谁生历阶，讵独异含识。竭彼衣养资，殉此机械力。铿翟竟何裨，蒙羿递相贼。生存岂无道，奚乃矜战克。嗟哉一切智，不救天下惑。飞鸢蔽空下，遇者亡其魄。金城为之摧，万物就礫铄。海空尚有际，不仁于此极。"[①]马一浮谴责日寇的残忍强暴，为人类的智慧不能阻止战争而感到惋惜。此诗计48句，接下去下面还有："余生恋松楸，未敢怨逼迫。蒸黎信何辜，胡为罹锋镝。"意为他自己并不怕死，没什么可埋怨的，只是老百姓何辜，遭此劫难。"衡门不复完，书史随荡析。落落平生交，遁处各岩穴。我行自兹迈，回首增怆恻。"没有了简陋的居家之所，书籍都散失了，朋友则各处逃难，见此情状，越发让他感到难过。马先生这首诗，可谓诗史。

马一浮避兵到开化以后，亦有诗记其事："斋心思太平，垂老值乱离。凛秋寇始迫，严冬苦奔窜。脱身虎兕间，寄命芝兰畔。"[②]因在开化住在叶左文家里，故有此句。但马先生的内心是充实而清明的，所以另一首《郊居述怀》

① 《将避兵桐庐，留别杭州诸友》，《马一浮集》第三册，第59页。

② 《旧历丁丑腊月避兵开化，除夕书怀，呈叶君左文》，《马一浮集》第三册，第61页。

诗有句："天下虽干戈，吾心仍礼乐"、"麟凤在胸中，豺虎宜远却"[①]。在桐庐时，他的好友丰子恺和他在一起。后来丰子恺在一篇名为《桐庐负暄》的散文里，记下了他和王星贤共同侍坐马先生左右的情形：

> 这时候正是隆冬，而风和日暖。我上午去访问，马先生就要我和星贤同去负暄（晒太阳）。童仆搬了几只椅子，捧了一把茶壶，去安放在篱门口的竹林旁边。这把茶壶我见惯了：圆而矮的紫沙茶壶，搁在方形的铜炭炉上，壶里的普洱茶常常在滚。茶壶旁有一筒香烟，是请客的；马先生自己捧着水烟筒，和我们谈天，有时放下水烟筒，也拿支香烟来吸。有时香烟吸毕，又拿起旱烟筒来吸"元奇"。弥高弥坚，忽前忽后，而亦庄亦谐的谈论，就在水烟换香烟，香烟换旱烟之间源源地吐出来。我是每小时平均要吸三四支香烟的人，但在马先生面前吸得很少。并非客气，只因为我的心被引入高远之境，吸烟这种低级欲望自然不会起来了。有时正在负暄闲谈，另有客人来参加了。于是马先生另换一套新的话兴来继续闲谈，而话题也完全翻新。无论什么问题，关于世间或出世的，马先生都有最高

① 《郊居述怀，兼答诸友见问》，《马一浮集》第三册，第60页。

远最源本的见解。他引证古人的话，无论什么书，都背诵出原文来。[①]

我们从丰子恺的记述里，看到避兵逃难的马一浮仍保持大儒的冲和恬淡，学问和朋友使他得以享受人生。王星贤的一则记载尤耐人寻味，那是1937年的12月7日，与丰子恺等谈礼乐秩序和艺术的关系，使听者如醉如痴，忘却时序，宁愿冬阳长在，永负斯暄。下面是王星贤笔录的全文，让我们共赏。

十二月七日丰君子恺来谒，先生语之曰：辜鸿铭译礼为arts，用字颇好。arts所包者广。忆足下论艺术之文，有所谓多样的统一者。善会此义，可以悟得礼乐。譬如吾人此时坐对山色，观其层峦叠嶂，宜若紊乱，而相看不厌者，以其自然有序，自然调和，即所谓多样的统一是也。又如音乐必合五音六律，抑扬往复而后成。然合之有序，自然音节谐和，铿锵悦耳。序和同时，无先后也。礼乐不可须斯去身。平时如此，急难中亦复如此。因不失亨，而不失其亨之道在于贞。致命是贞，遂志即是亨。见得此义理端的，此心自然

① 丰子恺：《桐庐负暄》，《缘缘堂随笔》，第245页。

不乱，便是礼。不忧不惧，便是乐。纵使造次颠沛，槁饿以死，仍不失其为乐也。颜子不改其乐，固是乐。乐必该礼。而其所以能如是者，则以其心三月不违仁。故仁是全德，礼乐是合德。以其于体上已自会得。故夫子于其问为邦，乃就用上告以四代之礼乐。会不得者，告之亦无用。即如此时，前方炮火震天，冲锋肉搏，可谓极乱。而吾与二三子犹能于此负暄谈义，亦可谓极治。即此一念，便见虽当极乱之时，活机固未息灭。扩而充之，未必不为将来拨乱反正之因端也。非是漠然淡然，不关痛痒。吉凶与民同患，自然关怀。但虽在忧患，此义自不容忘。亦非故作安定人心之语。克实而言，理本如此。所谓真语者，实语者，如语者，不妄语者也。礼乐之兴，必待其人。苟非其人，道不虚行。吾今与子言此，所谓千钧之弩不为鼷鼠发机。善会此义而用之于艺术，亦便是最高艺术矣。[①]

这段集中谈礼乐的文字弥足珍贵，因为礼乐是中国古代文化秩序的象征，在先儒“六艺”之学里面居核心地位。当

① 丰子恺:《桐庐负暄》,《缘缘堂随笔》，第246—247页。马一浮此段谈话实为王星贤笔录，丰子恺抄录于此文之中，故文辞之可靠性毋庸置疑。

此国家危亡、黎庶蒙难之际，马先生以先儒古义激发大家的信心，可谓适逢其时。吾国学术思想的传统，孔、孟以及宋儒，其精彩之处，在于相信人与天地万物为一体，天地之心，即是吾心。吾心是否不动摇，是历事、历艰、历难、历险的关键。所以“即此一念，便见虽当极乱之时，活机固未息灭。扩而充之，未必不为将来拨乱反正之因端也”。王星贤所记的这段“负暄谈义”，其实谈的就是“六艺之学”的义理。这就是为什么马一浮在抗战军兴以后，要大讲特讲“六艺”之学的缘故。

马一浮的弟子乌以风跟随马先生多年，他对马先生的印象是：“平时与先生处，瞻其威仪，仰其德行，见其出处、进退、辞受之间，莫非义理之当然而不可易者。每从问学，蒙先生谆谆教诲，竟日不倦。其言亲切，其理简明，不惟启我切己返求之心，且有优游愉悦之趣。如坐春风，不知不觉间潜移默化。”[①]当丰子恺、王星贤等在桐庐聆听马先生负暄谈义的时候，他们一定与乌以风有戚然相通之感。

但这种战争间隙的平静和谈讲学问的乐趣终未能久长，敌军步步紧逼，马一浮只好再次携亲友逃亡。根据当时的情势，只能逃往江西方向，但江西没有可供马先生投寄的

---

① 乌以风辑录《问学私记》序，《马一浮集》第三册，第1130页。

友朋。而这时浙江大学正避寇于江西泰和，已经在那里安顿下来，继续战时授课机制。于是马先生给浙大校长竺可桢写去一信，商问可否“代谋椽寄，使免失所之叹”[①]。竺可桢接信后立即复电，表示欢迎，并决定聘马先生主持国学讲座[②]，同时竺可桢还给马一浮写去一信，具道邀请之诚。马先生给竺可桢的回信，其韵致格外深远，信中写道：

> 迥日复电，计已早达。惠书昨至，期待良殷，兼见君子教思无穷之旨。在浮本以求远兵革，非图附于皋比，何期过见存录，欲使遂预讲筵。念方行乎患难，犹得从诸君子后相与究论，绵邹鲁道化于垂绝之交，亦若可以申其素怀，不孤疋望。但恐衰朽之言，无裨后学，若其可得而说者，固亦不敢有隐。窃推贤智之用心，在使多士敦历气节，仁为己任。是必求之经术，讲明义理，无囿习俗之陋，而克践性德之全。乃可济蹇持危，开物成务。向者每见时论噂沓，何止诋孟氏

① 《致竺可桢》第一函（1938年），《马一浮集》第二册，第579页。

② 竺可桢在1938年2月20日日记中写道：“四点半至迪生处谈马一浮事。因去岁曾约马至浙大教课，事将成而又谢却。现在开化，颇为狼狈，并有其甥丁安期，及门王星贤两家合十五人，愿入赣避难，嘱相容于浙大。迪生与晓沧均主张收容，遂拟覆一电，聘为国学讲座。”《竺可桢全集》第六卷《日记一集》，第472页。

为迂阔，甚或拨尧舜为虚无。足使马郑捐书，程朱杜口。今承高论，迥异恒流，或者天牖斯民，不致终沦异族。故谓欲荡獯腥，先须信古，教人必由其诚，斯好善优于天下，庶几匡复不远，丕变可期。既昭感应之同符，复何语默之异致。然则浮之至与不至，于仁者设教之方，固无所加损也。浮虽浙人，生长于蜀，蜀中尚有丘墓，亲故不乏，故入蜀之志，怀之已久，终以年衰，惮于远涉，因思就近入赣，或可相依。但令不陷寇窟，别无余望。[①]

竺可桢的信我们已无缘看到，不知信的详细内容究竟如何，但从马先生回函里“今承高论，迥异恒流”的评价，可以看出竺氏请他当此民族危难之际讲论国学的现实祈望。马先生之初意，本为避逆寇、远兵戈，殊无预于讲筵之期，不料竺可桢校长执着于一年前多次相邀之诚。他再没有犹豫婉拒的理由了，反而觉得“可以申其素怀”，庶几可使面临垂绝之交的先儒之道得以绵延于万一。而且他意识到，当此特殊的历史时刻讲论“六艺之道”，至少可以“敦历气节”，提升知识人士抵御异族侵凌和谋取日后匡复的信心。“故谓欲荡獯腥，先须信古，教人必由其诚，斯好善优于天

① 《致竺可桢》(1938 年),《马一浮集》第二册，第 579—580 页。

下，庶几匡复不远，丕变可期。”马先生感觉到一种责任，相信我国固有文化之精髓应有“济蹇持危，开物成务”的功用。

三 “楷定国学名义”

1938年3月29日上午10时，马一浮及眷属乘坐的卡车来到江西泰和，竺可桢专门派车派人去迎接，并事先找好房子，安排住在排田村。马先生到达时，竺可桢接车问候，并于当晚宴请。31日，竺可桢又去排田村探望。4月3日，梅光迪、贺昌群等宴请马一浮，钱基博子泉先生在座，竺可桢也在座。膳后，竺与马、钱谈至午后4时半始散。

一个月后，即1938年5月14日的下午3时，马一浮国学讲座正式开始，首讲“六艺之学”。竺可桢前去听讲。有趣的是，竺可桢作为科学家，对马一浮讲的自然科学可以统摄于“六艺”之内的观点，也表示能够理解。当天竺可桢在日记里写道：

> 午后睡一小时。三点至新村十号教室，听马一浮讲“西方近代科学出于六艺”之说，谓《诗》《书》为至善，《礼》《乐》为至美，《易》《春秋》为至真。以《易》为自然科学之源，而《春秋》为社会科学之源。

> 盖《春秋》讲名分，而《易》讲象数。自然科学均以数学为依归，其所量者不外乎数目 Number、数量 Quantity、时间与空间，故自然科学之不能逃于象数之外，其理亦甚明显。惜马君所言过于简单，未足尽其底蕴。[①]

可见，竺可桢真是大科学家，绝不以所从事的专业来限制自己的视域。反之如果在今天，不用说接受，能够对马一浮的论说表一种了解之同情态度的人，恐怕也不是很多吧。我们从《竺可桢日记》里，看到校长兼科学家的竺可桢对马一浮礼遇有加。他对钱基博、柳贻徵两位也是如此。他还特别想礼聘钱穆先生来浙大任教。尊重学问，礼重大儒，不愧为大学的一校之长。虽然处身战乱流离的艰难时期，浙江大学的学术氛围依然浓厚，马一浮遂以庄敬诚笃的学问态度和博雅超越的学术精神，孜孜于“六艺之学”的讲论。

我们从所辑录的《泰和会语》一书，可窥知马一浮当时讲论的大致内容。共有十二节，包括“引端”“论治国学先须辨明四点”“横渠四句教”“楷定国学名义”“论六艺该摄一切学术”“论六艺统摄于一心”“论西来学术亦统于六艺”“举六艺明统类是始条理之事”“论语首末

---

① 《竺可桢全集》第 6 卷《日记一集》，第 519 页。

二章义”“君子小人之辨”“理气”“知能”。另有附录三篇：一是《论老子流失》，二是《赠浙江大学毕业诸生序》，三是《对毕业诸生演讲》。马一浮在国学讲座的“引端”中，首先阐明他此次讲学的宗旨，他说：“竺校长与全校诸君不以某为迂谬，设此国学讲座，使之参与讲论。其意义在使诸生于吾国固有之学术得一明了之认识，然后可以发扬天赋之知，能不受环境之陷溺，对自己完成人格，对国家社会乃可以担当大事。荀子说：‘物来而能应，事至而不惑，谓之大儒。’若能深造有得，自然有此效验。”[①]他希望诸生通过听他的演讲，能树立一种信念，即“信吾国先哲道理之博大精微，信自己身心修养之深切而必要，信吾国学术之定可昌明，不独要措我国家民族于磐石之安，且当进而使全人类能相生相养而不致有争夺相杀之事”[②]。可见马一浮不出山则已，一旦答允出而讲论，就以“持敬”的精神，怀抱着温热的期许，对昌明我国固有学术具强烈的自信。

他本来是不认可“国学”之名的，因为当时流行的看法是把“国学”和我国固有学术等同起来。但即便如此，马一浮仍觉得含义过于广泛笼统，“使人闻之，不知所指为

---

① 《泰和会语·引端》，《马一浮集》第一册，第 3 页。

② 同上书，第 4 页。

何种学术”。所以他另立新说，提出国学就是“六艺之学”的创辟性结论。他说：

> 今先楷定国学名义。举此一名，该摄诸学，唯六艺足以当之。“六艺”者，即是《诗》《书》《礼》《乐》《易》《春秋》也。此是孔子之教，吾国二千余年来普遍承认一切学术之原皆出于此，其余都是六艺之支流。故六艺可以该摄诸学，诸学不能该摄六艺。今楷定国学者，即是六艺之学，用此代表一切固有学术，广大精微，无所不备。[①]

“国学”一词古代就有，均是指国立学校的意思，这和晚清以还由于西学的大规模传入，因而出现的与之相对应的现代国学的概念，大异其趣。胡适曾说，所谓国学，就是国故学的简称。大家觉得这个概念的义涵过于宽泛，遂又有国学指中国固有学术的说法，这是后“五四”时期被广泛接受的定义。但马一浮认为，以固有学术来定义国学，仍嫌过于笼统，令人会有其所指不知为何种学术之感。所以，马先生重新给以定义，提出国学是“六艺之学”，这是一个极大判断，也可以看作是马一浮深研中华文化的一大发明。

---

① 《楷定国学名义》,《马一浮集》第一册，第10页。

关于“六艺”的大旨和功能，他借用《礼记·经解》和《庄子·天下篇》来加以说明。《经解》引孔子的话说：“入其国，其教可知也。其为人也，温柔敦厚，《诗》教也；疏通知远，《书》教也；广博易良，《乐》教也；絜静精微，《易》教也；恭俭庄敬，《礼》教也；属辞比事，《春秋》教也。”[①]所说都是针对作为社会的人应该具备的各种修养和德性。换言之，我们可以理解为：“温柔敦厚”是人的品性，“疏通知远”是人的学识，“广博易良”是人的和乐，“絜静精微”是人的玄思，“恭俭庄敬”是人的礼敬，“属辞比事”是人的正见。而《庄子·天下篇》则曰：“《诗》以道志，《书》以道事，《礼》以道行，《乐》以道和，《易》以道阴阳，《春秋》以道名分。”[②]马一浮说：“自来说六艺，大旨莫简于此。”而且他认为孔子是“以人说”，庄子是“以道说”。据此，马一浮提出了“六艺之道”、“六艺之教”和“六艺之人”三个极为重要的概念[③]。

何谓“六艺之道”？六艺的义理内涵和道德规范就是“六艺之道”。以“六艺”的义理内涵和道德规范来教人，

---

① 《礼记·经解》，《十三经注疏》标点本第六种，北京大学出版社，1999年，第1368页。

② 郭庆藩：《庄子集释》下册，《天下》第三十三，中华书局，2004年，第1067页。

③ 《楷定国学名义》，《马一浮集》第一册，第11页。

即为“六艺之教”。经过“六艺”义理精神的教化、濡染、熏陶，而成为敦厚、知远、良博、庄敬以及懂礼貌、知分际的理性自足之人，或不能尽其全而得其一二者，就可以称为“六艺之人”。传“六艺之道”，育“六艺之人”，是中国传统社会的教育理想，亦何妨成为现代教育的目标之一。作为现代人，既不可以没有理性，也不可以不修性养德。理性与德性的来源，一方面是人类自己的自具之性，另一方面则需要传统的熏习，从民族固有的思想义理中汲取滋养。“六艺之道”是我国思想义理的恒常的精神形态，其进入现代中国人的精神血脉，自是顺理成章之事，而不必定然与现代教育的知识结构及其导向构成矛盾。而所谓进入现代人的精神血脉，并非两不相干之物的加减法，而是以“六艺之道”唤醒乃至洗涤“汩没在习气中”的“不仁不智”的世俗之性，使之回归“性分中本具之理”。此一过程也就是“复性”的过程。后来马一浮创办复性书院，直接以“复性”二字立名，其学理义涵即在于此。

四 “六艺该摄一切学术”

问题是凭什么理由可以断言“六艺”能够“该摄一切学术”？马先生的回答分为两个部分：甲、“六艺”统诸子；乙、“六艺”统四部。如果能够证明诸子和四部都可以包括在“六艺”之中，或至少能够从“六艺”中找到渊源，所设定之问题自然能够获致解决。但事实上，证明“六艺”统四部易，说诸子也为“六艺”所统摄则比较困难。

经、史、子、集四部，经部诸书本由“六艺”繁衍而来，包括至宋代足备的《十三经》，其中《周易》《尚书》《毛诗》《周礼》《仪礼》《礼记》《春秋左传》《春秋公羊传》《春秋穀梁传》九经，都不离“六艺”之属。《孝经》和《论语》“二经”记载“六艺”的旨趣最为集中。《孟子》因道醇而与《论语》并列。《尔雅》则诠释群经名物。因此，如果把《十三经》分为“经部之书为宗经论、释经论二部”，说它们“皆统于经”，道理上应不成问题。史部，《史》《汉》皆为《春秋》遗意，而观其多录诏令奏议，又可视为《尚书》之遗意。至于《通典》《通志》《通考》《通鉴》，马一浮说：“编年纪事出于《春秋》，多存论议出于《尚书》，记典制者出于《礼》。”以此如果认为诸史均统于《书》《礼》《春秋》，恐不致有太大争议。集部，马先生说：“文章体制流别虽繁，皆统于《诗》《书》。”又说：“《诗》以道志，《书》以道事，文章虽极其变，不出此二门。”又说：“《诗·大序》曰：‘治事之音安以乐，其政和；乱世之音怨以怒，其政乖；亡国之音哀以思，其民困。’三句便将一切文学判尽。”又说：“《诗》教通于《书》教。”所以他认为，一切文学都可以看作是《诗》教和

《书》教之遗[①]。这样来诠解，认为“六艺”能够统摄“四部”，自然也说得通。

那么，“六艺统诸子”又作何言说呢？“六艺”是孔门之教，而通常所说的先秦诸子，儒、墨、名、法、道等各家是并列的，后来儒家独占思想之统治位置，遂又有儒学与诸子学对立的倾向出现。这两种情形都对“六艺统诸子”的说法不利。但马一浮提出，若明“六艺统诸子”之理，须先行明白“六艺”的流失问题。他援引《经解》的话：“《诗》之失愚，《书》之失诬，《乐》之失奢，《易》之失贼，《礼》之失烦，《春秋》之失乱。”他认为“六艺”的这种流失情况，表现在诸子身上最为明显。而所以有流失，是因为墨家统于《礼》，名、法家也统于《礼》，道家统于《易》。如果以《经解》的“六艺”之失为准的，则马先生认为：老子得之于《易》者为多，其失也多；庄子得于《乐》者多，失之也多；墨子的《兼爱》《尚同》出于《乐》，《节用》《尊天》出于礼，其于《礼》《乐》是得少失多；法家兼有道家的特点，其于《礼》《易》，也是得少失多；惠施、公孙龙子得少失少；荀子得多失少；杂家也是得少失少；农家和阴阳家虽出于《礼》与《易》，因末流卑陋，无足判。所以，马一浮说：“观于五家之得失，可知其

① 《论六艺该摄一切学术》，《马一浮集》第一册，第15—17页。

学皆统于六艺，而诸子学之名可不立也。”[①]

公平地说，以“流失论”看诸子和“六艺”的关系，认为“六艺”可以统诸子，我认为完全可以成立。只不过他需要克服一个学术史的障碍，这就是诸子是否出于王官的问题。《汉志》以及章学诚、章太炎等后世大儒都主张诸子出于王官，只有胡适反其说而立论。马一浮当然知道这是一个不能逾越的问题，于是采用注解的方式，对诸子是否出于王官的问题，做出了尽可能的考证性辨析。他写道：

> 《学记》：“师严然后道尊，道尊然后民知敬学。是故君之所不臣于其臣者二：当其为尸，则弗臣也；当其为师，则弗臣也。大学之礼，虽诏于天子，无北面，所以尊师也。”此明官、师有别，师之所诏并非官之所守也。（《周礼》司徒之官有“师氏掌以媺诏王”，“保氏掌谏王恶”。凡“王举则从，听治亦如之”。师氏“使其属率四夷之隶，各以其兵服守王之门外，且跸”。保氏“使其属守王闱”。此如后世侍从之官。郑注《冢宰》“以九两系邦国之民”，“师以贤得民”，“儒以道得民”，乃以诸侯之师氏、保氏当之，变保为儒，此实于义乖舛，不可从。）《论语》：“温故而知新，可以为

① 《论六艺该摄一切学术》，《马一浮集》第一册，第12—13页。

师矣。”又语子夏：“汝为君子儒，毋为小人儒。”此所言师、儒，岂可以官目之邪？《七略》旧文某家者流出于某官，亦以其言有关政治，换言之，犹曰某家者可使为某官。如“雍也，可使南面”云尔，岂谓如书吏之抱档案邪？如谓道家出于史官，今《老子》五千是否周之国史？墨家出于清庙之守，今墨书所言并非笾豆之事。此最易明。吾乡章实斋作《文史通义》，创为“六经皆史”之说，以六经皆先王政典，守在王官，古无私家著述之例，遂以孔子之业并属周公，不知孔子“祖述舜舜，宪章文武”，乃以其道言之。若政典，则三王不同礼，五帝不同乐，且孔子称《韶》《武》，则明有抑扬，论十世，则知其损益，并不专主于“从周”也。信如章氏之说，则孔子未尝为太卜，不得系《易》；未尝为鲁史，亦不得修《春秋》矣。《十翼》之文，广大悉备，太卜专掌卜筮，岂足以知之；笔削之旨，游、夏莫赞，亦断非鲁史所能与也。“以吏为师”，秦之弊法，章氏必为回护，以为三代之遗，是诚何心！今人言思想自由，犹为合理。秦法“以古非今者族”，乃是极端遏制自由思想，极为无道，亦是至愚。经济可以统制，思想云何由汝统制？曾谓三王之治世而有统制思想之事邪？惟《庄子·天下篇》则云：“古之道术有在于是者，（某某）［墨翟、禽滑厘］闻其风

> 而说之。”乃是思想自由自然之果。所言“道德不一，天下多得一察焉以自好”，“各为其所欲［焉］以自为方”，“道术将为天下裂”，乃以“不该不遍”为病，故庄立道术、方术二名。（非如后世言方术当方伎也。）是以道术为该遍之称，而方术则为一家之学。谓方术出于道术，胜于九流出于王官之说多矣。与其信刘歆，不如信庄子。实斋之论甚卑而专固，亦与公羊家孔子改制之说同一谬误。且《汉志》出于王官之说，但指九家，其叙六艺，本无此言，实斋乃以六艺亦为王官所守，并非刘歆之意也。略为辨正于此，学者当知。①

这在马一浮的著作中是难得一见的考证和论辩性文字，其驳刘歆，自有其理据；驳章学诚则嫌证据不足，他说系手边“无书翻检”所致②。章氏“六经皆史”说，是好大的一个判断，其目的在化“经”为“史”，削弱“经”的君临地位。站在维护“六艺”的立场，驳章是必然的。但胡适的《诸子不出于王官论》③，则嫌推理多而证据不足。相比之下马一浮的驳论，似更具说服力。值得注意的是，马先生

① 《论六艺该摄一切学术》，《马一浮集》第一册，第13—14页。

② 《致熊十力》第八函（1938年7月），《马一浮集》第二册，第530页。

③ 胡适：《诸子不出于王官论》，《胡适全集》第一卷，安徽教育出版社，2003年，第244—251页。

对章学诚在《文史通义》里把秦的“以吏为师”作为“官师治教、未尝分歧为二”[①]的理由，表示了极大的愤慨，认为他的这位同乡违背了思想自由的学术原则，乃至于发出质问：“‘以吏为师’，秦之弊法，章氏必为回护，以为三代之遗，是诚何心！今人言思想自由，犹为合理。秦法‘以古非今者族’，乃是极端遏制自由思想，极为无道，亦是至

① 章学诚在《文史通义·原道中》里说：“后世服夫子之教者自六经，以谓六经载道之书也，而不知六经皆器也。《易》之为书，所以开物成务，掌于《春官》太卜，则固有官守而列于掌故矣。《书》在外史，《诗》领大师，《礼》自宗伯，乐有司成，《春秋》各有国史。三代以前，《诗》《书》六艺，未尝不以教人，不如后世尊奉六经，别为儒学一门，而专称为载道之书者。盖以学者所习，不出官司典守，国家政教；而其为用，亦不出于人伦日用之常，是以但见其为不得不然之事耳，未尝别见所载之道也。夫子述六经以训后世，亦谓先圣先王之道不可见，六经即其器之可见者也。后人不见先王，当据可守之器而思不可见之道。故表彰先王政教，与夫官司典守以示人，而不自著为说，以致离器言道也。夫子自述《春秋》之所以作，则云：‘我欲托之空言，不如见诸行事之深切著明。’则政教典章，人伦日用之外，更无别出著述之道，亦已明矣。秦人禁偶语《诗》《书》，而云‘欲学法令，以吏为师’。夫秦之悖于古者，禁《诗》《书》耳。至云学法令者，以吏为师，则亦道器合一，而官师治教，未尝分歧为二之至理也。”见章著《文史通义》上册，中华书局，1985年，第132页。按章氏所论意在说明古代道器合一的情形，自然不是全无道理，但行文中居然说“秦之悖于古者，禁《诗》《书》耳。至云学法令者，以吏为师，则亦道器合一，而官师治教，未尝分歧为二之至理也”，则激怒了大儒马一浮，认为这是为秦之弊法回护。

愚。经济可以统制，思想云何由汝统制？曾谓三王之治世而有统制思想之事邪？”[①]马一浮的著作中很少有如此声色俱动的语词，温文如马先生，在面对思想的自由原则时，也要发出迹近破雅的诉求。

马一浮不仅认为“六艺”统摄中国的一切学术，而且认为西来学术也可以统于“六艺”之内。他说：“六艺不唯统摄中土一切学术，亦可统摄现在西来一切学术。举其大概言之，如自然科学可统于《易》，社会科学（或人文科学）可统于《春秋》。因《易》明天道，凡研究自然界一切现象者皆属之；《春秋》明人事，凡研究人类社会一切组织形态者皆属之。”[②]本来论证西来学术也统于“六艺”是尤为困难的问题，但看了马先生列举的理由，我们反倒将疑而有信了。因为他说《易》讲天道、《春秋》讲人事，那么自然科学也好，人文社会科学也好，所研究的对象，还能逾出“人事”和“天道”的范围吗？所以，作为自然科学家的浙大校长竺可桢先生，听了马先生的讲论之后，也表示“其理亦甚明显”（前面已具引）。那么我们似的门外汉，就不必多所置疑了。何况，马先生的另一个命题是“六艺统摄于一心”，举凡世间任你什么学术，还能够与这个“心之全体大用”分离开吗？

---

① 《论六艺该摄一切学术》，《马一浮集》第一册，第 13 页。

② 《论西来学术亦统于六艺》，《马一浮集》第一册，第 21 页。

马一浮于此写道："吾人性量本来广大，性德本来充足，故六艺之道即是此性德中自然流出的，性外无道也。"又说："就其真实无妄言之，则曰至诚；就其理之至极言之，则曰至善。故一德可备万行，万行不离一德。知是仁中之有分别者，勇是仁中之有果决者，义是仁中之有断制者，礼是仁中之有节文者。信即实在之谓，圣即通达之称，中则不偏之体，和则顺应之用，皆是吾人自心本具的。"这就是"六艺统摄于一心"的含义。大关键是，诚、善、知、勇、礼、义、信、圣、中、和这些德谓，或者曰性德，都是人的自心所具有的，不是他者外加的。因此可以看作是"本然之善"。而"本然之善"也就是"天命之性"，也就是事物之"理"。而六艺之道纯是义理，其发用之点在于："使人自易其恶，自至其中，便是变化气质，复其本然之善。"马一浮因此归结说："此理自然流出诸德，故亦名为天德。见诸行事，则为王道。六艺者，即此天德王道之所表显。故一切道术皆统摄于六艺，而六艺实统摄于一心。"又说："曰圣曰仁，亦是因果相望，并为总相。总不离别，别不离总，六相摄归一德，故六艺摄归一心。圣人以何圣？圣于六艺而已。学者于何学？学于六艺而已。大哉，六艺之为道，大哉，一心之为德。"[①]

---

① 《论六艺统摄于一心》，《马一浮集》第一册，第 18—20 页。

五 “六艺之道”炳然常存

盖马一浮的“六艺论”，是追寻我国学术思想的经典源头，回归到中华文化的原典精神。因为一国一族的文化之开新启运，必伴随着一次回归原典的精神重构过程。也就是辨明文化身份，知道从哪里来，才知道到哪里去。换言之，是在攘乱纷繁的现相世界重新发现自己的角色意义。不是不需要不同文化系统之间的对话与交流，也不是不需要文化的嫁接和移植，但一个“文明体”国家，它的精神的主体价值必与本民族的文化传统血脉相传和相接。特别在国家危难、民族蹇艰的历史时刻，尤须从民族文化的经典中汲取力量的源泉。

而且马一浮还把六艺之道看作是人类的共德。他说：“若使西方有圣人出，行出来的也是这个六艺之道，但是名言不同而已。”[①]又说：“西方哲人所说的真、善、美，皆包含于六艺之中，《诗》、《书》是至善，《礼》《乐》是至美，《易》《春秋》是至真。《诗》教主仁，《书》教主智，合仁与智，岂不是至善么？《礼》是大序，《乐》是大和，合序与和，岂不是至美么？《易》穷神知化，显天道之常；《春秋》正名拨乱，示人道之正，合正于常，岂不是至真么？

① 《论六艺统摄于一心》,《马一浮集》第一册，第 21 页。

诸生若于六艺之道深造有得，真是左右逢源，万物皆备。所谓尽虚空，遍法界，尽未来际，更无有一事一理能出于六艺之外者也。吾敢断言，天地一日不毁，人心一日不灭，则六艺之道炳然常存。世界人类一切文化最后之归宿必归于六艺，而有资格为此文化之领导者，则中国人也。”①这等于说，“六艺之道”是一种具有普世价值的思想，不独适合于中国，于世界于全体人类也是适用的，或至少应该成为华夏儿女与世界上各种不同的文化系统对话的可依凭的思想资源。世界各国的文化，异则异之，同则同之。在归德、归教、归仁、归义这点上，各个不同的文化系统应该异中有同，所不同者不在学和理及道，而是形式与名言的不同。

马先生不愧是诗人，他为了激励青年人的精神意志，已经在用诗的语言来展望人类文化未来之前景了。他所以这样讲，应直接与“吾国家民族被夷狄侵凌”的大背景有关。笔者虽不敢完全断定，马先生对人类文化的未来所作之预期是否能够完全成为现实，但他欲使青年知识分子对自己的文化经典有一种期许，对民族文化具一份信心，从而“动心忍性”，造成我中华多难兴邦的机遇，其情理之初衷初意，自是苦心孤诣，用心良苦。亦因此，马一浮在开

---

①《论西来学术亦统于六艺》，《马一浮集》第一册，第23—24页。

讲“六艺”之前，先介绍并讲解张载的“为天地立心，为生民立命，为往圣继绝学，为万世开太平”的“四句教”，目的也是欲使青年人“养成刚大之资，乃可以济蹇难”[①]。孰谓玄言义理不切于事情？在马先生非是也，在“六艺”非是也。

故马一浮说：“今当人心晦盲否塞，人欲横流之时，必须研究义理，乃可以自拔于流俗，不致戕贼其天性。”又说：“学者当知，圣学者，即是义理之学，切勿以心性为空谈而自安于卑陋也。”[②]

马一浮在浙江大学主持国学讲座、讲论“六艺之学”的时间并不长，1938年3月底抵江西泰和，五个月后，即当年的9月下旬至10月上旬，因寇氛紧逼，浙大即由江西迁移至广西宜山，马先生亦随同前往。宜山是古所谓瘴疠之地，环境不如泰和，师生病员大增，马先生亦尝小病。竺可桢校长病历多日，至11月14日全校开课之时，他还因食物中毒而大吐不止。他的发妻在离开泰和前也不幸病故。抗战时期大学之备尝艰辛，可想而知。然环境虽恶，教学与研究的学术秩序一直得到维持，马一浮所称颂的“弦诵不辍”，在浙江大学的搬迁过程中固未尝有停也。

---

① 《横渠四句教》，《马一浮集》第一册，第8页。

② 同上书，第7页。

六 “尚亨于野，无吝于宗”

1938 年 11 月 23 日，马一浮的国学讲座又在宜山开讲，地点在文庙，讲题为《说忠信笃敬》。开讲伊始，马先生先致感慨，说道：“前在泰和得与诸君共讲论者数月，不谓流离转徙，今日尚得到此边地重复相聚，心里觉得是悲喜交集。所悲者，吾国家民族被夷狄侵凌到此地步，吾侪身受痛苦，心怵危亡，当思匹夫有责，将何以振此垂绝之绪，成此恢复之业，拯此不拔之苦，今实未能焉，能不悲？所喜者，虽同在颠沛之中，尚得有此缘会，从容讲论，得与诸君互相切磋，不可谓非幸。”又说：“校长暨教授诸先生不以某为迂阔，仍于学校科目之外，约某继续自由讲论。此虽有似教外别传，却是诸法实相，圣贤血脉，人心根本。诸君勿仅目为古代传统思想，嫌其不合时代潮流。先须祛此成见，方有讨论处。”[①]可谓情真意切，苦口婆心。

竺可桢校长与闻了此次演讲，当天日记有载云：“三点半至指挥部晤岑兆熊，不值。至文庙听马一浮讲六艺要旨。谓立国致用，当以立身行己着手。孔子所谓‘言忠信，行笃敬，虽蛮貊之邦行矣。言不忠信，行不笃敬，虽州里，

---

① 《宜山会语》，《马一浮集》第一册，第 54 页。

行乎哉’云云”。[①]竺可桢所记显然是此次讲论的后半部分，前面的部分，还是强调一切学术都统于六艺，而六艺之根本，则是“吾人内心所具之义理”。因此“天下万事万物，不能外于六艺，六艺之道，不能外于自心”。黄宗羲说的“盈天地间皆心也”，马一浮极为赞赏，但他说：“盈天地间皆六艺也。”他批评了一味向外驰求的学问风气，主张“求道会物归己”。而所求之道无他，“六艺”而已。“向外求”和“向内求”，这是两种根本不同的学风。对20世纪流行的考据学，他也不免略有微词：“其有知治经者，又只为客观的考据之学，方法错误，不知反求自心之义理，终无入头处。”[②]

所谓史学的立场和哲学的立场的分别，我们在这里又看到了。考据学当然不可废，但就“六艺之道”而言，首先不是考据的问题，而是体究省发的问题。在马先生看来，自身之义理一旦省发体究，“一念回机，便同本得，方知此是诚谛之言，方不辜负自己，不辜负先圣，此是夷狄所不能侵，患难所不能入的”。能达致此效果者，应该已经就是“六艺之人”了。如前所说，“六艺之人”和做一个现代人并无矛盾。故马一浮强调：“天地一日不毁，此心一日不

① 《竺可桢全集》第6卷《日记一集》，第617页。

② 《宜山会语》，《马一浮集》第一册，第55页。

亡，六艺之道亦一日不绝。”[①]

马一浮在宜山的讲论，汇为《宜山会语》一书，共九篇文字，除第一讲的《说忠信笃敬》，另有《释学问》《颜子所好何学论》《说视听言动》《居敬与知言》《涵养致知与止观》《说止》《去矜上》《去矜下》，以及附录的《拟浙江大学校歌》。所讲当然不出“六艺之学”的范围，但侧重点与《泰和会语》已有不同。《泰和会语》主要讲“六艺”的源流和大旨，侧重“六艺之道”，《宜山会语》则主要讲成为“六艺之人”须做好哪些方面的准备和经过哪些过程。换言之，今人学“六艺”，应怎样收拾安顿好自己的精神主体，是一大关键。这一方面，马一浮给出了一个名称，叫作“义理名相论”，这是他在学理上的一大发明，使他的“六艺之学”有了属于自己的学问体系。兹事体大，已另为专题探讨，见本书后章。

但浙大由泰和转徙宜山前后，有两件事于马先生于浙大都殊堪一记。

第一件事，1938年6月26日，浙大在泰和举行第十一届毕业典礼，马先生应邀向师生演讲，他提出了足可令人清明理性的思想：“国家生命所系，实系于文化，而文化根本在思想。从闻见得来的是知识，由自己体究，能将

① 《宜山会语》，《马一浮集》第一册，第55页。

各种知识融会贯通，成立一个体系，名为思想。"[①]知识学问界人人都在使用"思想"一词，但什么是思想呢？马一浮给出了一个定义。原来人们从闻见（包括经验和读书）得来的仅仅是知识，不管得到的知识有多么丰富，并不意味着已经有了思想。只有经过自己的"体究"，将得来的"各种知识融会贯通"，而且还要形成"一个体系"，这才有可能成为思想。简言之，人们在体究各种知识的基础上形成自己的见解，见解人人都有，有了系统的见解，才算是有了思想。而当思想诉诸学术形态之时，就有了学术思想。六艺之学是吾国学术思想的最高典范，其珍贵重要可想而知。因此完全可以说，学术思想的兴衰是关系到一个国家和民族的生死存亡的一件大事。"国家生命所系，实系于文化，而文化根本在思想"之判语，讲的是实理，而非马先生故作高言危论。此次演讲实际上是对"六艺论"的补论与发挥。

马先生同时还有一篇文字稿《赠浙江大学毕业诸生序》，发给参加毕业典礼的师生。本来竺可桢校长担心学生不一定听得懂，看到有文字稿就放心了。[②]其实马先生所讲和所写，是两篇不同的内容。《赠序》对知识分子，即古时所谓

---

① 《对毕业生演词》，《马一浮集》第一册，第 50 页。

② 1938 年 6 月 26 日竺可桢日记载："唱毕，马一浮演讲，渠所讲学生不易解，幸事先印有《赠浙江大学毕业诸生序》。"见《竺可桢全集》第六卷《日记一集》，第 540 页。

的“士”，做了独特的解释。他引《大戴礼记》所载孔子的话为说：“所谓士者，虽不能尽道术，必有所由焉；虽不能尽善尽美，必有所处焉。是故知不务多而务审其所知，行不务多而务审其所由，言不务多而务审其所谓。知既知之，行既由之，言既顺之，若性命肌肤之不可易也。富贵不足以益，贫贱不足以损，若此则可谓士矣。”[①]这里的“审其所知”“审其所由”“审其所谓”三个层次，最为重要。他说“所知是思想主要点，所由是行为所从出的动机，所谓是言论之意义”，并将“所知”“所由”“所谓”和过去、现在、未来“三世”联系起来。此可知马一浮先生对思想义理是何等精通，而且知行合一，为一事，出一言，下一字，绝不敷衍从事。

值得注意的是，此次浙大的毕业典礼，还唱诵了“横渠四句教”，显然是马一浮的主张，而曲调则是马先生请丰子恺觅人所谱写。[②]这使传统学府所谓“弦诵不辍”的大雅之风成为现实。战乱颠沛之际，而有此盛举，固然是竺可桢校长的通达所致，然则如没有马一浮先生的创意，他所讲论的“六艺之教”的熏陶，“礼”与“乐”竟能成此合章，万无此种可能。况张载“为天地立心，为生民立命，

---

① 《赠浙江大学毕业诸生序》，《马一浮集》第一册，第 49 页。

② 《致丰子恺》（1938 年 6 月 6 日）云：“前承惠大树画并萧而化君制横渠四句教曲，深荷不以老朽之言为迂阔。”《马一浮集》第二册，第 565 页。此可知谱曲者为名萧而化者。

为往圣继绝学，为万世开太平”的四句教言，用于山河破碎、避难励学情境下的大学典礼，恰当如仪莫此为最。此是第一件事。

第二件事，马一浮曾为浙江大学写作校歌。《竺可桢日记》1938 年 11 月 19 日载：“午后睡一小时。三点开校务会议，报告迁移经过及新生考取情形（计已发表者已达六百余人之多），及师范学院之成立等。……决定校训为‘求是’两字，校歌请马一浮制。”[①]则请马先生写作校歌，是浙大校务会议的决定。多抄录数语，是为让读者顺便知道，那样的战时，大学招生依然有序地进行，而且录取者有六百人之多，报考者还不知多到凡几。这样的民族，岂强寇所能战胜哉。下面是马一浮所拟《浙江大学校歌》的歌词全文：

> 大不自多，海纳江河。惟学无际，际于天地。形上谓道兮，形下谓器。礼主别异兮，乐主和同。知其不二兮，尔听斯聪。
>
> 国有成均，在浙之滨。昔言求是，实启尔求真。习坎示教，始见经纶。无曰已是，无曰遂真。靡革匪因，靡故匪新。何以新之，开物前民。嗟尔髦士，尚其有闻。

---

① 《竺可桢全集》第六卷《日记一集》，第 614—615 页。

念哉典学，思睿观通。有文有质，有农有工。兼总条贯，知至知终。成章乃达，若金之在镕。尚亨于野，无吝于宗。树我邦国，天下来同。[①]

歌词分三章，首章昭示大学之包容，天地、江河、道器，“体用一原”，所以“明教化之本”。而“礼乐”则是大学的精神秩序，亦是此校歌之作的义理源泉。次章明大学的理念，求真求是，“靡故匪新”。“无曰”四句，“明义理无穷，不可自足”，可见勖勉之殷。末章言大学为教之分合统类，归于会通，虽徙旷远，亦须大公，而杜绝学术的门户之见。歌词所用典故，悉取自《诗经》《书经》《礼记》《乐记》《论语》《孟子》诸载籍，可见此校歌之制作，实际上是“六艺之教”的一次具体实施。

马一浮为校歌之制作写有一篇“按语”，逐次说明歌诗之立意及各章要旨并所引古典之寓意来源。在解释末章“无吝于宗”一语时，对学术之宗派门户尤所措意，写道：“宗者，族党之称，谓私系不忘，则畛域自封，终陷偏狭之过，故吝。”又说：“学术之有门户，政事之有党争，国际之有侵伐，爱恶相攻，喜怒为用，皆是‘同人于宗’，致吝之道。学也者，所以通天下之志，故教学之道，须令心量

---

① 《拟浙江大学校歌》,《马一浮集》第一册，第 98 页。

广大，绝诸偏曲之见，将来造就人才，见诸事业，气象必迴乎不同，方可致亨。”[①]此又是“六艺”之理，孰谓我们传统的经典至道不切于事情？而词涉处理歌诗之内容和抗战之环境的关系之原则时，马先生更道出超越时俗世俗之学者特见，他说：

> 又抗战乃一时事变，恢复为理所固然。学校不涉兵戎，乐章当垂久远。时人或以勾践沼吴为美谈，形之歌咏，以寓复兴之志，亦是引喻失义。若淮夷率服，在泮献功，自系当来之事，故抗战情绪不宜掺入歌辞。文章自有体制，但求是当，无取随人。[②]

兹敢断言，如不是马一浮先生，当时很少有人能讲出“学校不涉兵戎”“抗战情绪不宜掺入歌辞”这样直白无隐的话。至于今天更可想而知。问题是，马先生能够讲出固然不容易，尤其不容易者，是包括竺可桢校长在内的诸教授贤达，一律都予认同。马先生甚至对当时艺文界流行的“卧薪尝胆”主题提出质疑。盖流行者和反映民众一时之情绪者，不一定是学理求真之所必然，学者的论说空间不应

① 《拟浙江大学校歌》所附之说明，《马一浮集》第一册，第100—101页。
② 同上书，第101页。

因普遍的时俗而缩小。所谓“体用一原，显微无间，道器兼该，礼乐并得，以救时人歧而二之之失”[1]，即是此义。

七 “救得一分是一分”

校歌之制作和学校毕业典礼上唱诵“横渠四句教”，两事均涉及大学之为教和“礼乐”的关系。而“礼乐”是“六艺”的核心，马一浮直接投身两事，应非偶然。他在浙大的“六艺”讲论，并非所有听讲者都能够领会。即使一向支持马先生的竺可桢校长，有时也难免不无疑虑。那是1938年的12月8日，竺可桢在《新民族》杂志上看到一篇对儒学有所批评的文章，认为孔子所谓“危邦不入，乱邦不居”，是“使人趋于自私自利之一途”，他表示这些话正好与他的想法“相合”。同时他又想到：“马一浮讲学问固然渊博，但其复古精神太过，谓‘古之学者为己，今之学者为人”，以为人为非，而为己为是，则谬矣。”[2]显然竺可桢对孔子“为己之学”的论述缺乏了解，从而误会了马一浮的取义。提倡“为己之学”是保持学者独立的必要条件，其与“为人”“为己”的表面是非根本没有关系。中国

① 《拟浙江大学校歌》所附之说明，《马一浮集》第一册，第99页。

② 《竺可桢全集》第六卷《日记一集》，第624页。

秦汉以后长期缺少学术独立的传统，晚清学人如严复等受西方学术思想的影响，旋又重提孔子之旧说，以“为己之学”为学术独立之代名词。

笔者在《竺可桢日记》里看到相关记载，心情颇为矛盾，甚至不忍提撕分疏此事。现稍及此只有一个目的，即让读者明白，马一浮战乱之时讲六艺于浙江大学，听者既无多士，真知者更乏其人。他在到泰和不久写给弟子王星贤的信里写得明白：“此间诸友，其知我自不如叶先生，然其意亦良厚。竺祭酒廉谨有余，余子亦各有所长。大都质美而未学，似难骤与适道。衲僧家每谓达磨东来只觅一个不受人惑的人。吾行天下，亦只明得一义，觉人我之间本无间隔，但习气差别万殊，浅深不同，卒难与除。若令心习顿尽，则全体是性，更有何事。此程子所以言我这里只有减法，减尽便无事也。今学校正是习气窠窟，吾持此术以往，真乃驱耕夫之牛，夺饥人之食。然吾不能变其彀律，救得一分是一分也。”[①]他感到浙大诸贤，人品佳，但对于学问，则谈不上，故有“质美而未学”的考语。至于进而入之于“道”，就更困难了。这种情形直到马一浮离开浙大，也未见根本改变。值得注意的是称大学为“习气窠窟”的判语，置诸七十年后的今天，是否已不应该再用此语，吾未敢必也。

---

① 《致王培德星贤》(1938年4月3日),《马一浮集》第二册，第847页。

第五章　马一浮的“义理名相论”

马一浮的《泰和会语》和《宜山会语》，是他1938年4月至1939年2月在浙江大学举办国学讲座的文字结集。所讲论的主要题旨为“六艺论”。但《泰和会语》的最后两篇，一为《理气——形而上之意义》，一为《知能》，这两篇的题目下面都标有副题，分别作“义理名相一”和“义理名相二”。而《宜山会语》中，更有六篇带有此种标谓，分别是《说视听言动——续义理名相一》、《居敬与知言——续义理名相二》、《涵养致知与止观——续义理名相三》、《说止——续义理名相四》、《去矜上——续义理名相五》、《去矜下——续义理名相六》。这种标谓说明马一浮对此一部分内容有特殊的学理观照。

虽然这部分内容仍然属于“六艺论”的范围，但理念和方法上，实际上是马一浮建构的融通儒佛而又辅以因明之学的新义理学说。如果说“六艺论”的旨趣在于追溯中国学术思想的经典源头，祖述与重建先秦儒家义理学说的思想结构，“义理名相论”则是马先生独自发明的可以施之于教的对“六艺”义理的阐扬与发明，不妨称之为新义理学说。“六艺之道”“六艺之教”和“六艺之人”，是马一浮“六艺”学说的义理内涵及功能构成。“六艺之道”是指《诗》《书》《礼》《易》《乐》《春秋》“六艺”的义理内涵，经过孔、孟先儒的阐发而成为日用常行之实理。“六艺之教”是将“六艺”施之于人的涵养教化过程。而“六艺之人”则是实施“六艺之教”的化成之果。问题是“六艺之教”的教化与化成的过程是怎样具体展开的，以及如何运乎一心而能够更好地为受教之人所接受，亦即怎样施教才能育成“六艺之人”，这是“义理名相论”所要回答的问题。

一　分析名相和排遣名相

请先释何为义理名相。“义理”一词是中国学术思想史上的惯常用语，早期有伦理规范、行事规则的意思。故《韩非子·难言》：“度量虽正，未必听也；义理虽全，未必用也。”[①]董仲舒《春秋繁露·五行顺逆》：“故动众兴

① 《韩非子·难言》，《诸子集成》第五册之《韩非子集解》，中华书局，1954年，第14页。

师，必应义理，出则祠兵，入则振旅，以闲习之。”[①]此两处之义理，兼有道理、理由的义涵。《吕氏春秋·孟秋纪第七·怀宠》：“义理之道彰，则暴虐、奸诈、侵夺之术息也。暴虐、奸诈之与义理反也，其势不俱胜，不两立。”[②]此处之义理，宜有道义、正义的意思。有时则指理性，如《论衡·书虚篇》：“圣人不能使鸟兽为义理之行，公子何人，能使鹯低头自责？”[③]有时则专指儒家经典的理性内涵，如贾谊《新书·保傅》：“心未滥而先谕教，则化易成也；夫开于道术，知义理之指，则教之功也。”[④]贾谊此语并标示，“六艺之教”的切要之点是要明经术的义理。

但不应忽略，“义理”一词的来源，实出自《易经》的“说卦”，其词云：“昔者圣人之作易也，幽赞于神明而生蓍，参天两地而倚数，观变于阴阳而立卦，发挥于刚柔而生爻，和顺于道德而理与义，穷理尽性以至于命。”[⑤]这里的“和顺于道德而理与义”一语，其中的“理与义”即为

---

① 董仲舒：《春秋繁露·五行顺逆》，《春秋繁露义证》，中华书局，1993年，第375页。

② 《吕氏春秋·怀宠》，中华书局，2011年，上册，第212页。

③ 王充：《论衡·书虚篇》，《论衡校释》第一册，中华书局，1990年，第189页。

④ 贾谊：《新书·保傅》，《新书校注》，中华书局，2000年，第186页。

⑤ 《周易·说卦》，黄侃手批《白文十三经》，上海古籍出版社，1983年，第50页。

义理的互文。故孟子论述此义时说道："口之于味也，有同耆焉；耳之于声也，有同听焉；目之于色也，有同美焉。心之所同然者何也？谓理也，义也。圣人先得我心之所同然耳。故理义之悦我心，犹刍豢之悦我口。"（《孟子·告子上》）《易》之"说卦"的"理与义"应为孟子言说之所从出。后世在使用上习惯于将"义理"与"章句"、"学问"对举，如《汉书·刘歆传》："及歆治左氏，引传文以解经，转相发明，由是章句、义理备焉。"[①]此处已把"章句"和"义理"并列。小程子论学则云："古之学者一，今之学者三，异端不与焉。一曰文章之学，二曰训诂之学，三曰儒者之学。欲趋道，舍儒者之学不可。"[②]"儒者之学"即义理之学，显然伊川是把义理、训诂、文章作为为学的三要素了，而且将"儒者之学"即义理置于最重要的地位。清儒尤重此三者的关系，视为学问构成的必要条件。戴震说："古今学问之途，其大致有三：或事于义理，或事于制数，或事于文章。"并说"事于文章者"是"等而末者"[③]。段玉裁引戴氏说文辞稍有出入，作："有义理之学，有文章之学，有考核之学。义理者，文章、考核之源也。熟乎义理，

---

① 《汉书·刘歆传》，中华书局标点本。

② 《二程集》上册，中华书局，1981 年，第 187 页。

③ 戴震：《与方希原书》，《戴震集》，上海古籍出版社，2009 年，第 189 页。

而后能考核，能文章。”[①]这应该是戴氏晚年的看法，已置义理为学问之源，居三要素之首；中年时期，他更重视制数考核之学，文章为末者未尝有变。此正如章学诚所说：“风气之开也，必有所以取，学问、文辞与义理，所以不无偏重畸轻之故也。”[②]

义理讲论最多而成一代之学的是宋儒。张载、二程、朱子之学，实即义理之学。程颐曾经说过：“今人若不先明义理，不可治经。”[③]朱熹则说：“今人不去讲义理，只去学诗文，已落第二义。”[④]张载也说：“义理之学，亦须深沉方有造，非浅易轻浮之可得也。”[⑤]所以马一浮先生写道：“濂、洛、关、闽诸儒，深明义理之学，真是直接孔孟，远过汉唐。”又说：“学者当知圣学者即是义理之学，切勿以心性为空谈而自安于卑陋也。”[⑥]马先生的学问，宋学是直接的源头之一，特别是朱子之学，尤为他所看重。这就是何以他会提出“义理名相论”命题的缘由。

次释何为名相。名相为佛学概念，无须征引佛典案例，

---

① 段玉裁：《戴东原集序》，《戴震集》附录，上海古籍出版社，2009 年，第 452 页。

② 章学诚：《文史通义 · 原学下》，中华书局，上册，第 154 页。

③《二程集》上册，第 13 页。

④《朱子语类》第八册，中华书局，1986 年，第 3334 页。

⑤ 张载：《经学理窟 · 义理》，《张载集》，中华书局，1978 年，第 273 页。

⑥《泰和会语 · 横渠四句教》，《马一浮集》第一册，第 7 页。

只以马先生的论证为说即可明了。马先生告诉我们，要研究六艺，必须以义理为主。本来六艺的道理是人人都有的，但不通过证悟，无法得以显现。何谓证悟？就是不依赖闻见得来的知识，而是向内体究，与自性的义理相接。马先生说："体是反之自身之谓，究是穷尽所以然之称。"也可以叫作"体认""体会""察识"。而此一"体究"的过程，重要的是要"引入思维"。而思维，则需要通过"名言"："名言是能诠，义理是所诠。""名言"无他，无非是语言、符号、名称、概念而已。学者欲明了义理的内涵，须通过语言、符号、名称、概念来加以诠解。所以义理是"名言"诠解的对象。而诠解的作用，主要在"明其相状"，故叫作"名相"。解释到这一层，马先生犹感意犹未了，于是进而取譬而言之曰：

> 名相即是言象道理。譬如一个人，名是这个人的名字，相即状貌。譬如其人之照相，如未识此人之前，举其名字，看他照相，可得其髣髴。及亲见此人，照相便用不着，以人之状态是活的，决非一个或多个之照相所能尽。且人毕竟不是名字，不可将名字当作人。识得此人，便不必定要记他名字也。故庄子云："得言忘象，得意忘言。"《易》传曰："书不尽言，言不尽意。"老子曰："道可道，非常道；名可名，非常名。"皆是此意。

> 得是要自得之，如今所讲，也只是名字和照相。诸君将来深造自得，才是亲识此人，不特其状貌一望而知，并其气质性情都会明了，那时这些言语也用不着。[①]

马先生如此具体而微地连类取譬，我们应该明白什么是名相了。原来就如同一个人的名字和照相，“名”字即这个人的符号，所照之“相”则是这个人的形状和面貌。照片固然可以看到这个人的影像大概，但其人的气质性情却无法通过照片知晓。只有认识了这个人，才能了解其内在品质。内在品质识得了，其名字就可以忽略不计了。这就如同庄子所说的“得言忘象，得意忘言”。完全识得这个人的心性、禀赋、性格，不仅名字，甚至他的语言符号也变得不那样重要。此一境界的呈现，是“得意忘象”，也是“得理忘言”。

马一浮“义理名相论”的学术旨归，是通过分析名相而识得六艺的义理内涵和中国学术的本原。然而为学者有多少人被义理的名相所羁绊，在名词术语里打圈圈，始于名相，止于名相，终于名相。此不止吾国学界，西方亦如是。贺麟先生说：“现代西洋哲学，大都陷于支离繁琐之分析名相。能由分析名相而进于排遣名相的哲学家，除怀惕

① 《理气——形而上之意义》（义理名相一），《马一浮集》第一册，第37页。

黑教授外，余不多覯。”[①]章太炎先生回顾自己早期的为学经历，涉及研习释氏之学的心得，因写道：“及囚系上海，三岁不觌，专修慈氏、世亲之书。此一术也，以分析名相始，以排遣名相终，从入之途与平生朴学相似，易于契机。解此以还，乃达大乘深趣。私谓释迦玄言，出过晚周诸子不可计数，程朱以下，尤不足论。”[②]世亲与无著是印度佛学唯识一派的创始人，能够始于分析名相而终于排遣名相，太炎先生是体会到并发生了共鸣，并给佛氏义学以超过诸子、不论程朱的极高评价，所以贺麟赞许章的学问达到了圆融超迈的境界。

马一浮先生的学问境界，与太炎先生殊途。其对佛氏的体认，两人虽不无同归之点，但在马先生佛学属于他的毕生之学，殊不认为六艺、诸子、程朱与佛氏义学为扞格不入，所不同者不过是性体义理之名相耳。要说从分析名相始，到排遣名相终，马一浮可谓典范地完成了这一超越过程。而实现此一过程，跟他的佛学造诣直接相关。他以佛氏的义学和禅学为助发，做到了会通儒佛，体用一原，显微无间。“义理名相论”命题的提出与探究，既是马先生实现从分析名相到排遣名相的义理之学的结晶，也是要给

① 贺麟：《当代中国哲学》，《民国丛书》第三编第 5 册，第 7 页。

② 章太炎：《菿汉微言》，《章氏丛书》下册，世界书局，第 960 页。

来学指示一条达至最终派遣名相的观念与途径。泰和、宜山两《会语》中的《理气》《知能》《说视听言动》《居敬与知言》《涵养致知与止观》《说止》《去矜上》《去矜下》八篇著论，是马先生为我们提供的如何从分析名相到排遣名相，从而彰显六艺义理真谛的示范，可谓深文奥义，理事双融，不二法门。

二　理气：体用一原

马一浮“义理名相论”命题的展开，是先从纯粹学理的角度，即形而上的层面开始的。马先生说：“今欲治六艺，以义理为主。义理本人心所同具，然非有悟证，不能显现。”[①]而悟证并非凭空获得，而是需要通过辨析名相慢慢体究。因为“理”和“性”是看不见的，看见的是“理之相”。魏晋人谈玄，所谈者也只是“理”之名相而已。马先生说：“若理之本体，即性，是要自证的，非言说可到。”然辨析名相，首在引入思维。思维的过程亦即致知的过程。马先生的方法，是“取六艺中名相关于义理最要而为学者致知所当先务者”，列为一个一个的案例，层层辨析，让读

① 《理气——形而上之意义》(义理名相一)，《马一浮集》第一册，第37页。

者逐渐感会，以期有所体悟。

马先生认为，《易》是“六艺之原”，为“一切义理之所从出，亦为一切义理之所宗归”。所以谈义理名相，需要从《周易》说起。易有三义，即变易、不易、简易。马先生说：“须知变易元是不易，不易即在变易，双离断常二见，名为正见，此即简易也。”可是《易》的三义和“理气”有何关系？《易》之“系辞”云：“易简而天下之理得矣，天下之理得而成位乎其中矣。”“说卦”又云：“圣人之作《易》也，将以顺性命之理。”此两处都从“理”字开始。《易》乾卦“九五”又引孔子语曰：“同声相应，同气相求。”声即是气，此处是从“气”字开始。系辞、说卦属《易》的“十翼”，相传为孔子所作，故马一浮说：“言理、气皆原于孔子。”《易》系辞又云：“形而上者谓之道，形而下者谓之器。”“道”跟“理”为同等概念，“器”则是气所凝成。由此可见理、气之不可分。中国古代思想家的“气”论，盈箩盈筐，也有以“气”为万物之本体和本质者。马先生采用的宋儒观点，认为“理”是寂然不动的，待动之后才有“气”显现。此即伊川所说：“以冬至者，气至之始故也。”[①]马一浮写道：

---

① 《二程集》上册，第 70 页。

> 气何以始？始于动，动而后能见也。动由细而渐粗，从微而至著，故由气而质，由质而形。“形而上”者，即从粗以推至细，从可见者以推至不可见者，逐节推上去，即知气未见时纯是理，气见而理即行乎其中。故曰：“体用一原，显微无间。”[①]

“理”“气”的关系还可以沿着反方向走“形而下”的路线，于是变成：“有天地然后有万物，有万物然后有男女。”“物生而后有象，象而后有滋，滋而后有数。”“见乃谓之象，形乃谓之器。”“天尊地卑，乾坤定矣。卑高以陈，贵贱位矣。动静有常，刚柔断矣。方以类聚，物以群分，吉凶生矣。在天成象，在地成形，变化见矣。”马先生说：“这一串都是从上说下来，世界由此安立，万事由此形成，而皆一理之所寓也。”

围绕“理气”的这种上推和下推，上推识“理”，“气”在其中，下推见“气”，“理”在其中。“气”动则能生，生而后有相，相因形而得，故不可无名称。名相不掩理，理自在其中。理、气之不可分，犹名相与义理的不可分。《易》之为道，是义理的渊薮，亦名相之大全。要讲义理和名相的关系，古《易》已垂典立范，故马先生讲论此一

---

① 《理气——形而上之意义》（义理名相一），《马一浮集》第一册，第39页。

议题，处处以《易》理和《易》例为典要。《易》的系辞有云："天地设位，而《易》行乎其中矣""乾坤成列，而《易》立乎其中矣""乾坤毁，则无以见《易》。《易》不可见，则乾坤或几乎息矣"。马先生说，"系辞"所言的"天地设位""乾坤成列"，都是"气见以后之事"。而《易》"行乎其中""位乎其中"，指的就是理。"乾坤毁"无以见《易》，是说"离气则无以见理"。换言之，"若无此理，则气亦不存"。"易有太极，是生两仪，两仪生四象，四象生八卦"，是说"生之理是无穷的"。"太极未形以前，'冲漠无朕'，可说气在理中；太极既形以后，'万象森然'，可说理在气中"。"理"的特点是"不堕声色，不落数量"，可以"冥符默证"，但"难以显说"。若经过"体认"而有"悟入"，则"触处全真"，即使是"鸢飞鱼跃"，也都有"此理之流行"，而且是"活泼泼地"。但"鸢飞鱼跃"，已经是"气"动而成相，其中之"理"需要人用思维去参究，透过鸢、鱼的动相"悟入"所动之理。

所以理是不变的，动而变者是气。气动而万象纷然，见相知类而有名称。名称不是义理，只是义理的闲名示相。为学者只见名相，不求本原，是为惑于现象，不明体用。荀子说："言之千举万变，其统类一也。"[①]《易传》的

① 《荀子·性恶》。

轶文亦云：“得其一，万事毕。”马先生说：“一者何？即是理也。物虽万殊，事虽万变，其理则一。”[①]“义理名相论”命题的提出，在马先生其良苦用心无非欲学者不因分析名相，而忘却返求本原。他说：“近人为学，重在分析名相，不知返求本原，只是分殊而不见理一，见别异而不见和同，故多为偏曲之见。须是从分殊中见理一，从变易中见不易。”[②]

呵呵！作为“义理名相论”第一篇的“理气，形而上的意义”，马先生的玄理微言，义在斯乎，义在斯乎？斯义无他，盖此“义理名相论”的“理气篇”，探讨的是此一名命题的本体论问题。

三　智能：知行合一，性修不二

马一浮“义理名相论”第二篇《知能》，探讨的是该命题的认识论部分。仍然还是从《易》讲起。《易·系辞传》云：“乾知大始，坤作成物。乾以易知，坤以简能。易则易知，简则易从。易知则有亲，易从则有功。有亲则

---

① 《泰和会语·举六艺明统类是始条理之事》，《马一浮集》第一册，第25页。

② 乌以风辑录：《问学私记》，《马一浮集》第三册，第1180页。

可久，有功则可大。可久则贤人之德，可大则贤人之业。”马先生解“大始”为“本来自具，故曰大始”，解“成物”为“成辨万事，故曰成物”。然后写道：“知是本于理性所现起之观照，自觉自证境界，亦名为见地。能是随其才质发见于事为之著者，属行履边事，亦名为行。故知能即是知行之异名，行是就其施于事者而言，能是据其根于才质而言。”[①]

马先生把智能解释为知行。“知是本于理性所现起之观照”，即是说“知”从属于“理”，性质为“自觉自证境界”，不是由闻见得来未经体究的知识。“知”是“慧”的互“相”，其“名”可称为“见地”。“见地”是经过自己证悟的真知，是本诸自身义理的“知”的外现，故见得亲切。化而为“能”为“行”，也是自然而然、毫不造作之相。人的创造性、创新精神，亦由是而生矣。所以“必是自己卓然有立，与理相应，不随人转，方有功用”[②]。但“知本乎性，能主乎修。性唯是理，修即行事，故知行合一，即性修不二，亦即理事双融，亦即‘全理是气，全气是理’”[③]。修为固然是一种动而行事之相，然“性修不二”“性唯是

① 《泰和会语·智能》(义理名相二),《马一浮集》第一册，第 42 页。

② 同上。

③ 同上书，第 41 页。

理”“理事双融”，名相和义理便化而为一了。所以《易》系辞说：“天下之动，贞夫一者也。”

知能为人人所有，发挥宜有不同。学问之道，主要在如何尽其知能。圣人之尽其知能，如《易传》所说，可以“仰以观于天文，俯以察于地理，是故知幽明之故。原始反终，故知死生之说。精气为物，游魂为变，是故知鬼神之情状”，是为“知”之事。而“能”之事，莫过《中庸》所说：“唯天下至诚，为能尽其性。能尽其性，则能尽人之性。能尽人之性，则能尽物之性。能尽物之性，则可以赞天地之化育。”马一浮先生提示：“学者当思圣人所知如此其至，今我何为不知？必如圣人之知，而后可谓尽其知。圣人所能如此其大，今我何为不能？必如圣人之能，而后可谓尽其能。”马先生的“义理名相论”岂徒玄言空理也哉！其实所讲尽为实理。圣人既如此，吾辈学人当如何呢？更应该“尽其知能”。如何“尽其知能”？马先生说，有两种情形都不足以尽其知能，一是“诋心性为空谈，视义理为无用，守闻见之知，得少为足而沾沾自喜者”，另一是“小有器能，便以功业自居，动色相矜”，此两种情形既不足以尽于知，也不足以进于能，宜为进德修业者所深忌。所以如是，马先生提醒我们：因为良知和良能都“有理行乎其间”，义理和名相是统一的，可以因名相而知理，却不能以名相来代替流行于其间的义理。

四 “言行者，君子之枢机”

马一浮义理名相论的第三篇，探讨的是“视听言动”。“视听言动”来源于《论语·颜渊》。颜渊问仁，子曰：“克己复礼为仁。一日克己复礼，天下归仁焉。为仁由己，而由人乎哉。”颜渊又问其目，子曰：“非礼勿视，非礼勿听，非礼勿言，非礼勿动。”[①]马先生对此做了如下解释：

> 视听言动皆礼，即是仁，不须更觅一个仁。因为仁是性德之全，礼即其中之分理。此理行乎气中，无乎不在，人秉是气而能视听言动，亦即秉是理以为视听言动之则。循此理即是仁，违此理即是不仁。《诗》曰：“天生烝民，有物有则，民之秉彝，好是懿德。”礼也者，理也，则也。所以有此礼者，仁也。具此德者，性也。性德之所寓者，气也，即此视听言动四者是也。[②]

按义理名相论的理论来解释，“视听言动”都是因动而成

---

① 《论语·颜渊》，《论语集释》（程树德撰）下册，中华书局，2013 年，第 947 页。

② 《宜山会语·说视听言动》（续义理名相一），《马一浮集》第一册，第 72 页。

“相”，而所成之相皆为“礼”之相，“视听言动”所不可违的规范都是“礼”的义则，也可以归结为“仁”的统摄。因为“仁是性德之全，礼即其中之分理”，“礼”已经包括在“仁”的性德里面了。礼、理、仁、德都属于“性德”，“性德”寓于“气”中，也就是寓在视听言动里面。“视听言动”这组名相（名称与概念），原来有礼、理、仁、德的义理规范藏于其间。人的“性德”本身是恒久不变的，以不同状态呈现的视听言动则可见出性德修养的粗细雅俗偏全。

“视听言动”的因动而成相，是不拘一格的世界，不仅因“言”、“听”而有声音，还会因“视”而有色彩出现。孟子说：“形色，天性也。惟圣人然后可以践形。”（《孟子·尽心上》）孟夫子所言是何意指？马先生论之曰：“何谓形色？气之凝成者为形，其变现为色。此犹佛氏所谓法相也，根、身、器、界是形，生、灭、成、坏诸相是色。何谓天性？就其普遍言之曰“天”，就其恒常言之曰“性”。又不假人为曰“天”，本来自具曰“性”，即《诗》所谓‘秉彝’也。践，朱子曰：‘如践约之践。’俗言步步踏着之意。心外无法，故言形色天性，会相归性，故言践形。换言之，即是于气中见得理，于变易中见得不易，于现象中见得本体。”[1]此谓视听

① 《宜山会语·说视听言动》（续义理名相一），《马一浮集》第一册，第72页。

言动的“形”和“色”，最终都要“会相归性”，亦即“于气中见得理，于变易中见得不易，于现象中见得本体”。诚如伊川所说：“视、听、言、动，非理不为，即是礼，礼即是理也。”[①]故“视听言动”的发用，有端与不端、当与不当之分，当则成礼，端则不违，不端不当即为非礼。不端、不当、非礼，乃是“违性亏体”所致。

颜渊问仁，有总体有细目。马先生论视听言动，亦有总体有细目。上面叙论是就整体言，下面尚有细目待详。《洪范》“五事”，为视、听、言、貌、思。今论视听言动，为何没有包括“思”？马先生说，视听言动四事皆统于一心，“思”可以贯四事。如何辨别礼与非礼，实在于“思”。所谓言动、言行、言貌，都指的是什么？“发于心则谓之动，形于事则谓之行，见于威仪四体则谓之貌”。行与动何以别？分析言论可以区而别之。马先生说，“言行即言动”，“貌”是以行动现于外者言之，举貌可以该行动，行动必有貌。《论语·季氏》写道：“君子有九思：视思明，听思聪，色思温，貌思恭，言思忠，事思敬，疑思问，忿思难：见得思义。”马先生说，这是从《洪范》五事中的视、听、言、貌“四事”开而为九，并于貌中分离出“色”。朱子说过：“色，见于面者。貌，举身而言。”身体、面容之色，

---

① 《河南程氏遗书》卷十五《伊川先生语一》，《二程集》，第144页。

即一个人的色相，其隐显变化，是为九思之聪、温、恭、忠、敬的显现。

《论语·泰伯》有载："曾子有疾，孟敬子问之。曾子言曰：'鸟之将死，其鸣也哀；人之将死，其言也善。君子所贵乎道者三：动容貌，斯远暴慢矣；正颜色，斯近信矣；出辞气，斯远鄙倍矣。笾豆之事，则有司存。'"曾子告孟敬子的"君子三道"，一为动容貌，二为正颜色，三为出辞气，涉及人的身体、面色和语言。程树德《论语集释》引邢《疏》云："人之相接，先见容貌，次观颜色，次交语言，故三者相次而言也。"[①]容貌，是指整个身体说的；暴为粗粝的意思；慢是放肆；鄙倍指浅陋悖理。盖就"视听言动"之"礼"而言，身体形态如果表现为"暴慢"，面部的颜色如果不庄敬，发为言语如果浅陋悖理，应视为非礼不德。故马先生说："学者当知人与物接，皆由视听。见色闻声，有外境现，心能揽境，境不自生。色尽声消，而见闻之理自在。"又说："一言以为智，一言以为不智，吉凶悔吝生乎动，吉一而已，可不慎哉。"[②]所谓"言行者，君子之枢机"，信不诬也。

---

① 《论语集释》上册，卷十五《泰伯上》所引，第601页。

② 《宜山会语·说视听言动》(续义理名相一)，《马一浮集》第一册，第75页。

马一浮先生最后归结道："由此观之，圣人所以成就德业，学者所以尽其知能，皆不离此'视听言动'四事。"[①]而"圣人语默一致，动静一如""不言而信，无为而成""虽终日言，未尝言""言满天下无口过""酬酢万变而'行其所无事'"，则是言行之至境，"有非言思拟议所能及者"。故孔子曰："予欲无言。"又说："天何言哉？四时行焉，百物生焉，天何言哉。"[②]

五 "敬"字工夫，圣门第一义

马一浮义理名相论的第四篇，为《居敬与知言》。此篇是直承前一篇"视听言动"而来。"居敬"一词，宋儒讲得最多。伊川说："敬即便是礼，无己可克。"[③]又说："居敬则自然简。'居简而行简'，则似乎简矣，然乃所以不简。盖先有心于简，则多却一简矣。居敬则心中无物，是乃简也。"[④]朱子说："为学之道，莫先于穷理。穷理之要，必在于读书。读书之法，莫贵于循序而致精。而致

---

① 《宜山会语·说视听言动》（续义理名相一），《马一浮集》第一册，第 75 页。

② 程树德：《论语集释》下册，卷三十五阳货下，第 1405 页。

③ 《河南程氏遗书》卷十五《伊川先生语一》，《二程集》，第 143 页。

④ 《河南程氏遗书》卷二二《伊川先生语八》，《二程集》，第 294 页。

精之本，则又在于居敬而持志。此不易之理也。”[①]朱子还说过：“盖又以居敬为集义之本也。”[②]这都是极大的判断。盖程、朱诸大儒以“敬”为入德之门、求仁之方、心之主宰。甚至提出：“‘敬’字工夫，乃圣门第一义，彻头彻尾，不可顷刻间断。”[③]此“敬”义，“二程”特别是伊川主之最力，朱子极为欣赏此义，一再提起，认为是程子独发的学术贡献。

那么，马一浮先生将“居敬”和“知言”并提，作为他的义理名相论的拆解对象，他试图讲些什么呢？他写道：“礼以敬为本。《说文》忠、敬互训，故曰：‘忠信之人，可以学礼。’无时不敬，则无往而非礼。忠信存乎中，其见于容貌者必庄肃，其见于言语者必安定，如是乃可以莅众而立事，故曰‘安民哉’。”[④]这最后一句引自《曲礼》，原文作：“毋不敬，俨若思，安定辞，安民哉。”“敬”义的与“礼”与“忠”与“信”的关系，马先生先行揭示出来。关键是“礼以敬为本”这句结论性判断。而且强调“无时不敬，则无往而非礼”。至于容貌庄肃、言语安定云云，则

---

① 朱熹：《行宫便殿奏劄二》，《朱熹集》第二册，四川教育出版社，第546—547页。

② 朱熹：《答何叔京》，《朱熹集》第四册，第1849页。

③ 朱熹：《答郑子上》，《朱熹集》第五册，第2877页。

④ 《居敬与知言》（续义理名相二），《马一浮集》第一册，第76页。

是外化之名言与貌相了。《曲礼》中的“毋不敬”一语，马先生称之为“万事根本”。《系辞传》曰：“君子安其身而后动，易其心而后语，定其交而后求。君子修此三者，故全也。危以动，则民不与也。惧以语，则民不应也。无交而求，则民不与也。莫之与，则伤之者至矣。”年轻的哲学家王弼对《系辞传》这段话的注释为：“虚已存诚，则众之所不迕。躁以有求，则物之所不欲也。”马先生称“君子安其身而后动，易其心而后语，定其交而后求”，为“三业”，能否做到“以敬为主”，是带来毁誉、得失正面效果的契机。

而且“言”的作用不能小觑。马先生主张敬为主、言为先。他引《易》乾卦文言云“君子进德修业。忠信所以进德也。修辞立其诚，所以居业也。”朱子最服膺程子的一句名言：“涵养须用敬，进学则在致知。”赞为“此语最妙”。马先生认为，忠也好，敬也好，诚也好，信也好，它们的归趣是一样的，主要是“在心为德，出口曰言，不可伪为，不容矫饰”。以此“修辞立其诚”是言之不可违的本德。所以“名必有实，无其实而为之名则妄也；妄言苟言，是谓不忠不信，是谓无物，是谓非礼”。可见“居敬”与“知言”是连在一起的。盖妄言、苟言、伪言、矫饰言，是为忠敬、诚信不曾立得故。其后果不仅是空洞无物，而且是非礼不德。马先生写道：

“言语之美，穆穆皇皇。”穆穆，敬也。皇皇，大也。无妄之谓敬，充实之谓大，斯为有德之言。若巧辞便说，虚诞浮夸，则其中之所存者可知也。故敬肆之辨，亦即是小大之辨。鹦鹉能言，不离飞鸟。猩猩能言，不离走兽。彼亦言也，效人之言而无其实。不由中出而务以悦人，何以异是？《论语》末章曰：“不知礼，无以立也。不知言，无以知人也。”故知礼而后能知言，已立而后能知人。[①]

可知“言语之美”，确为大哉，庄哉！所谓“立德”、“立功”、“立言”的“三不朽”之说，岂是浮词虚语耶！“言为心聋，气之发也”。故马先生说：“言必与气相应，气必与心相应。不得于言，勿求于心，不可。心体无亏失，斯其言无亏失；言语之病，即心志之病也。敬贯动静、该万事，何独于言？明之以存养之功，其浅深、疏密、得失、有无发于言语者，尤为近而易验，显而易知也。”[②]发为心声的言语文章，不可以心体有亏失，“亏”则有愧矣。“言语之病，即心志之病”。唯“居敬”“持敬”“主敬”可医此病。

---

① 《居敬与知言》（续义理名相二），《马一浮集》第一册，第 77—78 页。

② 同上书，第 78 页。

孔子对言语之病患，尤所憎恶者有四：一曰巧，如“巧言令色，鲜矣仁”；二曰佞，如“焉用佞”“远佞人”；三曰喭，如“由也喭”；四曰讦，如“恶讦以为直者”。马先生说，除去“吉人一类，其余皆为心术之病”。此正如《易·系辞》所说：“将叛者，其辞惭；中心疑者，其辞枝；吉人之辞寡；躁人之辞多；诬善之人，其辞游；失其守者，其辞屈。”《易》之为鉴，古今辞惭、辞枝、辞游、辞屈者，无可逃遁矣。孟子指言与心异之弊病亦有四，曰“诐辞知其所蔽，淫辞知其所陷，邪辞知其所离，遁辞知其所穷”；并申而陈其利害曰：“生于其心，害于其政；发于其政，害于其事。圣人复起，必从吾言矣。”（《公孙丑上》）马先生为之解云：“诐谓偏诐，淫谓放荡，邪谓邪僻，遁谓逃避，蔽谓障隔，陷谓沉溺，离谓离畔，穷谓困屈。”程子许孟子为“知言”。马先生则说，学者对《曲礼》的四句如果能有“切己体会”，对于“当名辨物、正言断辞”，应该“思过半矣”。

然则“居敬与知言”，其义理名相之辨析，其可忽哉，岂可忽哉！

六　无无止之观，无无定之慧

马一浮义理名相论的第五篇，是《涵养致知与止观》。

何为此篇？马先生还是从“敬”义说起。伊川的名言是：“涵养须用敬，进学则在致知。”朱子评为“此语最妙”。而程子的义理实来源于《易》之坤卦的文言：“君子敬以直内，义以方外，敬义立而德不孤。”所以“不孤”，朱子认为是由于“与物同，故不孤也”。明道亦秉此义，但进而申论说，此“不孤”义是“仁者无对，放之东海而准，放之西海而准，放之南海而准，放之北海而准”，是“最能体仁之名”[①]。

马一浮先生援引佛理之“止观法门”为说，提出：“主敬是止，致知是观。彼之止观双运，即是定慧兼修，非止不能得定，非观不能发慧。然观必先止，慧必由定，亦如此言涵养始能致知，直内乃可方外，言虽先后，道则俱行。虽彼法所明事相与儒者不同，而其切夫涂辙理无有二。”[②]他认为两厢“比而论之”，宜有互相助发之效。依马先生的解释，“止”是“定”的异名，属寂静义。如果做到“心不妄缘，安住净觉，不取诸相，便能内发轻安，一切义理于中显现”。“观”是“照了”义，能“观”者，知性清净，“所观之境悉皆谛实”，因此又名曰“慧”。而“止观双运、定慧平等之相”，就是“舍”。定、慧、舍为“涅槃三相”，兹事体大矣。

---

① 《河南程氏遗书》卷十一《明道先生语一》，《二程集》，第 120 页。

② 《涵养致知与止观》（续义理名相三），《马一浮集》第一册，第 82 页。

为丰富此止、观、定、慧之义，马先生又引来天台宗大师所立的“三止、三观之目”，揭示生死、涅槃、有无之相，并非异致。此外还有更重要的“三谛”，即真谛、俗谛、中道第一义谛。马先生说：“真谛泯绝无寄，俗谛万法历然，第一义谛真俗双融，于法自在，方为究竟。”[①]本来是讲为学的涵养致知，为何具引如此复杂的佛氏止观学说？归根结底是要医治人的“昏散”的心病。《易》咸卦的卦辞所谓“憧憧往来，朋从尔思”，实际是“起灭不停，若非乱想，即堕无记”之相，亦即《楞严》所谓“聚缘内摇，趣外奔逸，昏扰扰相，以为心性”者。马先生说：“散心观理，其理不明，如水混浊，如镜蒙垢，影像不现。故智照之体，必于定心中求之。”[②]心散内摇，则观理不明；心定志一，智照可求。提出“主敬”的程朱诸大儒，曾说敬是“常惺惺法”，即有敬义存焉，始终能保持灵智清醒，不受迷惑诱惑。马先生反其义而提出：“敬亦是常寂寂法，惟其常寂，所以常惺。”

“寂”者何？盖止也，定也。马先生说：“无无止之观，无无定之慧，若其有之，必非正观，必为狂慧。”[③]此

---

① 《涵养致知与止观》（续义理名相三），《马一浮集》第一册，第 83 页。

② 同上书，第 83—84 页。

③ 同上书，第 84 页。

所以致知必持敬、居敬之缘故也。因为“敬”可以止息心之动乱，而复其“本然之明”。但“敬”并非让人变成一副“委曲相”，而是使得“六根住于正念，绝诸驰求劳虑”。故伊川云：“执事须是敬，又不可矜持太过。”[①]又说：“学者须恭敬，但不可令拘迫，拘迫则难久矣。”[②]马先生在此篇儒佛并引互证，反复为说，目的只有一个，即让呈昏扰之相的劳人从各种束缚中解放出来，恢复汩没的自性，复其“本然之明”。如果一时找不到合适的“复性”途径，不妨暂时停下你的脚步，谢绝一切“驰求劳虑”。须知，“并心外营，如游骑无归，自家一个身心尚奈何不下，如何能了得天下事？”马先生谆谆告诫今日之学子云：“如其犹知有自性，犹知有圣贤为己之学，则亟须用力体究，下得一分功夫，自有一分效验。”[③]更举禅师家赵州和尚之告学者语云：“汝若真知用力，三年五载不间断而犹不悟者，割取老僧头去。”此语“二程”、朱子亦常应用，说明理学家对义理之学的期待与自信。

马先生写作义理名相论时，正值家国蒙难的战争环境，但他坚信涵养致知的修持工夫仍不可忘怀。他说“古人以

---

① 《河南程氏遗书》卷三《二先生语三》，《二程集》，第 61 页。

② 《河南程氏遗书》卷十八《伊川先生语四》，《二程集》，第 191 页。

③ 《涵养致知与止观》（续义理名相三），《马一浮集》第一册，第 81 页。

此为一大事，念兹在兹，不肯放舍，所以能有成就”；今天需要外攘夷狄，但“吾自心之夷狄不攘，终无以为安身立命之地”。然则什么是“自心之夷狄”？“习气之足为心害者”即为夷狄。何以胜之？马先生曰：“敬而已矣。”

七 说止：“外物不接，内欲不萌”

马一浮先生义理名相论的第六篇，是《说止》，显然是对前面《涵养致知与止观》篇的补充。主要是“止”义，马先生意犹未足，于是又写《说止》。他补充的是两方面的内容，一为《易》之理，二是佛之义。

《易》艮卦的卦辞云：“艮其背，不获其身，行其庭，不见其人，无咎。”《彖》辞曰：“艮，止也。时止则止，时行则行，动静不失其时，其道光明。艮其止，止其所也。上下敌应，不相与也。是以不获其身，行其庭，不见其人，无咎也。”《象》辞曰：“兼山，艮。君子以思不出其位。”艮卦的艮，即为止义。马先生引此卦的目的，在于为“止”义求解。河南“二程”是易学大家，其所著《易传》影响深远。故马先生援伊川《易传》之辞云：“人之所以不能安其止者，动于欲也。欲牵于前而求其止，不可得也。故艮之道，当‘艮其背’。所见者在前，而背乃背之，是所不见也。止于所不见，则无欲以乱其心，而止乃安。‘不获其身’，不见其身也，谓忘我也。无我则止矣。不能无我，无可止之道。‘行其庭，不见其人’，庭除之间，至近也。在背，则虽至近不见，谓不交于物也。外物不接，内欲不萌，如是而止，乃得止之道，于止为无咎也。”[①]欲望是人所不能排解之本能，有欲而不能得其随，则生苦痛。此为叔本华氏之学说。欲不仅是人生的苦痛根源，亦为奔波劳苦之动因。程子《易传》“人之所以不能安其止者，动于欲也”，可谓明理之言。因为有“欲牵于前而求其止，不可得也”，无已只好“艮其背”，不与交接。“外物不接，内欲不萌”，自然可“止”了。掌握了“止之道”，就可以避免众多错误。

马一浮说，伊川的解艮卦，“在佛氏谓之无我相、无人相。言不见者，非不见也，谓不见有我相、人相也。如是而见，则名正见，亦谓之无相三昧”。马先生以佛理来释《易》之“止”义，似又深了一层。佛氏解“止”，宜有二义，一为寂灭义，二为不迁义。“寂灭”是“息妄”。钱锺书《过邯郸》诗“妄心如膜应退尽”，“退尽”即息妄。马先生说：“常人闻寂灭则相顾而骇，不知所言止者，就妄心止息义边说，名为灭，非断灭之谓也。”盖妄心止，是为灭，但非断灭，而是“譬如磨镜，垢尽明现”（《圆觉经》）。此义与圣人“一日克己复礼，天下归仁”，取义略同。

---

① 《周易程氏传》卷四，《二程集》下册，第968页。

“不迁”之说，起自东晋之僧肇，其所著《物不迁论》谓：“人之所谓动者，以昔物不至今，故曰动而非静；我之所谓静者，亦以昔物不至今，故曰静而非动。动而非静，以其不来；静而非动，以其不去。然则所造未尝异，所见未尝同。逆之所谓塞。顺之所谓通。苟得其道，复何滞哉？”又说：“伤夫人情之惑也久矣。目对真而莫觉；既知往物不来，而谓今物而可往。往物既不来，今物何所往。何则？求向物于向，于向未尝无；责向物于今，于今未尝有。于今未尝有，以明物不来；于向未尝无，故知物不去。覆而求今，今亦不往。是谓昔物自在昔，不从今以至昔；今物自在今，不从昔以至今。”[①]吕秋逸先生解《物不迁论》最切，他说僧肇之论是针对小乘执着“无常”而说的，所以“说去不必就是去，称住不必就是住”，“而是动静未尝异的意思”[②]。

马一浮先生显然与吕释同出一义。他说：“妄心念念，生灭相续，故名迁流。真心体寂，故名常住。所谓不住名客，住名主人。以其常住，故不迁矣。”[③]迁与不迁，不是指具体的物件，而是指心体性体的“住”与“不住”，“寂”

① 僧肇：《物不迁论》，金陵刻经处本《肇论》，第3页。

② 吕澂：《中国佛学源流略讲》，《吕澂佛学论著选集》第五册，齐鲁书社，1991年，第2594页。

③ 《止观》（续义理名相四），《马一浮集》第一册，第87页。

与“不寂”。《易》艮卦之彖辞所谓“时止则止，时行则行，动静不失其时”，马先生说这是指“一切时不迁”；“艮其止，止其所也，上下敌应，不相与也”，是指“一切处不迁”。可谓得《易》理，又得佛义。

《大乘起信论》云：“一念相应，觉心初起，心无初相。以远离微细念故，得见心性，心性即常住，名究竟觉。”斯论又云：“以一切心识之相，皆是无明。无明之相，不离觉性，非可坏，非不可坏。如大海水，因风波动，水相风相不相舍离。而水非动性，若风止灭，动相则灭，湿性不坏故。如是众生自性清净心，因无明风动，心与无明俱无形相，不相舍离。而心非动性，若无明灭，相续则灭，智性不坏故。”[①]斯论前段的“心性即常住，名究竟觉”，是关键词。后段以水取譬，动相随染，湿性不坏。“止”的不迁义，由此可悟得。以佛理解“止”义，可谓“究竟无余”。

马先生说，他不是说禅，而是借禅语来显义，欲使学者举一反三，容易明白耳。

八　去矜：“先遣我人相，次遣功能相”

马一浮先生义理名相论的第七篇和第八篇，均为《去

① 真谛译《大乘起信论》，中华书局，1992 年，第 29—30、36 页。

矜》，分上下两篇列目，今合而论之。“矜”之本义亦有哀怜、矜庄之意，并非只是恶德，马先生何故必欲“去”之？而且一“去”再“去”。马先生说，此字虽不无“持守”的意思，但也是“作意出之，不免崖岸自高，亦是一种病痛”[①]。可是他要“去”之“矜”，还不是就此类而言，而是专指矜伐之“矜”，纯属恶德，必“去之务尽”。他在文章开头处，先讲了一个“二程”的大弟子谢显道的故事。

> 上蔡《语录》云：谢子与伊川别一年，往见之。伊川曰：“相别又一年，做得甚功夫？”谢曰：“也只是去个‘矜’字。”曰：“何故？”曰：“子细检点得来，病痛尽在这里，若按伏得这个罪过，方有向进处。”伊川点头，因语在座同志者曰：“此人为学，切问近思者也。”胡文定公问“矜”字罪过何故恁地大，谢曰：“今人做事，只管要夸耀别人耳目，浑不关自家受用事。”[②]

马一浮先生认为上蔡讲的故事非常亲切，几乎成为他必欲“去矜”的导火索。盖上古典籍常常以矜、伐连属。《尚

---

① 《去矜上》（续义理名相五），《马一浮集》第一册，第90页。

② 同上书，第89页。

书·虞书·大禹谟》记载，舜对禹说："克勤于邦，克俭于家，不自满假，惟汝贤。汝惟不矜，天下莫与汝争能；汝惟不伐，天下莫与汝争功。"[①]此处的"不矜"、"不伐"，是舜对禹即将治水的告诫与期许，亦为大舜和大禹的达德。《史记·项羽本纪》文末之"太史公曰"："自矜功伐，奋其私智而不师古，谓霸王之业，欲以力征经营天下，五年卒亡其国，身死东城，尚不觉寤而不自责，过矣。"[②]则"矜"、"伐"是为项羽一生的重大过失，惜死而未能悟耳。而《史记·游侠列传》赞美侠士之特立之行："其言必信，其行必果，已诺必诚，不爱其躯，赴士之厄困，既已存亡死生矣；而不矜其能，羞伐其德，盖亦有足多者焉。"[③]"不矜其能，羞伐其德"成为汉之游侠的可圈可点的品行。《老子》第二十四章亦有"自见不明，自是不彰，自伐无功，自矜不长"的名言。故认为"矜"是个人修养和家国天下之足以损其人害其国的一桩罪过，绝不是欲加之辞。以此，著论义理名相之大文章的马一浮先生岂有不必欲去之务尽之理。

然则"矜伐"之不德和本篇所论之义理名相是何关系呢？马先生说："曰善曰能，是居之在己为矜；曰劳曰功，

---

① 《尚书·虞书·大禹谟》，黄侃《白文十三经》，第5页。

② 《史记·项羽本纪》，中华书局标点本，第一册，第339页。

③ 《史记·游侠列传》，中华书局标点本，第十册，第3181页。

是加之于人为伐。浑言则矜、伐不别，皆因有我相、人相而妄起功能。诸相只是一个胜心，胜心即是私吝心，佛氏谓之萨迦耶见，我执、法执之所依也。"[①]这是说矜、伐皆为"妄起"，心体则为"胜心"作怪。而"胜心"无非是"私吝心"，亦即自我的精神世界被佛氏所谓"我执、法执"所困。人之有矜，是人有烦恼，陷入痴、慢二法而不自知。而且"覆、诳、谄、憍、害、嫉、无惭、无愧八法"，也会成为"随烦恼"。《大乘百法明门论》有云："覆者，于自作罪，恐失利誉，隐藏为性，能障不覆，悔恼为业。诳者，为获利誉，矫现有德，诡诈为性，能障不诳，邪命为业。谄者，为罔他故，矫设异仪，谄曲为性，能障不谄，教诲为业。憍者，于自盛事，深生染著，醉傲为性，能障不憍，染依为业。害者，于诸有情，心无悲愍，损恼为性，能障不害，逼恼为业。嫉者，殉自名利，不耐他荣，妒忌为性，能障不嫉，忧戚为业。无惭者，不顾自法，轻拒贤善为性，能障于惭，生长恶行为业。无愧者，不顾世间，崇重暴恶为性，能障于愧，生长恶行为业。"马一浮说："盖心存矜伐者，务以胜人，不见己恶，其流必至于此。"[②]

何以救之？首要在识得此"矜"的祸患。知是彻骨病

---

① 《去矜上》(续义理名相五),《马一浮集》第一册，第 90 页。

② 同上书，第 91 页。

痛，然后再觅克治除遣之方。马先生提示我们，除遣“矜”过，第一要“先遣我、人相”，然后再去“遣功、能相”。在这个问题上，儒者只是以“自私”为说，没有多作具体分析。佛氏则推勘至详，更容易明了。佛氏认为，凡计较“人我”者，不出五蕴，即色、受、想、行、识。其中的“色蕴”包括“四大”“五根”“五尘”。“四大”即地、水、火、风，分别呈坚相、湿相、暖相、动相。计较“人我”的结果，极易产生错觉，以致如《圆觉经》所说：“妄认四大为自身相，六尘缘影为自心相。”而计较“我”者，则不出“四见”，即误认受、想、行、识无非我耶。岂不知还有“色蕴”存焉。结果必是：“色大我小，我在色中；我大色小，色在我中。受、想、行、识，亦复如是。”因此“人我”之见，实为虚妄，“反覆推勘，我实不可得；我相如是，人相亦然”。[①]如此反复推勘，马先生认为，“我、人二相”就可以“俱遣”了，那么“矜”就无所施其技了。

《去矜》上篇主要讲如何排遣“我、人相”，已如上述。《去矜》的下篇讲如何排遣“功、能相”。马先生关于此义的论述，引证繁富，数典如流，令人忍俊不禁。无法不将援典叙论的精彩部分具引在下面，其词云：

① 《去矜上》（续义理名相五），《马一浮集》第一册，第92页。

云何遗功、能相？以儒家之义言之，天地虽并育不害，不居生物之功；圣人虽保民无疆，不矜畜众之德。故曰："天何言哉？四时行，百物生，天何言哉？""巍巍乎，舜禹之有天下而不与也。"颜子"有若无，实若虚"，"以能问于不能，以多问于寡"。孔子曰："吾少也贱，故多能鄙事。""君子多乎哉？不多也。""吾有知乎哉？无知也。有鄙夫问于我，空空如也。我叩其两端而竭焉。""所求乎子以事父，未能也；所求乎弟以事兄，未能也；所求乎朋友先施之，未能也。""若圣与仁，则吾岂敢？抑为之不厌，诲人不倦，则可谓云尔已矣。""文王视民如伤，望道而未之见。""周公思兼三王"，思而不得，"坐以待旦"。汤曰："朕躬有罪，无以万方；万方有罪，罪在朕躬。"武王曰："百姓有过，在予一人。"①

马先生一气而下引录的这些经典，受过传统文史训练的学子，无不耳熟能详。可以认为都是"圣贤用心行事之实相，决非故为抝谦"。可是我们的马先生警醒地认识到，这些"自视欿然"的话语，他"觉得实有许多不尽分处"。这些话语没有"纤毫功能之相"，"只是行其所当然而已"，当

① 《去矜下》（续义理名相六），《马一浮集》第一册，第92—93页。

然也就不需要探讨“遣”与“不遣”了。相反的例子是开“焚坑”事业之先河的秦始皇，马先生说，当其“既并六国，巡行所至，乃专以刻石颂德为事，群臣诵功，动称‘皇帝休烈’，自以功过五帝，地广三王，极矜伐之能事。”以至于流风所及，“自秦以后有国家者，其形于诏令文字或群下奉进之文，往往愈无道愈夸耀”。马先生好大胆的文笔，他并设问而自答道：“此其失何在？由于骄吝之私，见小识卑，彼实以功德为出于己也。”[①]

马先生批评这种“好为大言以自表见”的举动，是不可救药之病。如果只以儒家义理阐释此义，实有不能完全说得清爽之弊。莫如“以佛说推勘，当知功能之相实不可得”。马先生说，只要稍知佛氏“缘起性空”之说，就会晓得那些功能之相并非是自己所得而能拥有的实绩。

《肇论》写道：“一切诸法，缘会而生。缘会而生，则未生无有，缘离则灭。如其真有，有则无灭。以此而推，故知虽今现有，有而性常自空。性常自空，故谓之性空。性空故，故曰法性。法性如是，故曰实相。实相自无，非推之使无，故名本无。”[②]马先生归结肇公之义，提出所谓功能，都是因缘所生。“若谓能是能成之缘，功是所成之

---

① 《去矜下》(续义理名相六),《马一浮集》第一册，第93—94页。

② 僧肇:《宗本义》, 金陵刻经处本《肇论》, 第1页。

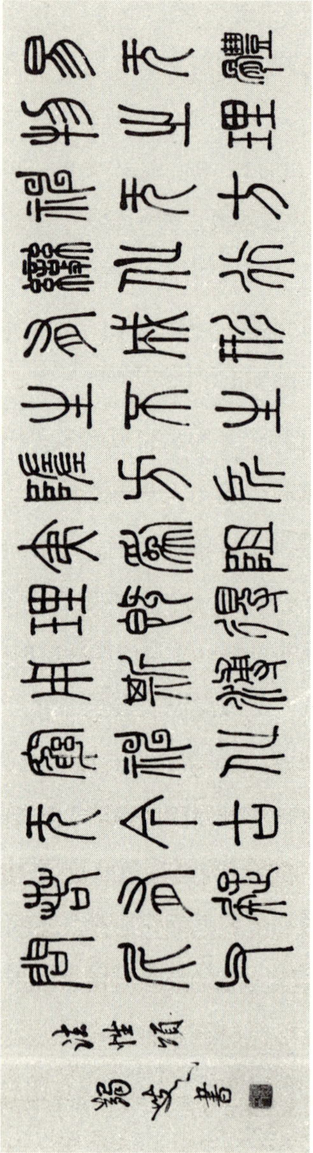

《法性颂》

法，而此能者即众缘”。所以“功无自性，缘所成故；能亦无自性，体即缘故”。而“缘”也不是“自生”，也不是“从他生”，“诸缘各住自位故”。然则“能成既无，所成何有”？故“功能”和“我”，都不过是空空如也而已。

马一浮为进一步排遣“矜”义，在此篇的后面附引了他前此自注的《老子》一文，兹不具言。唯附引之《庄子·知北游》一段：“舜问乎丞曰：‘道可得而有乎？’曰：‘汝身非汝有也，汝何得有夫道？’舜曰：‘吾身非吾有也，孰有之哉？’曰：‘是天地之委形也。生非汝有，是天地之委和也。性命非汝有，是天地之委顺也。孙子非汝有，是天地之委蜕也。故行不知所往，处不知所持，食不知所味，天地之强阳气也，又胡可得而有邪？”[①]马先生引庄生之后写道：

> 会得此语，则证二空：身非汝有是人空，不得有夫道是法空。在儒家谓之尽己。私人我，诸法不成；安立，然后法身真我始显，自性功德始彰。故曰：“至人无己，神人无功，圣人无名。”无己之己，无所不己，是为法身，即性也；无功之功，任运繁兴，是为

① 《庄子·知北游》，《庄子注疏》（郭象注、成玄英疏），中华书局，2011年，第394页。

般若，即道也；无名之名，应物而形，是为解脱，即教也。是故“与天地合其德，与日月合其明，与四时合其序”，而后知暖暖姝姝自以为足者，未始有物也。一蚊一虻之劳，其于天地亦细矣，尘垢秕穅，未足为喻，奚足以自多乎？如是则人我功能之相遣尽无余，何处更著一“矜”字。[①]

盖马先生“去矜”务尽，不仅借助于佛禅，亦借助于老氏与庄生。庄老与佛，天作之合。最后马老又举《易》象：“山下有风，蛊。君子以振民育德。”然后以之为说：“挠万物者，莫疾乎风。山本静止，遇风则群物动乱，故成蛊坏之象。既坏而治之，止其动乱，则为有事。故曰：‘蛊者，事也。’民者难静而易动，当蛊之时，治蛊之道在于‘振民育德’，育德则止矣。”又举《易·大畜》之象，“童牛之牿”“豮豕之牙”，皆是遏人欲于将萌，消祸乱于不觉，无迹可寻，无功可著，民莫能名，无得而称。”[②]

马一浮先生最后以一言为结：“知此，则去矜之谈实为剩。”

---

① 《去矜下》(续义理名相六)，《马一浮集》第一册，第97页。

② 同上书，第98页。

第六章　马一浮与复性书院

当马一浮在江西泰和即将转徙广西宜山之将行未离之际，他的弟子寿毅成和友人刘百闵等拟请他出山筹办一所书院之事，已经在酝酿之中了。教育部长陈立夫且已作电邀。甚至书院的简章马先生也已草拟了一份。但他并不特别看好此议，成功与否于他无减无增。他的精力仍专注于浙大的六艺之学的讲论。《竺可桢日记》也曾略及此事，1938 年 8 月 6 日写道："知渠因教育部陈立夫电邀，门人寿毅成、刘百闵等怂恿，拟往重庆办书院，但以道阻，不得不由赣州经桂林往川或滇，旅费千元已寄到矣。"[①]但事情经过，曲折淹蹇，直到第二年即 1939 年的 2 月 8 日，马一浮才离开浙大成行。那一天的下午 2 时，竺可桢校长到车站为马先生送行，当时在场的还有贺昌群和缪钺两位马

① 《竺可桢全集》第六卷《日记一集》，第 560 页。

先生喜欢的学人，送行公宴则已于1月17日举行。

一　复性书院的立名、旨趣和办学方式

马一浮虽应邀赴命，系“不得已而后应”，心如静物，无减无增。《将去宜州留别诸讲友》写道：

> 故国经年半草莱，瘴乡千里历崔嵬。
> 地因有碍成高下，云自无心任去来。
> 丈室能容师子坐，褒斜力遣五丁开。
> 苞桑若系安危计，绵蕞应培禹稷才。[①]

诗中“云自无心任去来”句最能代表马一浮当时的心境。但也不是毫无期许，认为家国天下之安危，实系于人才。诗之尾联“苞桑若系安危计，绵蕞应培禹稷才”，即为斯意。不过总体上他并不过于看好这件事，预见到日后的困难自必多多，因此始终把“作事谋始、永终、知敝”[②]作为筹划此事的原则。他在给弟子寿毅成的信里写道：“书院之说，想系百闵与贤赞议。其事亦不易实现。当此危难之时而建此议，

---

① 《将去宜州留别诸讲友》，《马一浮集》第三册，第72页。

② 《致张立民》第九函（1938年），《马一浮集》第二册，第836页。

真如梁元帝在江陵围城中诏百官戎服听讲《老子》，陆秀夫在崖山舟中讲《大学》矣。国土危脆，人命无常，吾既衰老，不堪行役，日日不忘在沟壑，然讲学之事固未尝一日而废，一人亦讲，无人亦讲，不必定要学校书院也。”①

尽管如此，他还是用极短的时间（一个多小时）起草了一份《书院之名称旨趣及简要办法》，有关书院创办的各项事宜，包括书院的性质、课程设置、讲论方法、经费来源等，均做了得其要领的叙论。他力主以“复性”二字作为书院的名称。他说：“书院古唯以地名，如鹅湖、白鹿洞之类是也。近世始有以义名者，如诂经、尊经之类是也。以地名，虽得名胜之地如青城、峨眉，似含有地方性，不如以义名，使人一望而知其宗旨，观听所系，较为明白广大。今若取义，鄙意可名为‘复性书院’。学术人心所以分歧，皆由溺于所习而失之。复其性则同然矣。复则无妄，无妄即诚也。又尧舜性之，所谓元亨诚之通，汤武反之，所谓利贞诚之复。自诚明谓之性，自明诚谓之教。教之为道，在复其性而已矣。今所以为教者，皆囿于习而不知有性。故今揭明复性之义以为宗趣。”②“复性书院”一名，再

---

① 《致寿毅成》，《马一浮集》第一册，第751页。

② 《书院之名称旨趣及简要办法》（1938年8月），《马一浮集》第二册，第1168页。

好不过地体现了马一浮学术思想的出发点和归宿。而施教的内容，则应以“六艺之学”为主，究明经术义理，以期养成通儒。马一浮特别强调：“书院为纯粹研究学术团体，不涉任何政治意味。凡在院师生，不参加任何政治运动。”[①]

此《书院之名称旨趣及简要办法》草拟于事起之前，时在1938年8月。次年，事成即将开办之时，即1939年5月，马先生又撰写《复性书院缘起叙》一文，对书院创办的学理依据暨施教宗旨，做了更加详明剀切的阐发。其论书院之制的发生之历史云：“古之为教者，不尽出于学官。其在学官所守，学有定制，教有常程，求其器能足备世用而止。昔之贡举，今之仕宦者，取径焉。诸不在学校之科者，无以待之。其有明道之儒，逸在布衣，穷居讲习，或为之置学田、立精舍。士之不务进取者亦趋之，志在淑其身以善天下，学以至于圣贤，此书院所由起。”[②]讲明书院历来属于民间之性质，为无官位之布衣“穷居讲习”之所，与“有司”无关，只要期在明道，学为圣贤，就足以“善天下”。但民国以后，取法欧美，建立现代教育制度，整齐划一，行之甚力，不可谓无效，书院的地位便无以为立了。

---

① 《书院之名称旨趣及简要办法》(1938年8月)，《马一浮集》第二册，第1169页。

② 《复性书院缘起叙》(1939年5月)，《马一浮集》第二册，第1171页。

既然如此，在举国通行的现代教育体制之下，书院的创立还有其必要吗？马先生写道："今委员长蒋先生，行政院长孔先生，教育部长陈先生，感于学校师儒所治，唯重器能，其于德行道艺之本，犹若或有所遗。将欲济蹇持危，开物成务，赞复兴之大业，体先圣之微言，必赖深明经术，精研义理，养成知类通达之才，以为振民育德之助。是以缅怀旧俗，而有创设复性书院之议。士友之在蜀中者和之，不以浮为迂陋，欲使之诵说旧闻，牖启初学。所以继绝学，广教化之道，将有在于是者。浮虽不敏，其敢自逸。"[①]此可知书院之议，虽由寿毅成、刘百闵等所推议，实际上得到了委员长蒋公和行政院长孔祥熙以及教育部长陈立夫的直接议决核准。而所以立之由，则是鉴于现代教育是唯一知识教育的体制，重在"器能"，对于"德行道艺之本"则不无遗漏。这在今天仍是一积重未决而亟待深究的大课题。

马先生深知经术义理对文化复兴可能起到的作用，所以他说："窃惟国之根本，系于人心，人心之存亡，系于义理之明晦，义理之明晦，系于学术之盛衰。"这和王国维所说的"国家与学术为存亡，天而未厌中国也，必不亡其学术。天不欲亡中国之学术，则于学术所寄之人，必因而笃

① 《复性书院缘起叙》(1939年5月),《马一浮集》第二册，第1171页。

之”[①]的思想，完全是同一理据。只不过马先生认为，中国学术义理之经典道要，悉在“六经”。他在此《复性书院缘起叙》中写道：

> 中土圣贤道要，尽在六经。唯六经可统摄一切学术，一切学术莫能外之。故必确立六经为道本，而后中土学术之统类可得而明，文化之原流可得而数，即近世异域新知，亦可范围不过。若舍己而徇物，逐末而遗本，是今日学者之大患也。六经者，圣人之权度。将以明伦察物，彰往知来。别是非，辨义利，正人心，厚风俗，其必由斯。尝谓乐正崇四术，顺先王以造士，为学官之守，此教之在上者也。孔子定六艺、明圣道以俟后，乃素王之业，此教之在下者也。二者固并行而不悖也。[②]

民国以来的现代教育体系遗漏了传道的内容，是我国教育的大病痛，马先生于此感同身受，一向持论甚坚。民初蔡元培掌教育部，马先生应邀为秘书长，因蔡力主废止读经，

① 王国维：《沈乙庵先生七十寿序》，载《王国维遗书》第四册之《观堂集林》卷二三。

② 《复性书院缘起叙》（1939 年 5 月），《马一浮集》第二册，第 1171—1172 页。

两人言同河汉，马先生不久即告归。因此创办复性书院，以经术义理为教，在马固是顺理成章之事。所谓“经”，即是《诗》《书》《礼》《乐》《易》《春秋》“六经”，是为中国文化的最高形态，是大道之本，人的“别是非，辨义利，正人心，厚风俗”的理性养成，舍此无有他途。所以，马先生尝痛乎言之曰：“六经不能废，废经者譬如把火烧天。”[①]

也可以说马先生是为了弘传“六经”之义理道本，养成国人健全的文化人格，为国“造士”，才不得已而应书院之举。他说：“经术义理之学，知者识为无上之家珍，不知者谓为已陈之刍狗。今之所立，不唯与时贤异撰，亦或与旧说殊科。幸值自由之世，各言尔志，无所庸隐。然渊微之旨，既俗所罕闻；淡泊之门，尤众所难附。法不孤起，待缘而兴；德必有邻，须友以辅。所望海内闳达，气类相感，引而教之，扶而翼之，斯道之幸也。”[②]其于书院之创设立义，既已允诺，亦寄望殷殷矣。

本来积极推动书院创办的刘百闵、寿毅成以及教育部，都是要马一浮出任书院的院长，但马先生辞以院长之名，而宁愿以“主讲”的身份主掌院务。他对书院的宗旨和运

---

① 乌以风辑录：《问学私记》，《马一浮集》第三册，第 1169 页。

② 《复性书院缘起叙》（1939 年 5 月），《马一浮集》第二册，第 1173 页。

作方式，有自己一套与时流迥别的主张。在这方面他持见甚坚，他的主张如果不被采纳，他宁肯不出面来办这所书院。虽然创办过程直接得到委员长蒋公以及陈布雷、陈立夫等国民政府高层要员的垂注，并拨款3万元作为建院基金，每年亦有一定的补助，但马先生的学术独立性丝毫未因之改变。他比书院为佛家的“教外别传”，希望当局待之以“宾礼”，以“超然立于学制系统之外，不受任何制限”①。

二 “自比方外而不绳以世法”

复性书院设在四川乐山乌尤山上的乌尤寺，一个风景优美的地方。相传汉犍为郭舍人注《尔雅》就在此地，故山上有景点名尔雅台。马先生居所在山下一条叫麻濠的小溪边，他称其为濠上草堂。讲堂在旷怡亭，学员宿舍在荔枝楼。书院深得地缘之雅。1939年农历九月十七日正式开讲。马先生在《开讲日示诸生》中详阐“常”、“变”之道，说中国遭夷狄侵凌是“事之至变”，力战不屈是“理之至常”；当蹇难之时有书院之设是“变”，书院讲求经术义理

① 《书院之名称旨趣及简要办法》(1938年8月)，《马一浮集》第二册，第1169页。

四川复性书院留影（1942 年，中坐持拐杖者为马一浮）

是“常”。他提出要求：“凡我书院同人，固不宜妄自菲薄，卒安于隘陋；亦不可汰然自许，有近于奢夸。如是则大行不加，厄穷不闵，持常以遇变，不累于物而有以自全其道矣。”又说：“不患不能御变，患不能知常；不患不能及物，患不能尽己。毋守闻见之知，得少为足；毋执一隅之说，以蔽为通。讳言病而拒药者，将不可医；不自反而责人者，必至丧己。骛广者易荒，近名者亡实。”[①]所论书院成立之特殊背景及施教之学理所据，理密虑周，言之谆谆，唯恐

① 《复性书院开讲日示诸生》，《马一浮集》第一册，第 104—105 页。

来学诸生及书院执事人等心存间杂，染上“扬己矜众，并心役物”的“今日学者通病”。

开讲日宣读了“谒圣祝文”，仪式相当隆重。马先生弟子乌以风辑录的《问学私记》，其中有关于复性书院开讲情形的详细记载，兹录以观盛。

> 民国二十八年己卯，九月十七日辰刻，复性书院行开讲礼。是日，院中诸执事黎明即起，盥洗毕，先集学生于户外。由都讲乌以风迎先生至讲舍，先入。讲友、都讲、执事及学生以次入。先生斋庄盛服，立前正中位。讲友、都讲及诸执事分立左右。学生一列在后依序立。由引赞王静伯唱，先行谒圣礼，师生向先师位北面三礼，焚香读祝，复三礼。谒圣礼毕，次行相见礼：一、宾、主相见，先生右立，讲友、都讲、诸执事左立，相向一礼；二、师、弟子相见礼，弟子北面，先生南面，弟子向先生三礼，先生答礼；三、学生相见礼，左右相向一礼。礼毕，由筹备委员贺昌群报告筹备经过。报告后，主讲开示。先生徐步上讲堂，端坐少顷，然后告示曰（开示词省略——引者注）。词毕，复由讲友沈敬仲、都讲乌以风相继致勉词。礼成，肃肃如也，穆穆如也。是日与礼者，主讲一人，讲友二人，都讲四人，执事二人，学生十三人，

司仪一人，引赞二人，读祝一人，知宾一人。礼堂假乐山乌尤寺之旷怡亭。不设位，不释菜，因时制中，唯其宜也。[①]

复性书院开讲日的仪式简单而庄重，但亦透露几分凄凉。学生只有十三人，而且马先生所讲学生亦未必真正听懂。

果然不久诸执事反映，学员们习染太深，恐怕一时不易感化。马一浮告示大家，《法华玄义》里的感应妙有四句：一曰冥感冥应，二曰冥感显应，三曰显感显应，四曰显感冥应。特别是第一句“冥感冥应”，宜细心体会。他说：“感应一理，应不可期其必有，而感则不可不慎。果平日接物教人，纯是一片至诚恻怛之心，教之以正，喻之以义，而好恶勿作焉，则人未有不受感而应者。应在目前或在日后，不可必也。”[②]他认为只要感之以诚，天下就无有不可感之人，亦无有不可格之物。马先生显然是以极单纯之心，来看待这复杂的世界与复杂的人世的，这属于古仁者之胸怀，其情可感。但开讲不到一月，就有四名学员离书院而去，马一浮不免诧异而稍感失望，提出如有志趣不合者，不妨各从所好，去留听便。他说：“吾诚不解此四

---

① 乌以风辑录：《问学私记》，《马一浮集》第三册，第1188—1189页。
② 同上书，第1190页。

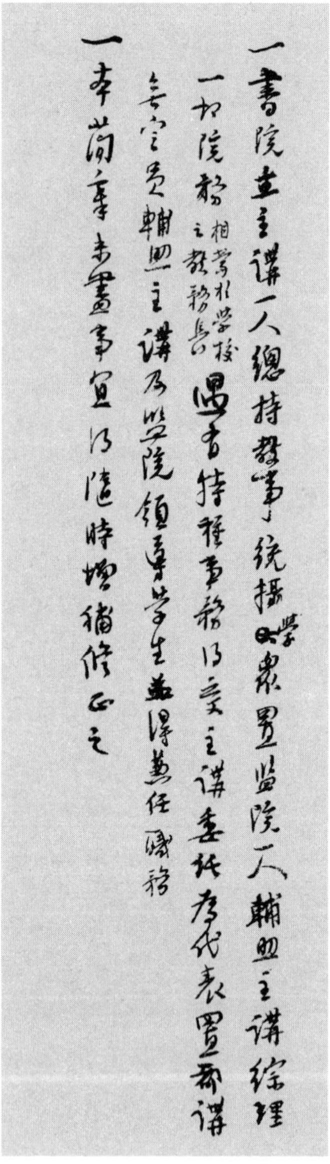

《改定复性书院简章》残稿

人者，何所闻而来，何所见而去。”[①]遂决定从农历十一月一日起，在尔雅台与学生作个别谈话活动，开始每星期两次，每次三人，后改为每旬一次，人数不拘，他想真实了解每个学生的心中所想，以对症下药，因材施教，教学相长。他说这样可以“使诸君无不达之情，而吾亦可知诸君才性所近。即无所请问，亦可共话家常，但勿为无益之言耳”[②]。马先生不愧为毫无间杂的纯儒大德，一旦出任书院“主讲”，就竭尽心力，哪怕“无所裨益，亦当尽其在己”。

复性书院的章程也是马先生亲自撰写，明文规定“求学者须遵守三戒：一不求仕宦，二不营货利，三不起斗诤”[③]。书院之管理分任诸事项，力求简要，只设主讲一人、监院一人、都讲无定员。主讲自然是马先生，监院为贺昌群，乌以风为都讲。这些名称都是马先生仿古例拟定的。本来简章初拟还有“尊贤堂”之设，以对可为士林表率的耆年硕德给以礼敬，此颇类马先生早年提出的通儒院的构想。还有“特设讲座”，由国内公认的“足以启瀹人旨、裨补经术、发明义理”专家担任。至于国内名流学者及各大学教授，其能赞同书院宗旨者，可函请为“书院讲

① 《告荔枝楼诸上舍》，《马一浮集》第二册，第1177页。

② 同上。

③ 《复性书院简章》，《马一浮集》第一册，第763页。

友”。可见马先生悬置的门槛是很高的。另还有“参学人”，书院提供膳宿，来去听便。书院还拟设编纂馆和印书馆，准备编纂《群经统类》《儒林典要》和《诸子会归》[①]。因马先生年轻时有国外为学的经历，对如何建构一个学术团体成竹在胸，而又能够处处体现自己的学术思想。只不过限于条件，很多设想后来都未能实现。但在恪守他所确立的书院宗旨问题上，他绝不肯稍让一步。

马先生赴乐山之前，曾在重庆短暂停留，他晤见了蒋介石和陈布雷以及教育部长陈立夫、行政院长孔祥熙等国府大员。蒋礼重他的学问，专门设宴款待，并表示愿意听到马先生的建言，从容说道：“中正不学，忝主党国，任重事烦，缺失必多，幸识大师，愿垂教言。”马先生说：“浮山野之人，政治军旅之事，素非所习，深愧下问。妄谓国事万机，要在宽简。宽则民附，简则易行。法峻则民散，政烦则民惑。”马先生看蒋似在倾听，于是又说：“野夫陋儒，不堪下问。惟先儒有两句话是否可以奉告？”蒋问：“何言？”马说：“唯诚可以感人，唯虚可以接物，此是治国的根本法。”蒋闻之愕然，没有回应[②]。熊十力先生当时正在重庆，熊、马等几位友人聚会，任继愈先生亦在座，

---

① 《复性书院简章》,《马一浮集》第一册，第 764—765 页。

② 引自马镜泉《马一浮评传》，百花洲文艺出版社，1993 年，第 82 页。

对马先生的印象是："温润和平，休休有容。"与熊先生反其趣，适成对照。任继愈当时22岁，年轻好奇，不免问起对蒋的印象。马先生说："此人英武过人，而器宇褊狭，乏博大气象；举止庄重，杂有矫揉；乃偏霸之才，偏安有余，中兴不足。方之古人，属刘裕、陈霸先一流人物。"[①]刘裕、陈霸先是南北朝时期南朝的两个创立新朝的人物，一为宋主（宋武帝），一为陈主（陈武帝），两人称帝前都有镇压农民义军的经历，刘裕还有过两次北伐的辉煌业绩，只是帝位持续得都比较短暂，刘不到三年，陈仅二年，统一中国的大业与他们无缘。

马一浮对蒋持如是看法，可知他对国家的前途实存有深切的失望感。对其他国府政要，似乎也没有留下多好的印象（可能陈布雷是唯一的例外）。嗣后写给友人的信里，他偶尔谈起在重庆的感受，不无感慨地说："在渝留止浃旬，所见之人不为少，据理观察，终觉前路茫茫，少有希望。一派虚伪苟且之习，毫无忧勤惕厉之意，处此偏而不安之局，岂不殆哉岌岌乎。"[②]不仅流露出焦虑失望的情绪，而且表示了不算不严厉的批评意向。至于对国民政府高层

① 任继愈：《马一浮论蒋介石》，《中国当代理学大师马一浮》（毕养赛主编），上海人民出版社，1992年，第67页。

② 《致吴敬生》第二函（1939年4月4日），《马一浮集》第二册，第886页。

的礼遇与垂注，马先生除答之以礼外，余则视之如无物。他坚持书院必须是独立的学术团体，无论如何不能隶属于教育部之下。

他到乐山之后，曾致信给蒋和二陈（陈布雷、陈立夫），对蒋他强调“书院事义与学校教育殊科”[①]，不必期望很快能见什么成效。对陈布雷则明确提出：“书院性质在现行学制之外，不当隶于教部，不惟与今之学校不同，亦与旧时之书院迥别。”[②]并且强调，即使政府扶植、社会赞助，也须“略如佛氏之有丛林，政府与人民同为檀越，为护法”，不必“以世法相绳”。如果把书院比之大学文科哲学系或国文专修馆，以及比之存古学堂之类，都是“拟于不伦”。他希望陈布雷能够了解他的想法，“处以例外”，否则以他的“山野之性”，书院之任恐怕无法承当[③]。对教育部长陈立夫，更直陈书院性质定位的三原则，希望待之以宾礼：

> 一、书院本现行学制所无，不当有所隶属，愿政府视为例外，始终以宾礼处之。二、确立六经为一切学术之原，泯旧日理学门户之见，亦不用近人依似之说，冀

---

① 《致蒋公书》,《马一浮集》第一册，第 755 页。

② 《致陈布雷》,《马一浮集》第一册，第 756 页。

③ 同上。

造成通儒醇儒。三、愿政府提倡此事，如旧时佛寺丛林之有护法、檀越，使得自比方外而不绳以世法。[①]

创办书院本来是经国民政府最高层直接议准核定之事项，马先生却力主不应有隶属，而作为现行教育体制的一种“例外”，只要待之以宾礼就可以了。本来政府为筹办书院，已给予了拨款，但马先生自比方外，希望将政府的支持视作“旧时佛寺丛林之有护法、檀越”，而不必作为以“世法”相要求的理由。马先生所追寻的，实即学者的人格独立和学术思想的独立，有此前提，方可以谈学术，言教育。

马先生关于书院何以要用佛家的寺庙丛林的方法为之，他在给张立民的信里叙论尤详。他说：“向来儒者讲学不及佛氏出入众多者，原因有二：一、儒者不得位，不能行其道，故不能离仕宦。其仕也，每为小人所排抑。佛氏不预人家国，与政治绝缘，世之人王但为外护，有崇仰而无畏忌，故得终身自由。二、儒者有家室之累，不能不为生事计。其治生又别无他途，不免徇微禄，故每为生事所困。佛氏无此。丛林接待十方，粥饭不须自办，故得专心求道。大德高僧安坐受供养。然其法施无穷，饶益众生不为虚费信施，世俗亦不以为非。因此二端，比儒者缘胜。今欲学

① 《致陈部长》，《马一浮集》第一册，第757页。

者深入，纵不能令其出家，必须绝意仕宦，方可与议。”[①]说得异常坚决，而不愿有些微迁就。

要之是要与仕宦绝缘，以获得“终身自由”，这是深入为学的前提，否则不好“与议”。马先生此种思想主张，与陈寅恪先生所秉持的“独立之精神，自由之思想”，不无异曲同工之妙。但由于力主要用佛氏的方法来办书院，以此大不满意于奋力排佛的韩愈，斥之为：“退之小儒，故有《原道》谬论。”[②]斯又与寅老对韩愈的评价大异其趣[③]。然而马先生的意旨无非是要坚持书院必须属于民间性质，政府提倡支持可以，一定不应作任何干预，因此对昌黎所作之附笔殊属可以理解，当然此语主要根源于马先生一向看重佛氏的学术思想，他不会认同韩愈大力辟佛的主张。

他在写给刘百闵的信里，也表述了同样的意思。他写道：“若浮之至与不至，初无加损也。二氏之学虽衰微，而其徒犹有守之弗失者，以能超然于政制之外。昔之人王但为外护而不予干涉也。儒则讲学有禁，言论自由在今亦尤为虚语。凡事皆有时节因缘，不可强为。因物付物，为而不宰，将来或有是时。今之有国家言政教者，尚未足以语

① 《致张立民》第九函（1938 年），《马一浮集》第二册，第 827 页。

② 同上书，第 827 页“世俗亦不以为非”句下之附文。

③ 参见陈寅恪：《论韩愈》，《金明馆丛稿初编》，生活·读书·新知三联书店，2001 年，第 319—332 页。

于此耳。”[1]看来马先生并非刻意颂美二氏，而是看到儒佛相比儒之局限。因为儒学主“国身通一”之旨，无法摆脱政制的制约，言论自由是不可能的。而且当局并没有懂政教之人，跟他们讲这些道理，他们还不具备资格。这些言论和态度是富有挑战性的，不了解马先生学术真精神者，不会想到他会说出这样一番话。其实这就是马先生的自家学术本色。

这封给刘百闵的信写于去乐山之前，而在马先生到达乐山之后，在致屈文六的信里，再次表明心迹：“平生所学唯在自证，不求人知。忽被业风所吹，送来兹土。书院之议，本非所期，但有可赴之机，亦无不应之理。”[2]只不过他并不怀抱必结出果实之信心，因为他觉得现时人的根器已经堕坑落堑，纵有慈悲心肠，恐怕也无由拯救。马一浮此信直言不讳地谈到了他在乐山写给蒋和二陈的信一事，他说：

> 蒋公及立夫、布雷处亦别有书致之，称臆而谈，绝无隐覆，运心平等，务尽其诚，所谓直心是道场也。但是否契机，殊不敢必，如其触忤，万事冰消，倘或

---

① 《致刘百闵》第一函，《马一浮集》第二册，第 586 页。

② 《致屈文六》，《马一浮集》第一册，第 758 页。

> 相容，诸缘可集，委心任运，何加损之有哉！政府诸公若不提倡此事则已，果诚意提倡，须发弘愿为久远之计，如旧时佛教之有丛林，国王大臣长者居士同为护法，同为檀越，然后可期规模宏远，令法久住，灯灯无尽。儒者旧有之精舍、书院往往不能久长，比之佛氏，实有逊色，因其乏于世财，资粮不具也。今此事本属例外，妄谓当如丛林开山，虽曰称家有无，必假檀施之力始能集事，纵不必涌现楼阁，广聚人天，亦须令椽舍可栖，供养无缺。故望政府指拨基金为天下倡，当有闻而兴起者，则弹指门开，灵山不远，此自是诸公功德，与某无干。[①]

马先生以"直心是道场"的态度，对蒋及二陈亦无所隐，直接提出政府应扮演"护法""檀越"的角色，而不必担负对书院的督导之责。

他这样做是为了维护书院的学术独立。所以他在《书院之名称旨趣及简要办法》中，特别强调"书院为纯粹研究学术团体，不涉任何政治意味"[②]，而后在《复性书院简

---

① 《致屈文六》，《马一浮集》第一册，第 758—759 页。

② 《书院之名称旨趣及简要办法》（1938 年 8 月），《马一浮集》第二册，第 1169 页。

章》中又重申："书院之设，为专明吾国学术本原，使学者得自由研究，养成通儒，不隶属于现行学制系统之内。"[①] 即外国语文、现代科学等科目，马一浮也主张悉不列入。他的这些主张虽未招致当局的公开反对，但倾心认同恐亦未敢必，马先生事实上也无此奢求。

三　因书院宗趣和老友熊十力的争论

为坚守书院之宗旨、途径，马一浮苦口婆心，不厌其烦，不知花费了多少笔墨。让他万万没有料到的是，在学问上一向与他堪称默契的熊十力，对他的办学旨趣提出了激烈的反对意见。

熊十力是当1938年8月书院刚开始筹备时，就被列名的创议人，他对创办书院之举表现出浓厚的兴趣，因此在与马一浮的通信中，两个人不免反复商酌。本来马一浮以为最能理解他的书院构想者应该是熊先生，所以在给张立民的信里讲到欲以佛氏丛林制施来办书院时，特别提到："吾信熊先生必能深了此义，他人吾未敢必。"[②]他没有想到熊先生看了《书院之名称旨趣及简要办法》会不以为

---

① 《复性书院简章》,《马一浮集》第一册，第761—762页。

② 《致张立民》第九函（1938年）,《马一浮集》第二册，第827页。

然。熊的疑虑是按马一浮的设想，使学生与世绝缘，恐将来没有出路。马一浮则认为，书院的宗旨在学道，而不是为了谋食，如果预设出路以为号召，则来学者已“志趣卑陋”。他说：“君子之道，出处语默一也。弟非欲教人作枯僧高士，但欲使先立乎其大者。必须将利欲染污习气净除一番，方可还其廓然虚明之体。若入手便夹杂，非所以示教之方也。”[①]熊十力觉得书院学生应获得一种类似学位的资格，马一浮说：“凡规定一种资格，比于铨选，此乃当官之事，书院实无此权。若令有之，则必须政府授与，如中正之以九品论人而后可，否则为侵越。”又说：“未闻先儒讲学，其弟子有比于进士出身者。若回之问为邦，雍之使南面，此如佛之授记，祖师门下之印可，纯为德性成就而言，非同吏部之注选。”又说：“西洋之有学位，亦同于中国旧时之举贡，何足为贵。昔之翰林，今之博士，车载斗量，何益于人。”[②]马先生这些毋庸置疑的论证式的举证，熊先生看了必不感到快意。

马先生还针对熊先生提出的“如全不养无用汉，乌可尽得人才；世法还他世法，岂可尽得天上人”，以及“国家教育明定出路，世法不得不尔，若无出路，学子失业，将

---

① 《致熊十力》第十三函（1939 年），《马一浮集》第二册，第 537 页。
② 同上书，第 536—537 页。

诡遇以求活”等理由，回答说：“今书院虽受国家资给，然非现行学制所有。即欲要求政府明定出路，亦须俟办有成效，从书院出来人物成就如何，政府自动予以出路然后可，不能由书院径自规定。若虑学生失业将为诡遇，则书院无宁不办之为愈。且今取得大学、研究院资格亦如麻似粟，谁能保其不失业、不诡遇乎。”又说：“兄谓对书院少兴趣，诚少兴也。然不可以少兴而不为，是亦知其不可而为之之一端耳。”言语之间已带有意气，甚至最后有如下的话：“言常患多，今姑置之矣。”[①]意谓话说多了虽然不好，但管它呢，我悉听尊便。

马先生这封信写于1939年农历五月二十四日。六月十六日熊的回函，便表示已决定去西南联大，而放弃书院之约。马一浮对熊的决定深感失望，七月一日回信说：“今兄欲弃书院而就联大，固由书院根基未固，亦或因弟持论微有不同，故恝然置之。平生相知之深，莫如兄者，兄犹弃之，吾复何望。此盖弟之不德有以致之。弟之用心，初不敢求谅于道路，所以未能苟同于兄者，亦以义之所在，不容径默，绝无一毫胜心私意存乎其间，此当为兄所深信者。”[②]

---

① 《致熊十力》第十三函（1939年），《马一浮集》第二册，第538页。

② 《致熊十力》第十四函（1939年农历七月一日），《马一浮集》第二册，第540页。

信的末尾仍恳邀熊十力来乐山共相勘办。熊十力于是又在七月四日致马一浮一函，其中有于“理”应该来书院，于“势”则有所疑的话。马一浮回复说：“兄之来与不来，但当问理，不须问势。”又说：“书院为讲习之事，有是非而无成败。今兄乃以成败为忧喜，此非弟之所喻也。且兄既悯弟之陷于泥淖，以理则当振而拔之，而兄乃以翱翔事外为得，此亦非朋友相爱之道也。”[①]此是晓之以理。接着又动之以情，继续写道：“兄见教之言，弟即有不契者，未尝不反复思绎，知兄相厚之意，实余于词，何敢负吾诤友。但望兄于弟言，亦稍措意焉。察其推心置腹，无或少隐，犹不当在弃绝之科。如是，则兄意可回，必不吝此一行矣。”[②]还是诚恳相邀熊十力能够来书院共襄其事。

有意思的是，熊十力阐述不来乐山的理由，其中还谈到了有关“风水”的问题，认为自己如果入川，方位不合，可能不吉。马一浮回复说：“阴阳方位之说，使人拘而多忌。东看成西，南观成北，岂有定体。世俗命书，弟亦曾浏览及之。兄甲木曰元，木曰曲直，就金方，乃成梁栋之用，非不吉也。若弟为丙火日元，日之西沉，以俗言乃真

---

① 《致熊十力》第十五函（1939年农历七月十二日），《马一浮集》第二册，第540—541页。

② 同上书，第541页。

不利，然弟不以为忧。日之西沉，非真沉也，明日复生于东矣。日无出没，世人见有出没耳，此何足计哉。”[①]其实马先生于堪舆相术之学，十分精通，这方面熊先生更不是他的言辩对手了。对于熊十力所说的书院有寺院式的缺点，马一浮说，学子虽不多，但续有恩来，如果熊先生能够在这里，则不患书院会奄奄无生气。

两位老友争论得煞是有趣，几令人忍俊不禁。但争论归争论，马一浮还是一意要请熊十力前来，于是在1939年农历七月十二日的信里，附上了正式聘任关书，并100元国币，作为熊先生来乐山的舟车之费。可是7月11日熊十力的来函，又对书院的旨趣提出质疑，马于是在7月17日作书再予答复。

熊十力的信中涉及“尊德性”和“道问学”的问题，熊以为马有“驰心杳冥”而“遗弃事物”的倾向，马回答说并不是这样，只不过“本末先后，不容不有次第”罢了。他说现在的问题是，时人之病是浅薄混乱，所以要提持向上，“若必以随顺习气为契机，偏曲之知为致用，则现时学校之教亦足矣，何必立书院讲六艺邪？”[②]熊又提出，他尤

---

① 《致熊十力》第十五函（1939年农历七月十二日），《马一浮集》第二册，第541页。

② 《致熊十力》第十六函（1939年农历七月十七日），《马一浮集》第二册，第542页。

其不能赞同把书院办成寺院式，认为这样做根本行不通。马回复说："弟往日诚有是言，意谓书院经济当为社会性，政府与人民同为檀越，同为护法，不受干涉，庶几可以永久，乃专指此点言之。无可比拟，乃比之于丛林耳。非欲教学生坐禅入定也。"[①]马一浮此信还谈到了中外教育史，他写道：

> 宋初四大书院，实有近于此（盖用半官款，而用在下之学者主之，不命于学官）。其后私人自主者，如象山之象山精舍，朱子之武夷精舍，乃与禅师家住山结庵无别。所以不能久者，亦由于经济条件缺乏之故。今人艳称英之牛津大学，彼亦由中世纪教会之力所植养而来。儒者专以明道为事，不言檀度，故以规制言之，实与彼有逊色。然道之显晦，初不在是。侈言涌现楼阁广聚人天，末了亦只是以广厦养闲汉，何益于事。若今书院之寒俭，乃犹不得比于茅庵，何有于寺院。弟以为教人若能由其诚，庶可使人能尽其才，虽成就千万人亦不为多，即使只成就得一二人亦不为少，扩大到极处，亦丝毫无足矜异。兄意必期扩大而后乃

---

① 《致熊十力》第十六函（1939年农历七月十七日），《马一浮集》第二册，第542页。

> 肯至，以弟为安于狭隘。弟虽陋，或不自知其陷于狭隘，然谓自始即以狭隘为心，此言乃非知我。[①]

马一浮对书院的主张，在存乎独立，即使条件差，也不以为意，而反对在条件不具备的情况下轻言扩大。相比之下，熊先生则未免过于理想主义，因此责怪马先生安于狭隘，并说如不扩大就不便前来，这倒真的是误解马先生了。

马一浮针对能否扩大的问题回应说："谓吾智小不可以谋大，力小不可以任重，弟当自承其短。若谓弟以狭隘之心量距人，兄此言或稍过矣。扩大之计，第一即要经济条件，泥多佛大，水涨船高，俚语有之。弟既无福德，亦无神通，所谓风之积也不厚，则其负大翼也无力。"[②]显然熊十力以为，当局既然支持马一浮，就可以趁此良机把书院办大，办成国家的书院，其实这是熊先生的过于天真的想法。马则十分清醒，深知当局并不一定真正支持他办一所他想办的那种类型的书院，自始至终对这一点他都有清醒的认识。而且当局即使真的支持，他也无意办一所官方的国立的书院。他说："议者或疑当轴以书院私我，弟决不

---

① 《致熊十力》第十六函（1939年农历七月十七日），《马一浮集》第二册，第542—543页。

② 同上书，第543页。

致以书院自私，此可不置辩。但以目前经济毫无基础，欲言扩大，其道末由。兄意欲使变为国立，此亦无从提出。纵使或有可能，则当隶属于现行学制之下，而弟前此所提之三原则，全成废话。欲不受干涉，必不可得矣。”[①]马一浮坚持，书院不受任何干涉的这一原则立场，无论如何不能有所改变，他坚决地声明：“此书院立场，不可改易。”[②]

熊十力的信里，还希望马先生以蔡元培为榜样，做到“兼容并包”。马一浮对此回答说：“蔡孑民之兼容并包，弟亦深服其度，但其失在无择。彼之所凭借者北大也，以今书院比之，其经费乃不逮十之一，而兄乃以蔡孑民期我，吾实有惭德。非不能为蔡孑民，乃愧无吕洞宾之点金术耳。此是笑谈，兄勿嗤其近鄙。比如贫家请客，但有藜藿，坐无多人，今乃责其何不为长筵广坐，玉食万方，使宾客裹足，为富人所笑，此得谓之近情否？今日之事，无乃有类于是。兄以狭隘见斥，今事实实如此，弟亦无词。但谓弟意志即系狭隘，不肯开拓，则兄不免于误。弟即不肖，未致如此。兄若因是而不来，则十余年来以兄为能相知，亦是弟之误。”[③]马先生已经意识到，一起参加筹备书院诸人

① 《致熊十力》第十六函（1939 年农历七月十七日），《马一浮集》第二册，第 543—544 页。

② 同上书，第 544 页。

③ 同上。

其实并不见得对书院有真认识，即对他本人也谈不上有深切的了解。言下之意，相知十余年的熊先生对自己也不能算作有知。所以他说："兄犹如此，何况他人。弟从此亦将藏身杜口，不敢更言学问、更言交友矣。"[①]流露出悲伤难过的情绪。但信的末尾还是以宽谅的态度坦诚陈词："总括言之，兄之所诤者，皆出于爱书院与爱弟之厚，即有未能苟同者，何能不接受兄之善意。乃若以狭隘为弟之意志，因而弃之不肯来，则弟实不能承此过。"[②]

马一浮致熊十力信里所表现的学养深厚的论辩精神、宽博的胸怀和措辞遣意的理明、情切、意真，使熊十力无法继续固守己见，最后决定还是前来乐山参与书院讲习之事。马得此讯息，欣悦不已，立即回书："昨晚得兄飞示，允于旧历六月望前首涂，为之喜而不寐。馆舍一切，已嘱二三子速为预备。日来水涨，船行益利，愿速驾，勿再淹留。"[③]并言及 7 月 17 日长函的直切，说："十七日奉答一函，因兄开谕之切，弟亦不可不掬诚以告，其中言语或过于径直，非出词气之道，虑或滋兄不怿。然吾辈相交，固当推心置腹，何事不可尽言。

---

① 《致熊十力》第十六函（1939 年农历七月十七日），《马一浮集》第二册，第 544 页。

② 同上书，第 546 页。

③ 《致熊十力》第十七函（1939 年农历七月二十日），《马一浮集》第二册，第 547 页。

即兄认为不当，因而指斥，乃是朋友切切偲偲之意。弟虽不德，何致不能服善，知兄之决不吾弃也。”[①]马先生的眼前顿时绽放出光明。两人虽争论得如此激烈，熊先生仍为马的信中流露的友情所打动，终于在1939年农历七月底左右来到四川乐山，并参加了农历九月十七日的开讲日活动。

但没过多久，熊、马矛盾又起，不独对书院如何办的见解不同，对书院的接待安排以及环境简陋等，熊亦甚有意见。而且中间发生一意外事故，即日寇空袭乐山，熊先生住所着火，左脚亦受伤，增加了他的焦虑和不祥之感。马与熊曾长谈过一次，但效果似乎不够好。大体熊先生以“义气”，马先生以“义理”。而争论之问题，则是书院之章制是否需要改革的问题。熊主张改革章制固然不能认为不对，但在马一浮看来，如变更章制，就不是他出面想办的书院了。熊于是决定立即离开书院。这给马先生带来了情感的伤痛。当他得知熊有“去志”时，曾写信给熊，痛而言之曰：“书院事不待追论，皆由弟无福德智慧，不能取信于人，故令寒俭至此。然兄之来，自是为学术、为道义，与后生做饶益。不独为朋友之私，补弟之阙失而已也。不意遭此巨变，弟不能慎防虑之道于事先，又不能尽调护之

---

① 《致熊十力》第十七函（1939年农历七月二十日），《马一浮集》第二册，第547页。

责于事后，咎无可辞，兄之见责，宜也。诸子事忙，遂或于承事之际有忽。此亦由弟思虑不周之故。向后兄有所需要，径请直说，苟为弟力所能及者，必当为兄谋之。但望兄切勿萌去志，勿再言去，使弟难为心。”[①]其伤痛难过之情溢于言表，但终不能阻止熊的离开书院。

熊十力离开复性书院的时间约在1939年农历十月下旬。继熊之后，学问上被马一浮称许为“才隽可喜”的贺昌群（字藏云），也随之离开了书院。这不仅足为马先生伤痛，简直是蒙受打击了。贺的离开，主要是在办院宗旨上，与马先生不同，而与熊先生的看法比较相合。叶圣陶当时也在乐山，他与贺昌群曾同为浙大同事，因贺的介绍，得以认识马先生。他对马先生称颂备至，但已约略觉察熊、贺与马持见的不同。他在1939年9月16日写给夏丏尊的信里提及：

> 复性书院尚未筹备完毕，而贺昌群兄已有厌倦之意，原因是意识到底与马不一致。昌群兄赞同熊十力的意见，以为书院不妨众说并陈，由学者在善而从，多方吸收，并谓宜为学者谋出路，令习用世之术。而马翁不以为然，谓书院所修习为本体之学，体深则用

① 《致熊十力》第十九函（1939年农历九月九日），《马一浮集》第二册，第548页。

自至，外此以求，皆小道也。近来他们二位谈话已不如在泰和、宜山时之融洽。[1]

叶圣陶是一醇厚的学人，其作为旁观者的叙述应符合事实。他本人对马先生的“六艺统摄一切学术”的主张，也不能理解。主要是对书院办学旨趣持见的不同，致使熊、贺与马分途。马先生曲高和寡，其深邃的思想、超卓的识见和学理上的超越精神，即使志同之学术友人，也未必理解于万一。

熊十力、贺昌群都是书院的筹备委员，贺的办事能力尤强，曾任书院的监院，开始租赁屋舍等事宜都是贺昌群所为。书院的其他筹备委员还有陈布雷、屈映光（文六）、陈其采（蔼士）、寿毅成、刘百闵等。所以马先生在熊、贺离去后写信给屈文六，告知前后情状和他此时的心境。首先对重庆当道于书院开讲后，不及时给予经费的支援表示不满。他说：“若以拙野之言为不合时宜，不餍人望，亦当有以处之，未可于开讲甫及两月之间，而遂弃之若遗也。”[2]然后谈及熊、贺离去之事，写道：

---

① 叶圣陶：《与马一浮先生交往琐记》，《马一浮遗墨》附录，华夏出版社，1991 年，第 213 页。

② 《致屈文六》第七函（1939 年农历十一月九日），《马一浮集》第二册，第 679 页。

> 浮德不足以领众，学不足以及人，才不足以应变，每深自引咎，未遑责人。而熊逸翁以主张不同，形神躁扰，贺藏云以义理非要，意趣参差，先后决然言去，留之不可，此诚始意所不及料者。盖二君于书院之所以为教，皆意主更张，以浮言为空疏无用。浮再三申譬：关于论学，未尝自专。但简章所定，二君当时并无疑义。今即亟欲更张，当俟百兄来山，从容讨论。浮既无能为役，亦当去就分明，非不肯徇二君之志。而二君怫然遽行，将谓浮迂拘不能容纳。浮之用心，初未敢有负于二君也。倘百兄早来商定大计，于彼于此，必有所择。盖浮之语默，初无增损，而书院宗趣，不容不定。①

熊十力和贺昌群的遽然离去，实是复性书院开讲后发生的一件不小的事情，此事使马一浮陷入一定程度的困扰，社会舆论也未必对马先生有利。但马先生自知问心无愧，彼此之间纯是宗趣和理念的分歧，去留缘于对书院的不同理解，而不能由马先生来担负全部责任。即便有人因宗趣不同而离开书院，马一浮仍认为他所确定的书院的理念是正

① 《致屈文六》第七函（1939 年农历十一月九日），《马一浮集》第二册，第 679 页。

确的，不应擅改书院的宗旨。

熊十力离开乐山之后，马一浮亦曾有信给熊，其中写道："所憾者，弟德不足以领众，学不足以教人，才不足以治事，遂使兄意不乐，去我如此其速。然自返于心，实未尝敢有负于兄也。怅惘之怀，靡言可喻。"信的结尾处马先生情不能禁，深情地写道："兄去后空山寂寥，幸有敬兄可与共语。霜寒风急，益令人难为怀也。"[①]可见马先生在熊十力走后多么凄清寂寥。然而当他接到熊十力1939年农历十二月一日的来信，他知道问题并没有那么简单，不是自责难过能够挽回的。原来两人不只是意见分歧、宗趣不合，还有熊先生听信了谣言造成的隔阂。马一浮失望了，他在回复熊的信里说：

> 十二月一日来书，乃知获罪于兄者甚大。凡兄所以见诟者，皆弟之疏愚所不及察，是固由弟不德有以致之，初不料朋友之道至于如此。人之相与，其难乎为信也。兄被灾之后，弟未能尽调护之力，此过前已自承。至兄误听流言，以为弟于兄妄有所訾议，使兄不能不亟去，此则弟所万万梦想不到者（上堂教学生

① 《致熊十力》第二十二函（1939年农历十一月五日），《马一浮集》第二册，第549—550页。

> 善听兄言，初不知此语亦成罪戾。真是转喉触讳矣）。睽之上九曰："见猪负途，载鬼一车，先张之弧，后脱之弧。"兄之多疑，无乃有似于此。今亦不须申辨，久之兄当有自悟之时。然念兄杂毒入心，弟之诚不足以格之，亦深引以为戚。今兄虽见恶绝，弟却未改其初心也。[①]

这封信看得出两人确实已经闹翻，在熊十力为"恶绝"，在马先生虽未"恶绝"，恐怕也是大为不愠。"杂毒入心"四字为佛家语，其责斥的分量是很重的。自此之后，这两位新儒学的领军人物便少有往来的信函了。

但他们彼此仍有关切，马先生宁愿相信熊十力的"怫然遽行"不过是佛五行中的"婴儿行"，所以《送熊十力之璧山》有句："行是婴儿安有悔，心如墙壁岂能瞋。"[②]对老友表示谅解。马先生后来给弟子的信中，也经常问起熊先生的情况，尤其50年代以后更复如是。1950年致云颂天信问起："梁先生是否返蜀？熊先生闻已赴京，想时通问。"[③] 1952年致云的信里又问："熊、梁二先生颇常通书否？动定亦希以时见

---

① 《致熊十力》第二十三函（1939年农历十二月七日），《马一浮集》第二册，第550—551页。

② 《送熊十力之璧山》，《马一浮集》第三册，第810页。

③ 《致云颂天》第十一函（1950年），《马一浮集》第二册，第815页。

告。”[①]1959 年又问云：“熊先生著书不辍，想时通问。”[②]1963 年，马先生已经八十有一，还告诉云颂天：“熊先生亦尚健。梁先生去年曾过杭一面。”[③]虽是片言只语，却有拳拳之殷。

1949 年国共两党政权交替之际，马一浮还写过两首寄怀熊十力的诗，一首作于 1949 年，一首作于 1951 年，兹抄录如次：

寄怀熊十力广州（1949）

自废玄言久不庭，每因多难惜人灵。
西湖别后花光减，南国春来海气腥。
半夜雷惊三日雨，微波风漾一池萍。
眼前云物须臾变，唯有孤山晚更青。[④]

寄怀熊十力（1951）

眚眼观空息众缘，悲心涉境定无偏。
离怀可忆西湖水，时论犹窥一线天。
入俗知君能利物，捐书似我欲忘年。
别峰他日如相见，头白归来守太玄。[⑤]

---

① 《致云颂天》第十二函（1952 年），《马一浮集》第二册，第 816 页。
② 《致云颂天》第十三函（1959 年），《马一浮集》第二册，第 817 页。
③ 《致云颂天》第十四函（1963 年），《马一浮集》第二册，第 817 页。
④ 《寄怀熊十力广州》，《马一浮集》第三册，第 500 页。
⑤ 马一浮：《寄怀熊十力》，载《蠲戏斋诗辑佚》第 18 页，台北印行。

两首诗都流露出因世事变迁而生发的感慨，马先生在向熊先生告示自己的心境的同时，对往日的老友充满深沉的怀念，并相期不改为学之初志。嗣后1954和1955年也还曾有诗寄怀，再后就不见具体的文字联系了。

马一浮和熊十力围绕复性书院的创办及其宗趣所做的争论，特别是马一浮回复熊十力的信函所阐述的理念，最能见出这位学术大师的思想信念和独特的节操，而这些应属于马一浮学术思想的重要组成部分。他坚持书院不应隶属于教育部、必须独立于现行教育体制之外的恪守学术独立的精神，他的无丝毫间杂的学术信仰，他的“语默出处，贞夫一也”的处事态度，都使他成为中国现代学术史上令人景仰的典范。熊先生和他相比，未免觉得在学理之纯粹和自性之守持方面不能不稍占下风，虽然，熊先生之学问义气自有人不可及的伟大处，马先生固从未轻看也。

四　围绕书院独立发生的困扰

复性书院的创办，在马一浮的一生中，是绝无仅有之事。兹举之功过是非、成败得失，当时后世有甚难言之者。马先生本人，虽并无功过、是非、得失之计较，他的态度是无减无增，“语默出处，贞夫一也”；但由于书院开办不久即陷入困境，马先生身处主讲位置，确实也不能完全超然于物事之外。

最大的困难是经费不足。1939年农历九月十七日书院开讲后，当年八、九两月的日常费用勉强拨下，十月、十一月的经费却迟迟不得下来。马先生写信给刘百闵呼吁：“转瞬十一月又尽，倘再久悬，则有枯鱼之叹矣。平生不言阿堵，今为书院故，乃数数道之，亦自憎其近鄙。以不问经济之人而为是言，岂得已耶？”[①]此信写于11月5日。一周后的11月13日，在写给寿毅成的信里也说：“书院基金及经常费皆尚为悬案。十月以来，即已搁浅，此或非创议诸公及贤辈之初心。屡函文六、百闵二君，至今尚未有着落。”[②]12月3日又致函寿，写道：“今基金既屯膏不下，经常费亦停顿不来，向非于开办费项下撙节之余稍有留贮，则十月、十一月两月以来，早已有在陈之忧矣。今若再悬不决，则截止本年阳历十二月底，将索之于枯鱼之肆，此岂贤辈之始意邪。”[③]经费窘急使得马先生心急如焚，千呼万唤，到当年年底，始有“江东子弟之数”（马一浮诙谐语，指八千元）渡江入于帐中，是为十月、十一月的日常费用。那么十二月呢？马先生说：

---

① 《致刘百闵》第五函（1939年），《马一浮集》第二册，第589页。

② 《致寿毅成》第五函（1939年11月13日），《马一浮集》第二册，第908页。

③ 《致寿毅成》第六函（1939年12月2日），《马一浮集》第二册，第909页。

“十二月份已转瞬月尽，是否同时并领。此后每月经常费领取手续，务望切实与部熟商，须有定期，不致悬欠，方可继续。否则一厄方解，一厄又来；日日过除夕，笔笔须借垫，决非事体。”[①]实际上，“一厄方解，一厄又来”，是马先生当年主持复性书院而常为经费所困情形的真实写照。

1940年第一季度，头一年的补助经费终于发放下来。但同年三、四两月的日常费用，则为茶叶公司所垫付。寿毅成是浙江诸暨人，曾留学美国哥伦比亚大学，未毕业即因父病回国。乃父要他一定拜马一浮为师，马先生未即许，寿跪哭不起，只好收下。书院之议，寿是最早推动者之一，地址在重庆的中国茶叶总公司与寿有业务上的关系，马先生在宜山讲席时，即收到过寿的资助款项，马先生表示，如系寿之私款他可以接受，如教育部所赐，他绝不接受。有关书院的相关问题，马给寿的信无话不谈。书院议始之处，曾有筹备委员会之设，至1940年初，又有董事会筹建之议，至三月组成了由屈映光、陈蔼士、陈布雷、叶楚伧、周锺岳、陈果夫、邵力子、刘百闵、沈敬仲、寿毅成等组成的董事会，系在原来筹委员会的基础上所组成。后来又补入沈尹默。马先生极力推荐谢无量为董事，很迟才补入。

---

① 《致寿毅成》第七函（1939年12月9日），《马一浮集》第二册，第910页。

屈映光任董事长，陈蔼士任副董事长，刘百闵任总干事。同时拟聘请名誉董事，所列名单多至六十人，马先生深不以为然，在给寿毅成的信中写道："开列名誉董事六十人，未必皆有爱于书院。虽云分批致聘，恐创议人亦病其太丘道广，不胜笔札之烦。鄙意名誉董事将来似可由董事会公推函聘，不必经创议人致聘，但未知公等改订董事会章程如何规定。若其人于书院毫无认识，且或有闻而掩耳者，泛泛攀援，彼即不加拒绝，又何益于事？故期期以为不如宁缺而无滥之为愈也。"[①]显然马先生以为，既为书院的名誉董事，则至少对书院之所为须有认知，而不应以此为攀援，否则就于事无益了。董事会也许认同了马先生的主张，名誉董事后来事实上没有正式设立。

复性书院自 1939 年 9 月开讲，至 1940 年上半年，不到一年时间，马先生主讲的课程，已经次第展开。继前面提到的《开讲日示诸生》，续有《复性书院学规》和《读书法》两课，主要传授进学的观念和进学的方法，类似于读书为学的"发凡起例"，也可以看作是马一浮学术思想的一个纲领。接下去讲授《群经大义》。1939 年底，《学规》和《读书法》合刊一册，分送给爱好书院的友人。这期间，董

---

① 《致寿毅成》第十四函（1940 年 5 月 24 日），《马一浮集》第二册，第 915 页。

事会总干事刘百闵尝前来探望，此举令马先生稍感安慰。第一个寒假过后，学员人数增至二十余人，住院就学者二十一人，院外参学者六人。董事会有人提出置学田和扩校舍的建议，碍于经费，虽无法实施，但关心之诚，足以感人。书院的运行渐次转为平稳有序，至少不像开讲之初，为经费迟迟不到让马先生心急如焚。

但到1940年的年中，又发生了一件让马先生更加不愉快的事情：教育部以拨发经费为由，要求呈报书院全体人员的名录，并提出要审核书院的教材，这就在事实上把书院完全置于教育部的统管之下。马先生大为震惊，也极为愤慨，于是写信给总干事刘百闵，郑重陈词：

> 前月得教部巧日代电，似以隶属学校视之，浮意颇不怿。念此或系主稿者不察之误，非出陈部长本意。在书院立场，于此不容默尔，宜将原电封还，又嫌过于不逊。去年陈部长本许以宾礼相待，一切不加干涉，是以承命。今若此，是无异驱之使去也。顷将原电抄呈，附致陈部长一函，请赐览。书中词旨自有分寸，并非傲诞。不欲径寄教部，免落记室之手，以官样文章相答。敢烦左右因陈部长燕闲之暇，婉为达之。如其未喻鄙意，并恳代为解释。若部中必须责其呈报，则浮唯有坚决请辞。岂可以六经之教材，尚待部员审

核，伊洛之学理，乃与博士同科。至著籍学人，本不侪于卯簿，山中讲友，又何预于铨衡。几见征履历于河汾，询巢由之资格者，将非旷古之奇谈邪。时人诋訾书院者不乏，若诸公因而致疑，尽可加谴责于浮一人之身，不必因此而废书院。①

马先生之意绝不容许把书院置于教育部的完全统管之下，他宁可辞职，也不愿看到书院宗趣的丧失。至其审核教材云云，马先生的驳论尤令人忍俊不禁。他说难道以"六经"为教材，还要教育部的部员来审核吗？是不是河汾之学的代表人物王通也要交出自己的履历？古代的隐者巢父和许由，莫非也要接受资格审查吗？这不是旷古未有的大笑话？

马先生写给教育部长陈立夫的信，同样直言无隐，明确表明无法接受呈报讲学人员履历及上报教材一事。他说："前与公有成言，对于书院始终以宾礼见待。近奉贵部前月巧日代电，询及讲学人员履历，及所用教材，嘱分别造报，有'送部备核'语。是非所施于书院也。夫诵诗读书，非同课吏，明伦察物，亦异分工；既荷含弘处以方外，似不在呈报之列。故马、郑著录，不居汉廷博士之科，游、夏所传，亦

① 《致刘百闵》第十一函（1940年），《马一浮集》第二册，第596—597页。

非鲁国师儒之守。今若数及学众，则不乏四方咨访之贤，不定限于住院诸生也。举及教材，则一以群经义说为主，未暇及于时人之论也。以云考核，当以俟之程朱；若有怀疑，惟是折中孔孟。傥部中视同学校，以工作报告见绳，不如罢之之为愈。恐奉行者或未深喻公意，是以有此，恕不一一具复。公既持本位文化之说，又怀尊师重道之心，请以书院为例外，聊存中土先儒自由讲学之遗风，是亦民国之美谈，无损于大体，而有造于将来。凡属士林，孰不仰公之德化。若物议以某所讲论为非，不当见容于有道之世，则请明白宣示，撤去皋比，别延名德主持讲事。书院之存废为重，个人之去就为轻，此其取舍亦唯公命之。夙以公为知言，故忘其戆直，罄言如此，亦不敢有隐于君子也。"①措辞虽婉转，态度极强硬，在书院不应隶属于教育部、索报讲学人员履历及询及所用教材为非宜所施问题上，未作丝毫退让。

试想信中"以云考核，当以俟之程朱；若有怀疑，惟是折中孔孟"的独特措辞，表达的是何等强硬的态度。实际上是说教育部的部员，根本没有资格对书院的教材做什么"考核"。此信写于 1940 年农历七月六日。至年底，12 月 1 日，再次致信陈立夫，便正式提出辞去书院主讲一职——

① 《致陈立夫》第三函（1940 年），《马一浮集》第二册，第 583 页。

自开讲以来，一年有半，粗举群经大义以为说。虽复夙夜忘劬，尚于学人未有深益，而年衰力绌，实难为继。炳烛之明，既有惭于窥牖；蹄涔之水，亦无导于先河。徒膺知困之忧，更背括囊之训。窃自惟省，分当及时引去，以免咎戾。不敢虚靡廪饩，贻误后学。务恳俯鉴下情，与董事会诸君商榷，别延名德来主讲事，使书院得继续维持，诸生亦易于兴起。国内通儒显学，不乏其人，起敝扶衰，必能远过朽拙。浮之去就，无关重轻，望念其笃老，俾得就闲。[①]

马先生的请辞自是真情表达。早在书院开办之前，马先生就对丰子恺说过："书院如能完全独立，不受任何干涉，则吾亦为之。不稍假借，亦自有其立场，若有丝毫未安，决不徇人以丧己。"[②]他的立场受到了挑战，所以决定辞却主讲以实现"决不徇人以丧己"的自性目标。

马先生的请辞虽未能获准，董事会诸人以及教育部长陈立夫等首脑人物意识到，无法不给予书院以相当的支持了。首先是经费补助，得到了董事会的直接关注。1940 年

① 《致陈立夫》第四函（1940 年 12 月 1 日），《马一浮集》第二册，第 584 页。

② 《致丰子恺》第十三函（1940 年），《马一浮集》第二册，第 573 页。

8月30日，董事长屈文六致函马先生，具体探讨书院基金如何筹措等问题，包括可否购置学田，以为长久之计。尽管马先生认为此事“众缘未集，物力维艰，即举现有基金尽数营此，犹不足一顷之田”①，但毕竟是在筹谋比较长远的解决之道。其次，董事会提出了办预备班的构想，并拨给了一万六千元的补助经费。为此向乌尤寺租山地一块，以备随时应用，期限三年，地租一千二百元整。到1941年上半年，每年补助经费已增至七万二千元。经研究黑格尔的专家张真如（1887—1969）的努力，四川省政府后来亦参与到赞助书院的行列，每一学期以一万元给书院以补助，1941年1月开始到款。故马先生在1941年5月23日致董事会的一函件中，至有“赖创议诸公提倡，暨今董事会诸公护持不可谓不力”②之语，可知当时的情形，为支持书院，董事会是下了一番力气的。

五　马一浮决心辞去主讲

马先生所坚持的书院的旨趣，在社会上固然未能得

① 《致屈映光》第十一函（1940年8月30日），《马一浮集》第二册，第682页。

② 《答董事会》（1941年5月23日），《马一浮集》第二册，第1074页。

到应有的积极响应，学术文化界亦少有认同者。所以董事会的陈蔼士一度提出将书院改为国学院的建议。马先生认为改称国学院亦未尝不可，只是关键在于体制，而不在名称。书院应超出现行教育体制之外，是马一浮终始不变的主张。然而当董事会的支持加大了之后，马先生的直接感觉是，书院越来越像学校了。就是在上面提到的 1941 年 5 月 23 日致董事会的函中，马先生对书院的现状和前景做了长篇“附陈”，其要点为三大项。在第一项中，他重申复性书院的创办旨趣，写道：“书院讲习旨趣本与今时学校迥乎不同，过去之缺憾，约而言之，乃在所采方式，不期而有类似学校之处。”[①]书院创办以来，马先生所耿耿于怀者，实在此。而在一般人士心目中，书院亦直是一所别种形式的学校耳。即所在之学员，“虽知书院不可以求禄利，其视经术义理之学，亦认为此是另一种知识，其求之之法，亦与在其他学校无异”[②]。学员中自不乏高自期许者，但也是“以能作考辨之文而止”，对书院所要求的“求端致力之方、进德修业之要”，并不能做出回应。这让马先生极为失望，故此信中有下面一段表达他的失望心情的话：

---

① 《答董事会》(1941 年 5 月 23 日),《马一浮集》第二册，第 1075 页。
② 同上。

> 虽浮不惮辞费，终觉劳而少功，未见其进。是以望之弥切，忧之愈深。盖由诸人根柢不一，趣舍亦异，各安所习，猝难变化。而浮不善教之过，实不容辞。此所以亟思避席而深用自疚者也。别求善道，当以俟之后来达者。[①]

盖已萌生之退意，似有不可回转之势。当然，如果按书院的既定宗旨，“将近似学校之方式，一切去之，不独被以闻熏，务令解除习缚，庶可渐期得人，而易于收效”[②]，但事实上无此可能。

马先生“附陈”的第二项，是开讲两年来授课的情形和如何收束的意见。群经大义既已讲明，如进而专治一经，或兼综诸学，必须另聘专门讲席，但书院之经费以及设备，均不可能有此条件。至于生员肄业年限，暂时定为三年，其实本不该设年限，“善悟者，或一日之谈受用已足。不善学者，虽三十年亦无入处”[③]，经术义理之学，是“枯淡之业”，依常情论，也不会有人愿意长久在这里。因此群经大义讲完，就该告一段落了。最迟到本年 12 月，生员应听其自归。其所写文字可取者，可选录入于《吹万集》，为之印

---

① 《答董事会》(1941 年 5 月 23 日),《马一浮集》第二册，第 1075—1076 页。

② 同上书，第 1076 页。

③ 同上。

行。对书院两年来之经过，拟辑印《书院纪》一编，以为总结报告。“附陈”之第三项，为今后学院的规制如何变通：“直截言之，学校方式不可采用，是其一；政府补助经费，不可以隶属机关相待，是其二。”[①]马先生说，这“实为最要之关键”。新儒学的义理大师对学术独立之宗旨的维护与坚持，可真是到了一往无前、毫不退让的地步啊！为此，他不知给董事会的诸成员以及陈立夫、陈布雷，包括最高领导人蒋公，写了多少反复申明原委情由的信函。

此三项“附陈”，马先生意犹未足，又特别提出“应废者三事”、“应改设者二事”和“应存者二事”。

“应废者三事”为：

（一）停罢肄业，废除膏火制。无一定名额、年限，以绝滥竽。

（二）辞免参学人及院外听讲，以谢闲客。

（三）不用定期讲授法，亦无寒暑假，学人听其来往无定。单重个别谈话，以示异于呆板灌输之方式。（但自由讲座及外宾来院，得暂开临时讲会，不在此限。）

“应改设者二事”为：

（一）改设执贽受学例。此项资格应极严，必须具有相当根柢，志学笃实，介而后见，屡经勘验，然后许之。得

① 《答董事会》（1941 年 5 月 23 日），《马一浮集》第二册，第 1077 页。

令短期住院，供其膳食。住院期间，以一个月至三个月为限，但许其逾时重来。如此更番迭至，予以方便而无定期拘碍之患。虽有职业者，亦可因假来集，摄机或可稍广。纳赞但以表诚，非同学费，多寡听其自愿，不为之限。所收贽入，悉充书院刻书费。

（二）改设自由访问例。此项资格不妨极宽，但有介而来，俱可接见。唯访问次数过频泛应无益，以连续至三次为限，不能住院。

"应存者二事"为：

（一）存通讯问学例。此简章所无，然自书院成立以来，即有此一类机，时时寄信相问，未尝不随问答之。笔札往来，每患过于广泛，应接不暇。今设执贽受学例，即可于此类中选之，不须更用征选方式。其来问无义理者，置之不答。

（二）存随分刻书例。刻书本为书院当务，是乃先儒精神所寄，况在战后经籍荡然，求书难得，此事至关重要。向议编辑《群经统类》《儒林典要》诸书以饷学子，今为物力所限，即不能扩充，亦宜存其一线，无令断绝，只可随分为之。近时工价屡增，已超过两年前十倍。若至刻资无着，亦只得随时停止。[①]

① 《答董事会》（1941 年 5 月 23 日），《马一浮集》第二册，第 1077—1078 页。

以上“三废”、“二改”、“二存”，马先生可谓苦心孤诣，无非是欲书院既保持独立，又为久远之谋。他自己是辞意已决，但并不希望书院随之而废。马先生在此长函的最后写道：“所以不避喋喋者，良以书院既无进展之望，经费亦无增加可能，不得已而思其次，是或可备一格。义理之学，盖已不行于今之世。使浮为之，实无所益，是必改弦更张，庶其有济。否则为政府惜费，为诸公省事，为老夫自谋，亦可藏拙，计莫有善于停办者矣。”[①]当时政府每年拨于书院之经费为七万二千元，加上四川省政府的一万元，平均月额不足八千元。战时经济，物价腾涨，维持书院常态运行，亦未免捉襟见肘。如欲刻书，则有在陈之忧了。值得注意者，是马先生关于“义理之学，盖已不行于今之世。使浮为之，实无所益”的慨叹，等于宣布书院之讲学一途，已无存在意义。此为书院主讲一名必辞的最坚强的理由。他说：“非不欲稍竭炳烛之明，为后生略示途径。然德不足以及远，言不足以感人，岁月已积而饶益无多。深恐虚縻廪饩，贻误来学，量己审时，实属不堪负荷。即令勉强支持，精力亦难为继。故于本年一月致董事会删电，声明勉维半年，言犹在耳。今半年之期，转瞬即届，自宜先期重申前请，自六月以后，拟请稍假时日，俾将应

① 《答董事会》（1941 年 5 月 23 日），《马一浮集》第二册，第 1079 页。

办结束诸事，料理完毕，即当辞去主讲名义，静候别延名德来院继续主持。”[①]

马先生此长函发出之后，董事会并没有及时回答。所以紧接着在1941年7月1日又发一电文，请寿毅成转达董事会，重申必去之志：“书院维持办法，董会宜有主张，幸勿再留衰朽，请速别延名德，无待半年。”[②]长函短电，辞意弥坚，且给出时间断限，董事会无法不给予正式回复了。回电由董事长屈文六、副董事长陈蔼士、总干事刘百闵和周惺甫、沈尹默两董事同时具名，可见其礼遇郑重，恳请马一浮先生万勿辞去主讲名义。马先生于7月16日复函董事会，再次表明力辞无回之意。此信不长，兹全录如次。

> 文六、蔼士、惺甫、尹默、百闵诸先生同鉴：感电逾旬始至。公等卫道之诚，固非出于私爱，然浮山野迂疏，本难入俗。既孤雅望，亦乖夙心。窃比方外，犹或未能；使拟先儒，直同霄壤。若乃徇人以为悦，丧己以妨义，则吾知免矣。悬解可俟，良无憾于当年；琐尾徒伤，夫何资于聚讲。是以量分思退，已恨

① 《答董事会》(1941年5月23日),《马一浮集》第二册，第1074—1075页。

② 《致董事会函》(1941年7月1日),《马一浮集》第二册，第1080页。

其迟；括囊以终，庶几无咎。去则诽毁止于一身，留则诟病及于书院。非徒无益，将反贻公等之忧，是则为螯滋大。书院经纶方始，道在得人，何可摧之自我。既物情未协，自宜引避，以俟仁贤。如谓讲学之任，必以属之衰朽，不亦过信其陋而轻天下之士乎？故东电恳辞，其言切至，宜蒙鉴及，无更犹疑。愿卒回误知，以书院为重，俯如前请，亟聘通人，以光斯道。电来适因病暑，稽答。顷始力疾作此，幸深察鄙怀，勿再相挽。敬竢后命，不宣。马浮拜启。[①]

此函表明，马一浮的坚辞主讲的态度，无丝毫改变。他坚守的书院宗趣既得不到贯彻施行，而是要他“徇人以为悦，丧己以妨义”，他认为此事就无须讨论了。“是以量分思退，已恨其迟；括囊以终，庶几无咎。去则诽毁止于一身，留则诟病及于书院。非徒无益，将反贻公等之忧”，马一浮已经把话讲到无可回退的地步。不仅是“直言”，而且是“尽言”。所谓“绝词”，殆即此也。

董事会当然不愿意马先生辞退，于是简派副董事长陈蔼士前往乐山，与马先生面谈一切。陈蔼士早年留学日本，

① 《致董事会函》(1941 年 11 月 11 日),《马一浮集》第二册，第 1080—1081 页。

曾有功于辛亥革命，被孙中山委任为大总统府咨议兼江苏都督府参谋厅长，民国时期在军界、政界和金融界均担任过重要职务。复性书院时期，为他担任国民政府主计长之后，他正兼任中央银行常务理事、中国银行董事、农业银行董事长等职务，是一有资历、有人望的人物，故年龄虽小马一浮十岁余，马先生却称陈为“蔼老”。两人面晤的时间，应在 1941 年的 7 月底或 8 月初，所谈内容当不出 7 月 23 日向董事会“附陈”各项的范围。辞去主讲的想法在马先生固未尝改变，但“主讲”一名，在书院创议之初，实为院长的别称，如果马先生辞却，等于不再主掌书院。双方反复商榷的结果，董事会同意马先生日后可以减少登台授义，但书院主掌的职务宜无法卸却。同时议定，日后书院可逐渐由讲学转为以刻书为主。但刻书显然需要更多的经费，因为刻工难求，非合适的薪酬难以觅到人选。虽然为表示对书院的支持，董事会决定将书院的经费增加三成，但书院的实际情形，仍不无在陈之虞。本来董事会还有给马先生增加酬金之议，马先生谢绝了。他在写给沈敬仲的信里谈及此事时，写道：“文老提议为弟加修，不特非弟之意，亦乃无款可支也。今年年底结算院款，仅存二千余元。若一月份以费迟来，已不免有在陈之虞。”①

① 《致沈敬仲》第九函，《马一浮集》第二册，第 628 页。

尽管如此，作为董事会诸人，已经尽力，马先生不便再以坚辞为言。所以 1941 年 11 月 11 日马先生发给董事会的电文，有“诸公属望殷，见留切，固不敢忘，亦何忍负”[①]的话。而在致沈敬仲的信里，则明确说：“弟目前亦只能暂时打消辞意。”[②]但他无法摆脱内心的矛盾和苦况，希望书院按自己设定的方向走，几乎寸步难行，不只是经费问题，还有种种规制的挡夫前路。即如年度经费的支付，开始财政部用“直”字号，1941 年改为“拨”字号，致使无法整取，而须按月填写支出用途，为此马先生给董事会、给秘书长寿毅成，不知写了多少信，到 4 月份才改过来。后增加三成经费，马先生又一再提请此事不要重新致误。其于 1941 年 12 月 26 日致董事会的信中，至有如下琐细叮咛之语：

> 今当岁尾年头，又值新加经费三成之际，诚恐国库署不察，复将支付书误填拨字号，则往返请改，董会益增麻烦，而书院将成搁浅。因去年截至年底为止，书院尚存万元有奇，今年年底结算，则仅存二千余元。（收支实数报告册，俟一月即奉。）若一月份经费

---

① 《致董事会函》（1941 年 11 月 11 日），《马一浮集》第二册，第 1083 页。

② 《致沈敬仲》第九函，《马一浮集》第二册，第 627 页。

> 发生障碍，则真有在陈之忧也。故请董会注意，应否预先关照国库署，必仍用直字号支付书，切勿误填拨字，是在董事会酌宜行之。又此项支付书须经过蔼老主计处盖章，可否特请蔼老饬其所属加以注意，以免周折。[①]

真难为我们的20世纪最具圣人气象的大儒，为年度供给一事，如此苦口婆心、煞费苦心，在在周到，唯恐致误。后来他曾向董事会直陈自己的心情："生平耻言阿堵，不事干请，今为书院故，乃须营粥饭、市梨枣，日露其窘状，取憎于高明，亦自憎其拙劣。"[②]可见书院之艰难，马先生之艰难。所以他成一偈云："一事不能举，一步不可行，一人不能得，一物不能成。"[③]既是自嘲，也是当时书院情形的实录。

六　鬻字刻书惊动天下

谁知接踵而至的还有让马先生不惬意的事情。当时正值抗战的艰难时刻，教育部为节省开支，决定直接向书院

① 《致董事会函》(1941年12月26日),《马一浮集》第二册，第1086页。

② 《致董事会函》(1942年7月16日),《马一浮集》第二册，第1089页。

③ 《致沈敬仲》第九函,《马一浮集》第二册，第627页。

人员供给米贴，按人头计数，因此需要书院年度报表。此事令马先生极为困扰。人头计数表他是报了，但提出他个人允不在此例。1942 年 9 月 22 日，他在致董事会的信里说："不佞本无家属，且不愿受粮食部米款，应请除外。书院馈米特多，缘有甥家五口相从避难，且时有友朋见枉，留共脱粟。同人因议增其馈额，备供客膳。此乃例外消耗，如董会认为不合，可令撤销。"[①]可知书院在当时是何等艰窘，不唯资金筹措不易，在编人员的粮食供应亦不得不斤斤计较。

马先生在写给沈敬仲的信里，对此事的态度尤其愤然不平。前此沈来乐山曾带来董事会的谈话，希望对马先生有所安抚。马先生在信里写道："见示董会谈话，固早知其无结果。要米贴办法，与兄来时所说迥异。书院章程可改，意义不可改。若如此，则宾礼之义何存？若此可迁就，更说甚义理。诸公不但看文字不仔细，似于事理亦太疏，只知狃于习惯，不知更有义理。浮诚不足道，但不可因为同人要米贴故，遂将书院根本意义取消。诸公若尚欲为儒者留一线地步，宁可废止书院，不可使书院变为隶属性质，仰面求政府与下吏同等看待。饿死事小，非特弟不可因此

① 《致董事会函》(1942 年 9 月 22 日)，《马一浮集》第二册，第 1091 页。

废义，亦不愿同人受此嗟来之食。”[①]马先生所坚守的是立身行事的义理原则，首要之点在于不能接受书院隶属于教育部，因而将书院人员等同于政府的“下吏”。如果变通方法，改为由董会致函教育部，说明书院属于例外，可经粮食部按月肴米若干，折价交董事会转汇书院。如果按这样的程序来操作，马先生认为可以接受；但如果用书院的名义提出请求，无异等于书院在事实上自居于隶属地位，他说那只有等他离开书院之后了。他也确实随时准备离开书院，他甚至给出一个时间期限，说董事会如在半月之内不拿出处置书院的最后办法，他决计申请关门。

其实董事会和马一浮先生一样，都在两难之中。经国民政府最高层批准的书院，当然不便于突然宣布停办。但继续办下去，经费又捉襟见肘，连转为专事刻书的经费亦无法满足。虽然 1942 年 11 月，书院收到蒋公自掏腰包捐赠的刻书款三万元，仍是杯水车薪，于事无补。实际上，当复性书院在进入 1943 年的时候，其在董事会，无异进退维谷，欲罢不能；在马先生，真是孤掌难鸣，如同倒悬。虽马先生屡以辞却主讲为言，董事会能做的不过是以挽留为拖延。正是在此种无计可施的情况下，马先生不得已给蒋公发一电文，向最高层要求辞去主讲一职，兹录该电全

① 《致沈敬仲》第十三函，《马一浮集》第二册，第 631 页。

文如下：

委员长蒋先生钧鉴：

书院公所提倡，不以浮为迂陋，谬使承乏主讲。于今五年，无补德化。始以学人寥落，讲习多疏；继复承助刻书，劕劂亦乏。长此坐误，深惧虚糜。唯有仰恳允其辞去主讲名义，并请饬下董事会另聘贤者主持，别谋善道，庶可副明公保存儒术之初心，俾浮亦得免于咎戾，幸甚幸甚！除径电董事会外，不揣冒昧，谨以渎闻，伏候钧示。马浮叩。[①]

蒋公没有立即回答，显然是不同意马一浮辞去主讲的想法。马先生不得已，决定采取鬻字的方式来为书院筹措刻书资金。1943 年 2 月，他公开发表《蠲戏老人鬻字刻书启》，其文写道：

事有近乎迂阔，而实为当务之急者。众人所忽，而君子重之。亦有类似无益，而足以助成有益之举者，或见诽于时俗，而识者容以为有当，此人情之常也。属遭寇乱，经籍荡然，儒术既绌，群书剖散，至于摧

① 《致蒋介石》，《马一浮集》第二册，第 751 页。

灭燔弃者，不可胜计。旧刻即间有留遗，或素罕流布，今尤难得。后生有志此学，恒苦无书，每恨传刻之寡。及今不图，日益放失，世之贤达或未遑留意也。仆老而羁旅，学不足以及人，愚不自量，尝思就其所闻，稍事裒集，又苦无力。而友朋间或谬谓其能书，识与不识，展转相属，欲得其片纸尺幅，同于嗜痂之癖者时有之。夫书法之于人，但供鉴赏，似无益也。人有好之，拒而不与，则拂人之情，一切应之，则嫌于为役。今仆之愿在刻书，患其不能举；诸公之愿在得吾翰墨，病其或不应。计莫如两遂之。自今以往，请稍取润笔之资，移作刻书之费。其有欲得吾书者，不吝一缣之赠，而仆之为是，亦免于为役之嫌。可藉以求梨枣、任剞劂，是不啻诸公助我刻书也。在仆庶不为苟取，而非以是为市。拙书虽不足贵，然暮齿无多，精力已竭，将不辞操翰之勤，妄冀少有补于刻书之计。使故书雅记，出之煨烬之余，犹可流播一二，纵无益于诸公，而诸公之益人者方大。是不为私惠，而自植胜缘，其取义为不虚矣。若斥为迂阔，则固吾分。其诸大雅君子，幸有以察其志之所存，或不见鄙薄而辱教之，是衰朽之所望，非敢以语途人也。[①]

① 《蠲戏老人鬻字刻书启》,《马一浮集》第二册，第 184 页。

《鬻字刻书启》另有“附约”十三条，包括求书须经与马先生“有一日之雅者”介绍，“先润后写”，属书之件，一个月内寄还；书体为金文、古籀、小篆、分隶、章草、真、行，“须视兴之所至”，但以目力故，不书小楷；祠墓碑志、寿序、寿联、市招一概不书；“时贤文字”恕不书写；“因特殊事缘致不能书者，即随时辞谢，将原润退还”，等等。盖马先生鬻字刻书，乃不得已之举，勉为斯役而绝不失学者身份。

至于马先生鬻字的收益情形，已难稽考，唯 1943 年 7 月 5 日马先生在致董事会函件中，有“除将鬻字所得微润三万元捐作刻资外，请自本月起敬辞修脯及津贴”字样[①]，则知于刻书是起了实际作用的。马先生当时曾有《戏题鬻书启》诗记其事云：“恨无勾漏丹砂诀，幸有羲之《笔阵图》。聊与人间留鸟印，任伊流落满江湖。”[②]充满自嘲与无奈。另一首七律也写此事：“未能袖手说无为，纵使攒眉不断悲。卖卜何心非弃世，学书有道在临池。五升且置先生饭，三反犹胜十倍师。休怪老夫多谬误，只因病废始求医。”[③]但他并不后悔此举，相反他以为此举如有神助，写

① 《致董事会函》（1943 年 7 月 5 日），《马一浮集》第二册，第 1092 页。

② 《戏题鬻书启》，《马一浮集》第三册，第 178 页。

③ 《刻书费无出，将鬻字以济之。或哂其计拙，戏作此诗解嘲》，《马一浮集》第三册，第 177 页。

《神助篇》具道心曲："作诗告友朋，愿请从兹役。"[①]

马先生鬻字刻书在社会上引起很大反响，对董事会诸人士亦不无刺激，蒋公可能也闻知了此事，所以当年10月蒋通过陈布雷，向书院又捐赠了五万元刻书款。同时中央银行也转拨十万元给书院，这应该是董事会响应蒋公努力的结果。按马先生最初所拟的欲刻书目录，所刻书包括《群经统类》《儒林典要》《诸子会归》《文苑菁英》《政典先河》五大类，总共有七八百种。后列为先出之简目，变成《群经统类》42种、《儒林典要》36种、《文苑菁华》20种、《政典先河》16种，还有《诸子会归》，凡114家计642卷，规模不可谓不宏阔。书院的讲论不得行，如刻书有成，马先生也感到是在为华夏文化之传承尽一线之力。当然后来并没有刻出那么多的书，马先生的宏伟计划并未得以实现。他不禁慨叹道："书院既罢讲论，乃谋刻书。刻书无赀，乃谋鬻字。世缘之劣，莫可如何。"[②]马先生之弟子兼友人张德钧，本来也想于1943年到书院来承教，先生立即予以劝止，说："书院不可终日，今年不唯刻书不能继，乃至无钱买米，更何足以言依止？幸亟寝是念，勿徒

① 《神助篇　为鬻字刻书作》，《马一浮集》第三册，第176—177页。

② 《致朱镜宙》第五函（1943年），《马一浮集》第二册，第731页。

自扰。”[1]

马先生向张德钧说的“无钱买米”，实有具体所指，即1943年10月，董事会为支持书院运行，经请求教育部准予向书院人士发放实米。这本来是为节省书院现金支出的一种不错的权宜之计，但开列的发放名单将马先生一并列入，结果令马先生大为不满。1943年11月5日，马先生致函董事会，写道：“浮于去年九月托沈敬仲见面致诸公备忘录中，以其时诸公方有请米贴代金之议，曾郑重声明，浮个人不愿受此项米贴。因此种方式，实与从前约以宾礼见待之意相违。无论人之处我如何，浮之自处，不容前后歧异。书院见遗，其词曰馈，则可量分而受。若由董会报名请求，部中照例责其具领，则不敢受。”所守持的还是建院立身的儒者轨则，这方面他决不妥协。该函件并进而写道：

> 记曰：“当其为师，则弗臣也。”书院虽微，诸公当日所以创立及今日所以维持之意，岂不曰是将以重儒术、存师道哉。秦法以吏为师，先儒訾其无道。今幸值有道之世，果犹欲稍存儒术，不可以儒为戏，同师道于吏属。浮诚不足齿数，不敢自拟于师，然亦未堪自夷于吏。书院所以立主讲，固以师位待之。浮既

① 《尔雅台答问续编》卷二“示张德钧”，《马一浮集》第一册，第588页。

> 不善讲论，无益于学人，犹欲以刻书自竭其埃露。今学人星散，刻书亦难成，讲习之意，无复存者，焉用此主讲之虚名，坐耗太仓之余粟。为此特请董会诸公立为转知部中，务将贱名削除。其分派之实米一市石，即请取消。[①]

信中“不可以儒为戏，同师道于吏属”一语，分量可不轻。由教育部列名发放实米，一则涉及书院的隶属问题，马先生对此最为敏感；二则将马先生一并列入，又涉及学者尊严问题，马先生尤不能接受。因此此函中再次提出请立即允为辞去主讲名义，辞而不得，则请由董事会在来年 1 月废去主讲。他说自己“实无能为役”了。他希望董事会派一名董事前来主掌书院，最恰当的人选他认为是沈敬仲。马先生在书信中反复与沈商酌此事，后来沈敬仲同意了，但只能兼职，不愿长住书院主事。马先生认为兼职不是解决问题之法，最后此议只好搁浅。

复性书院处境之艰窘，到后来不仅仅是经费支持难以为继的问题。长期搁浅的结果，不独马先生内心焦虑，师弟子之间，也因书院的存而犹废而渐有矛盾萌生。主要表现为彼此之间的学术理念和性分的默契程度有所减弱。这

① 《致董事会函》(1943 年 11 月 5 日)，《马一浮集》第二册，第 1096 页。

使得马一浮颇有独行无侣之感。他的《叠字行》就是写此时的心境。诗中写道："昏昏扰扰世间心，惸惸孑孑长为旅。古圣一代甘栖栖，今我独行何踽踽。纵使惺惺同寂寞，可奈悠悠恒龃龉。汲汲弥缝不反淳，皇皇求友终无侣。"[1]其孤独落寞的心情可想而知。他的另一首《遗虑》，也有"残年遗百虑，孤雁下寥空"[2]句，不只是孤独落寞而且透出凄凉。他对弟子袁心粲说："书院在今日已无存理，自是吾德薄不能感人。向来讲论都无所益，今刻书亦难为计。所忧者不在绝粮，俗情难喻，无足深责，而相从二三子于自己性分内事亦未能见得亲切，故知共处无益。"[3]所以马一浮的请辞"主讲"一职，不仅有外部的原因，同时也有书院内部的原因。但重庆方面可能考虑到影响等问题，直到最后也没有同意马先生的请求，书院因之也就如一线游丝继续存而犹废。

七　书院的东迁与废止

鉴于此种情况，1944 年 1 月，经书院董事会同意，马

① 《蠲戏斋诗编年集》(甲申下),《马一浮集》第三册，第 325 页。
② 同上书，第 324 页。
③ 《示袁心粲》,《马一浮集》第一册，第 728 页。

一浮先生获准休假一年，而以马先生提名之沈敬仲先生为监院。休假期间，马先生提出不享受任何津贴补助，只接受一瓮灯油。一年之后休假期满，他又立即写信给屈文六董事长、陈蔼士副董事长和刘百闵总干事，再次请辞："浮实无能为役，主讲之名决不可以再尸。"[①]随后又提出改监院为监督的建议，希望书院诸事宜由监督总其成，"主讲"之名自然也就废了。这时已是1945年5月，日寇投降的日子即将来临，国内外的政局发生巨大变化，战乱造成的流离生活可暂告一段落，马先生可以离开四川回到睽别八年之久的西子湖畔了。但董事会一些人士，颇筹划书院东迁之事，谋求到杭州后能继续书院的刻书与讲论。1946年5月，国民政府还都南京，马先生同月回到杭州。他知书院如继续必无所成，终于在1947年12月发表《废置复性书院议》——

> 昔者书院将谋东迁，始议改订规制。浮实草刍议，至为疏略，辱董事会采纳，推举院长、副院长领其事。其大旨有二，曰规制讲习，曰推进刻书。自迁杭以来，已逾一载，董会诸公表率于前，院长、副院

① 《致董事会》第二十二函（1944年12月），《马一浮集》第二册，第1100页。

长勤劳于后。蕲向之远，岂不昭昭；图虑之详，宁非汲汲。然以言讲习，则斋舍不具，资粮不充，既无以容接学人，亦不能延致讲友，即欲稍蓄故书，藉抄底本，亦苦征求无力，缮写无人。既不藉于师资，亦何事于编纂。故规复讲习，徒为虚语。以云刻书，则剞劂之资，纸墨之费，日相倍蓰，月出五万字，犹虞不给。若欲铅石并用，益难为计。仰屋兴嗟，杀青无日，是推进刻书亦行不逮言。二事既虚，书院精神已无所寄，安用此空名为。此非诸公之谋猷有所遗也，亦非浮之空疏甘于自弃也。事势所趋，资力所限，不能免于困踬，实有以使之然也。人不悦学，虽强聒不受，救死不赡，奚暇礼仪。虽有嘉肴，不食不知其美。束书不观，唯取覆瓿。视经籍若弁髦，弃圣言若土梗。纵使充栋，亦等面墙。博而寡要，则何有焉；劳而少功，信其言矣。今使犯飙风、涉湍濑，失舟楫之利而时有倾覆之虞者，其势逆也。《箫韶》不入于侏离之耳，章甫不适于蛮貊之俗者，其情违也。夫既无事于讲习，亦无取于刻书，则书院之当废明矣。俗情每讳疾而忌医，喜存而恶灭。不知疣赘之患，决之始免。井道必革，蛊终则临。自智者观之，始终一理也，成坏一相也，隐显一致也，聚散一缘也。制事之义，贵在审时，应物之方，碍在执己。虽语默殊途，成亏何与？时止则止，其道弥光，知存知忘，无失其正，何为舍道以徇俗乎。若夫无交而求，物莫之与，力小任重，鲜有不及。苟不远而可复者，其必知择善在斯，故谓今日书院莫如废之便。至若辞有司之补助，谢好义之捐输，谨儒者辞受之节，庶免吏责，准释氏功德之报，不负信施。其应如何措置乃当于时义，董事诸公与院长、副院长之责也。善其始者必有以善其终。浮已辞主讲、总纂名义，立当引去。即在向日，已退处无为，今日之事，更非其所当问，但以与人忠之道，不敢避儳言之过，故贸然以此说进，唯诸公择焉。[①]

马一浮手写的此书院废置议发表之后，他旋即于 1948 年 1 月 20 日离开书院。当天写给屈文六的信中说："浮今日离院，从此可自拔于陷阱，贤辈爱我，切勿再牵率老夫堕坑落堑也。"[②]当然书院的结束仍有一些善后事宜，"废置"亦需一定的过程。加之董事长屈映光（文六）等不久又有改复性书院为"儒林图书馆"之议，请周惺甫为名誉馆长、邵力子为馆长、寿毅成为副馆长，至 1950 年又改"儒林图书馆"为"智林图书馆"，但终无所成。

---

① 《废置复性书院议》,《马一浮集》第二册，第 188—190 页。

② 《致屈文六》第十五函（1948 年）,《马一浮集》第二册，第 599 页。

八　尾语

复性书院的创办，其由盛而衰到存而犹废到终于废置，前后十有余年。马一浮先生可谓甘苦自知。他实际上做了一次复活“六艺”之学的尝试，也可以看作新儒学的一次探险。好在书院于他无减无增，“十年辛苦”之后，马一浮还是马一浮。如果说有什么不同，那是他的学问更入于本我之境。还有，不知他是否意识到，儒家的“六艺”之学，在20世纪的中国已经无奈而又无力。不过，马一浮本人对此并不存在“切肤之痛”，因为他本来就不曾有过奢望，“语默动静，贞夫一也”是他终始的立场。何况他的学问也从未局限于儒学一门，佛家之义学和禅学，同样是他安身立命的根基。

第七章　马一浮的儒佛会通思想

一　“儒佛俱是闲名，自性本来具足”

马一浮学术思想的重要特点，是儒佛兼治，儒佛并重，儒佛会通。在这方面可以说他直承宋儒的衣钵。只不过不同之处在于，宋儒虽接受到佛禅思想的影响，却又讳言其来路。马先生反是，他反复说明，如果没有佛氏义学和禅学的渗入，儒学的义理便无法得到通彻的阐发。他说：“先儒多出入二氏，归而求之六经。佛老于穷理尽性之功，实资助发。自俗儒不明先儒机用，屏而不讲，遂使圣道之大，若有所遗。墨守之徒，不能观其会通，渐趋隘陋而儒学益衰。”[①]

---

① 《致张立民》第九函所附之《说明》（1938 年农历九月二十九日），《马一浮集》第二册，第 830 页。

马一浮这里所说的“先儒”，主要指宋代周（敦颐）张（载）、“二程”和朱、陆诸大儒，他们创立的理学和心学，因得到佛、道两家的“助发”，才使传统儒学收获了幽渺精微的穷理尽性之功。先秦至两汉至宋代，儒学实际上经历了“三变”，即从先秦的思想家的学说，演变为汉代的社会制度的意识形态，再变而为宋代的以穷理尽性为特征的系统哲学思想。正是宋代的儒、释、道三家思想的大汇流，使研究者有理由相信，赵宋王朝称得上我国传统思想文化的最高峰[①]。但宋以后的儒学，不能不说已经出现了相当程度的衰落迹象。所以衰落者，马先生认为，原因之一是墨守之徒不能做到儒学和二氏之学的会通。故当 1939 年复性书院筹办之时，他特别提出所设科目应包括玄学、义学、禅学三门讲座，并拟延聘精通此“三学”的大师主持讲习，以使听讲学员究明性道，不致偏曲。三门讲座中，佛、禅居其二，可见马一浮学术思想中，释氏之学所居之特殊位置。

马先生对释氏载籍的熟悉是惊人的。兹举一例，贺昌群（1903—1973）任教浙江大学期间，尝向马先生请益二

---

① 陈寅恪著《邓广铭宋史职官志考证序》有云：“华夏民族之文化，历数千载之演进，造极于赵宋之世。”此见陈著《金明馆丛稿二编》，生活 · 读书 · 新知三联书店，2001 年，第 277 页。又其所著之《赠蒋秉南序》亦云：“故天水一朝之文化，竟为我民族遗留之瑰宝。”见陈著《寒柳堂集》，生活 · 读书 · 新知三联书店，2001 年，第 182 页。

氏之学的基本书目，马先生在一无图籍参考的情况下，仅凭记忆，列出释氏书籍近百种，而且对每种书籍与宗门、教乘的关系，都做出恰当说明。如说天台宗以《法华》建立，《三论宗》以《般若》建立，唯识法相以《深密》、《楞伽》建立。要了解天台宗，须先看《法华玄义》、《法华文句》和《摩诃止观》，这是天台三大部。而思大禅师的《大乘止观》、蕅益的《教观纲宗》，都简要好读；还有《法界次第》，也是入门必读之书。《四教义》《四念处》《禅波罗蜜次第初门》《小止观》，是观法初门之简易者。华严宗则须先看清凉《华严悬谈》《华严疏钞》和圭峰注《华严法界观门》；另贤首《华严教义分齐》和金陵刻经处的《华严诸经集要》，多为短书，看起来比较容易。三论宗要先看《大智度论》《中观论》《十二门论》《百论》，这些书有嘉祥作的疏义，便于解会。而贤首《三论宗致义记》，比嘉祥的疏义还要好一些。他并且归结说："若通三论，深悟缘生，妙解般若，龙树提婆所以摧伏外道得无碍辩者，其道由此。然后知因明唯识尚非了义也。"[①]其介绍有关慈恩宗之著述，则曰："《唯识述记》《瑜伽师地论》《百法明门论》《五蕴论》《摄大乘论》《显扬圣教论》最为要典。奘师《八识规

① 《致贺昌群》(1938年),《马一浮集》第二册，第606—607页。

矩颂》简而能该，入门必读之书也。”[①]

至于禅学宗门诸书，他列出《传法正宗记》《五灯会元》《指月录》《六祖坛经》《百丈广录》《碧严集》《请益录》《从容录》《正法眼藏》《智证传》《林间录》《禅林僧宝传》《大慧杲语录》等十九种。还列出许多有关佛僧传记类著作，如《佛祖通载》《释氏稽古略》《高僧传》《续高僧传》《宋高僧传》等；以及关于丛林规制的《百丈清规》《禅林宝训》，和释氏著作的总集如《广弘明集》《颂古联珠》，以及丛书《国清百录》《云栖法会》；并佛教小说《百喻经》《法苑珠林》等。另外，他还向贺昌群讲解了阅读经论的方法："大约看经论，须择一家注疏为主，其间所引义句法数未明者，有钞可备检。"[②]如看圭峰的《圆觉大疏》，可以翻检《圆觉大疏》之钞，看贤首的《起信论疏》，可以检看《起信论义记》《起信论疏记》等。并鉴于初读释氏之书，往往难于记诵书中的"法数"，如是可以寻检《翻译名义集》《一切经音义》及《三藏法数》等工具类书籍。

马先生一边介绍，一边传授阅读的方法，循循启导，如数家珍。这一书目不是简单的书目，已经是释氏载籍的文献

① 《致贺昌群》(1938 年)，《马一浮集》第二册，第 607 页。

② 同上书，第 608 页。

概略了。这表明马一浮先生的佛学根底几不可窥其涯涘矣。而当自己的弟子询问佛学之入门途径，因系浅显初学，马先生则以杨仁山《佛学三字经》及《起信论直讲》《普贤行愿品》，并《华严》《楞严》《法华》《般若》《涅槃》诸经答之，不失为对症下药[①]。马先生还著有关于佛氏义学的《法数钩玄》五卷[②]，其析理释义之明晰有当，足可令初学佛氏之义学和禅学者得其窾要，一以当十，豁然开通。

马一浮深研释氏载籍的目的，固然主要缘于天性使然的对佛禅义理的浓厚学术兴趣，同时也是为了在学术上使儒佛二学达至会通。他一生反对把儒佛两家的思想对立起来。“儒佛俱是闲名，自性本来具足”[③]，是他处理儒佛问题的基本观念。此义在他 1924 年写给金蓉镜的信里，阐释得最明晰：“窃以儒佛禅教等是闲名，古圣为人，惟有指归自己一路是真血脉。虽其门庭施设，各应机宜，达者如归，元无多子。人法已尽，取舍自忘。不假分疏，自然冥契。只因诸见繁兴，故有抑扬立破。话不辞堕，意不求申，皆是曲顺来机，夺彼镳识。从缘发证，唯在当人。”[④]接下去，马先生不能自已，又就此一题义，畅而淋漓尽致地论述道：

---

① 《语录类编·儒佛篇》，《马一浮集》第三册，第 1063 页。

② 《法数钩玄》卷五，《马一浮集》第一册，第 871—930 页。

③ 《答赵蕃叔》，《尔雅台答问》卷一，《马一浮集》第一册，第 530 页。

④ 《致金蓉镜》第三函（1924 年），《马一浮集》第二册，第 491 页。

是知毗邪杜口，实是伎俩无多；曹溪话月，大似无风起浪。一千七百尽是葛藤窠，江西湖南皆为寱语汉。然拂迹迹生，转复成碍；旋扶旋夺，无有了期。克实而谈，并违本分。是以诸圣不得已而垂言，终乃寄之于默也。濂洛诸儒澈骨勘透，知自性元无欠少。非但佛祖西来，不能增得些子，即尧舜禹汤不生中土，亦不曾减得毫发。故我行我法，绝无依倚。先或借路经过，从门而入。卒乃反求诸己，周匝无余。其贬剥禅教，皆是教人求己，不从他得，非是以矛陷盾，有一毫胜心存乎其间也。若非实到此地，则徒增人我，翻成碍塞。达摩一宗亦只有这个消息。大抵立教之初，言皆简要朴质。法久弊生，后来旋添得如许闲络索。非特先生不喜，彼宗亦自少之。此性不落迷悟，无有高下。故执悟者成迷，好高者见下，说禅者是俗，真见道者一切平常，不惊不怖。初无奇特玄妙可言，岂有索隐行怪而可以为道者乎。杜撰禅和，妄逞机锋，胡喝乱棒者，如稻麻竹苇，愿且倚阁，不足多留神虑也。[1]

马先生说“濂洛诸儒澈骨勘透，知自性元无欠少”，其实他自己真的是“澈骨勘透”，并载叙载议，曲喻生风，认为

---

① 《致金蓉镜》第三函（1924 年），《马一浮集》第二册，第 491—492 页。

儒、佛、禅的立教，乃至“尧舜禹汤”和“佛祖”的“垂言”，亦不能在人的自性上增添什么。道唯平常，性乃自足。倘若强生分别，“克实而谈”，无异于“添得如许闲络索”，不过是“徒增人我，翻成碍塞”而已。盖在马先生看来，儒佛之立名立教，垂言示相，完全是不得已之事。只是由于习气缠缚，遂至人的自性汩没，因此往圣大德，著书立说，诠表名相，冀众生能够“识取自性，从习气中解放出来”，“除得一分习气，便显得一分自性。”①

1942年他在为重刊《盱檀直诠》所做的序言中，对此一思想义谛，作了更为直截的表述，其中写道：

> 濂洛关闽诸贤所以直接孔孟者，为其穷理尽性，不徒以“六艺”为教，敷说其义而止也。其兼综条贯，为群经传注，有近于义学，视汉唐说经之轨范为进。若乃酬机接物，不主故常，其言行足以动天地、通神

---

① 《宜山会语》，《马一浮集》第一册，第80页。又《尔雅台答问续编》卷四《示鲜季明》亦云：“儒佛等是闲名，自家心性却是实在。”见《马一浮集》第一册，第669页。《致曹赤霞》第十二函（1936年）亦云：“儒佛老庄，等是闲名；生灭真常，俱为赘说。达本则一性无亏，语用则千差竞起。随处作主，岂假安排；遇缘即宗，不妨施设。若乃得之象外，自然应乎寰中。故见立则矫乱纷陈，法空则异同俱泯矣。且置儒佛老庄，问如何是曹居士。”见《马一浮集》第二册，第468页。

明，则与禅宗大德同功而异位。此未易为执言语、泥文字者道也。如明道似禅而伊川则邃于义，朱子谈义特精而象山长于用禅。其实门庭施设则义为大，入理深谈则禅为切。所谓始条理者智之事，终条理者圣之事，岂有二哉。儒佛相非，禅义相薄，此皆临机对治，一期药病之言。心性无外，得其一，万事毕，冥符默证，唯此一真。大用现前，不存轨则，岂名言所能域。将何名为义？何名为禅？世之纷然持异同者，不解古人机用之妙耳。"[①]

《盱坛直诠》是明代学者罗汝芳的语录体著作，1942年马先生创办的复性书院由讲论转为刻书之后，遂将此书付梓。版本用的是马先生的友人叶左文的藏本，特为之序，以明不能把宋代周敦颐、"二程"、张载、朱熹诸大儒与禅宗大德分开之义。甚至认为，如果"入理深谈"，舍禅学便无法做到切近。因此任何"儒佛相非，禅义相薄"的态度，马先生都深不以为然。他在和弟子谈话时，将此义曾简而出之曰："理是所诠，名是能诠。不假名言，则真理不能显

① 《重刊"盱檀直诠"序》(1942年8月),《马一浮集》第二册，第37—38页。

现，执着名言，则醍醐反成毒药。”[①]

马先生在1940年所做的《儒林典要序》中，对此层义理也曾予以论证：“夫不明乎道，何名为儒？苟曰知性，何恶于禅？儒与禅皆从人名之，性道其实证也。”又说：“性者人所同具，何借于二氏。二氏之言而有合者，不可得而异也；其不合者，不可得而同也。”[②]并明言“宋初诸儒皆出入二氏，归而求之六经”，而不认同将“六艺”或宋之理学与二氏对立起来的观点，肯定“义学善名理，禅则贵直指”，揭明儒佛两家之学说在学理上各有所长，而不必倚轻倚重，厚此薄彼。

宋儒与佛禅的关系问题，是中国学术衍变史上的一大公案。论者对宋儒之出入二氏而又深恐与二氏不能划清界限，于是大肆辟佛至有“呵斥之声”，难免有不能尽解之处。马先生起而辩之曰：“先儒料简俗学，诋斥二氏，乃是大机大用，于法自在。后儒不窥古人用处，徒滞名言，乃以小知自私之心求之，安可得耶？”[③]他认为自古以来，学术思想的师之相从和道之相传，归根结底在于“得其用心”和“指归自得”。学说之间相互借鉴是正常现象，殊不妨碍

① 《马一浮先生语录类编》（乌以风等编次）之《儒佛篇》，《马一浮集》第三册，第1054页。

② 《儒林典要序》，《马一浮集》第二册，第30—31页。

③ 《圣传论序》（1942年），《马一浮集》第二册，第34页。

自性的“各自圆成”。另一方面，他也忍不住对宋儒的辟佛有所批评。他说程朱所诋斥于二氏的，也许是对佛教大、小乘的义旨未遑分别，比如程子讥佛氏“自谓穷神智化，而不足以开物成务”，朱子诗中所谓“西方论缘业，卑卑喻群愚”，都是就小乘而言。如果是大乘佛教，就不存在这类问题。马先生说：“若夫大乘，如《华严》所言，‘行布’即是‘礼主别异’，‘圆融’即是‘乐主和同’，‘文殊表智’即是‘惟深也，故能通天下之志’，‘普贤表行’即是‘惟几也，故能成天下之务’。彼此印证，固无往而不合也。昔贤出入老、释，未尝讳言之。吾所以于圣贤语言尚能知得下落，并是从此得来，颇觉亲切。”[①]此又是以自身体验证明，儒佛可以会通而不必分庭互抗。马先生认为，大乘佛教的义理完全可以与儒学比照相应，尤其儒家之“圆实”和大乘之“圆教”，可以说“无往而不合”。另朱熹曾说：“二氏只是一个不耐烦的人，他事事想逃避，此便是自私。”马先生反驳道：“清谈末流，任诞废务，却是如此。若大乘一类机发大心，负荷众生，却骂他自私不得。”[②]虽然马先生说自己的学问是从朱子处得力，但在儒佛问题上，不得已而置疑宋儒却未遑稍让。

---

① 《马一浮先生语录类编·儒佛篇》，《马一浮集》第三册，第 1052 页。

② 《孝经大义》“原刑”附语，《马一浮集》第一册，第 266 页。

对于佛氏的生死观问题，程、朱诸大儒每以之作为攻讦之口实。马先生对此亦颇不以为然，他说：“先儒每斥佛氏怖畏生死，欲求解免，只是为利。此语较驳斥求福报者转深。然大乘教义实不然，不见有生死可出。故曰：‘众魔乐生死，菩萨于生死而不舍；外道乐诸见，菩萨于诸见而不动。生死涅槃等同一相，方为究竟，安有所谓出世间法邪？’此非为佛氏回护，理实如然。所以引其言者，亦欲借以显义，非是强为傅会也，切勿误会好。”[①]呵呵！马先生为佛禅施辩已不遗余力矣！辩护得连他自己都担心难免发生误会，故为佛氏回护之后又不得不为自己预留地步。实际上，佛氏视人的生命如花开花落，无住无灭，人虽“死”，“性”常空，“理”永在。儒家也好，佛家也好，“根本智是不动的”，“根本智是理一，差别智是分殊”[②]。马先生对佛氏生死观的释义极为精到，常人不察，以为佛教只是鼓吹“出世”，既畏生，又畏死，以至以死后福利为归；而儒家则为“入世”的代表。如此看待儒佛，如马先生所说，不过是私智“计较”，岂特大谬哉，岂特大谬哉。

---

① 《洪范约义》中《别释五福六极》之《附语》，《马一浮集》第一册，第415—416页。

② 《马一浮先生语录类编·儒佛篇》，《马一浮集》第三册，第1060—1061页。

二 “双立儒佛，同本异迹”

马一浮在学理上反对拒斥二氏，力主儒佛会通，最具代表性的论述是1918年他读了蒋再唐所撰《华严劄记》后，所写的长篇信函，此函不妨看作马先生会通儒佛义理的一篇学术论纲。为通彻了解马一浮先生会通儒佛思想义理的学术理据，兹特将该篇文字全文抄录如下：

> 详所综会，并臻玄解。齐收五味，直剖衣珠。可以羽翼深经，扶扬大教，前此所未闻也。良由宿因薰发，遇缘而现，浮也何幸，得睹斯篇。
>
> 原夫圣教所兴，同依性具。但以化仪异应，声句殊施，故六艺之文显于此土，三藏之奥演自彼天。法界一如，心源无二，推其宗极，岂不冥符。果情执已亡，则佛儒俱泯。然诠表所寄，义相实繁。苟欲一一比而合之，二教广略靡定，隐显时别，分齐有所难析，途虑患其不周。故忘筌之旨既得，则拂迹之谈可舍。察乎此者，交参互入，并行不碍。前贤以异端屏释，古德以外道判儒，遂若体物有遗，广大不备，其犹考之未尽密耶。尝以西来众典，义启多门；邹鲁所乘，道唯一贯。彼则一乘是实，此乃易道至神。今欲观其

会通，要在求其统类。若定以儒摄佛，亦听以佛摄儒。须以本迹二门辨其同异。盖迹异故缘起有殊，本同故归致是一。就迹则不夺二宗，依本则不害一味。若迹同者，二俱不成。若本异者，一亦不立。今双立儒佛，正以同本异迹。故存迹以明非即，举本以明非离，则不失于二，不违于一。是以儒佛得并成也。

二家互摄，彼以五教，则圆及终、顿为近（义学诸师判教不同，贤首后出为胜，故今用之。简去前二者，以小乘不了法源，始教但明空义，偏权非实，体用未彰，不与儒相应，故不得摄此也。法相宗立真如，不许随缘，有成佛，有不成佛，但为接引一类之机。慈恩判为中道了义，未可依准。此与无相宗校之儒理，皆为阙而不具）。此依六艺，则易与礼乐为如（六艺俱得摄彼，但《诗》《书》《春秋》多表事，为迹异；《易》《礼》《乐》多显理，为本同。举本而言，该理则尽）。前义以俟彼教之哲，后义则是君子今日之志也。使广为辨释，穷劫犹病。但标举大义，亦可得而略言。

如《诗》次《风》《雅》《颂》，正变得失各系其德。自彼教言之，即是彰依正之胜劣也（郑氏《诗谱序》明此义最详）；《书》叙帝、王、霸，虞、夏、商、周各以其人。自彼教言之，即是示行位之分圆也（如峻德为天子、九德为三公、六德为诸侯、三德为大夫，帝者天称、王者美称之类，即是其义，汉师多明之）。《春秋》实兼《诗》《书》二教，推见至隐，拨乱反正，因行事，加王心。自彼教言之，即是摄末归本，破邪显正，即俗明真，举事成理也。终、顿之义亦可略摄于此。然此是迹异门，迹中有本，本同故可摄。唯以其迹，则不见有摄义也。若《易》与《礼》《乐》，则是本同门，本中亦有迹，本同故迹泯。唯以其本，故不见有不摄义也（《乐记》曰："知礼乐之情者能作，识礼乐之文者能述。"情谓其本，文谓其迹。乐之声律，礼之名物，皆迹也。今主略迹明本，故不取侈陈三五之异）。

略举其例。如乐主和同，即是平等一心。礼主别异，即是差别万行。万行不出一心，一心不违万行。故有礼不可无乐，有乐不可无礼。礼乐皆得，谓之有德，此即摄圆教义（孔子假杞、宋以求征，寄《韶》《武》以发叹，明礼乐之至，存乎其人。彼教叹大褒圆，何以异是）。乐由中出故静，不动真常，湛寂之本也；礼自外作故文，不坏功德，业用之相也。乐者天地之和，礼者天地之序。和，故百物皆化，刹土尘毛，身悉充遍（无量世界海，佛身悉充遍），所谓化也。序故群物皆别，行布圆融，重重无尽（一尘一毛端，各各现刹土)，所谓别也。此皆圆教义也。《大学》明德、新民、止于至善，先后有序，是礼教义。依性说相，即性之相也。《中庸》大本、达道，一至于诚，天人合言，是乐教义。会相归性，即相之性也。《大学》摄终，《中庸》兼顿，合即成圆。故先儒双提二篇以显圣道也。乐由天作，礼以地制。明于天地然后能兴礼乐。

天地者法象之本，乾知大始，即表心真如，所谓一大总相法门体也。坤作成物，即表心生灭，出生一切法，能摄一切法也(乾元即真如门，真如。坤元即生灭门，觉义。《乐记》云:“乐者敦和，率神而从天；礼者别宜，居鬼而从地。故圣人作乐以应天，制礼以配地。礼乐明备，天地官矣。”又曰:“乐著大始而礼居成物。著不息者，天也；著不动者，地也。一动一静者，天地之间也。故圣人曰礼乐云。”是知礼乐之义本诸乾坤矣)。终、顿、圆三教并用此义。乾坤成列而《易》行乎其中，性相交融而觉周于无际。体用一源，显微无间。故圣道可得而立，佛法由是而现。天道、地道、人道一也；苦身、法身、烦恼、般若、结业、解脱一也(彼教谓之翻三染，成三德)。此圆教义也。

《礼》《乐》统于《易》，犹终、顿该于圆。《礼》《乐》以人道合天地之道，犹以一心开二门。终、顿准之（背尘合觉是终，离幻即觉是顿，克己复礼是礼，天下归仁是乐）。《易》以天地之道冒人道，犹以一法界总收一切法。圆教准之（范围天地之化而不过，曲成万物而不遗，无不从此法界流，无不还归此法界）。仁者见之谓之仁，智者见之谓之智，百姓日用而不知，所谓众生身中悉有如来智慧也。继之者善，成之者性，所谓十住初心便成正觉也（继之者善，是有修有证；成之者性，是无修无证）。《易》无方无体，无思无为，而盛德大业，开物成务，原始反终，穷神智化，寂而常感，感而常寂，以言乎远则不御，以言乎迩则静而正。孔子叹《易》之德曰：非天下之至精至变至神其孰能与于此。此犹《华严》之称大方广矣（精言其不杂也，变言其不穷也，神言其不测也。通书立诚神机，诚即至精，几即主变）。故谓圆融具德，缘起无碍，无尽法界，相即相入。如来不思议境界者，正是易教所摄也。

愚计所及，略见于此。未尽两端，何论一谛。窃谓欲融摄二宗，须令教相历然，义无混滥，如量而说，称法而止。唯当依义，无取随文。庶诤难可消，醍醐不失。否则易堕相违，旋成戏论。程子致诚于乱真，清凉取譬于盗牛。二教之师，由来交讪，欲使一朝涣然，诚未可期也。以上所陈，大抵摭彼教之卮言，证儒家之孤义。粗为比傅，虑不中伦。如其条理，以俟智者。戊午春二月。[1]

我认为这是马一浮先生试图会通儒佛之义理的最重要的文字。尽管他在文后加一附记，称文中所论“但取解颐，不可为典要”，但从他对蒋再唐的《华严劄记》多取《中庸》、《大学》之义理，与贤首、义海、百门一一比附，而感到“豁然处亦若可喜”的态度加以研判，可知他对自己的补论有多么重视。蒋著之病在“教相未晰，条理不举”，马一浮则以自己深厚的佛学根底修正并补论了蒋著立说的不足之处。

他的基本论点是，儒佛迹异本同，圣道、佛法都法象天地而归之一心。所谓“法界一如，心源无二”是也。缘起容或有别，归宿却无二致。所以儒佛可以互摄，儒可以摄佛，佛亦可以摄儒。两者为双立并得的关系，而非抗礼而不能相融。释之“五教”，马先生以贤首之判，分为小乘教、大乘始教、大乘终教、大乘顿教、大乘圆教。他认为圆、终、顿三教可与“六艺”之《易》《礼》《乐》互摄。《诗》《书》《春秋》并不是完全不能比摄，只不过它们与彼教“迹异门”，不如《易》《礼》《乐》是“本同门，本中亦有迹，本同故迹泯”，所以不存在“不摄义”的问题。至于以统领儒学之大《易》与《华严》之互摄，以往义学学者

① 《致蒋再唐》(1918年),《马一浮集》第二册，第502—505页。

尝试多有，如唐代李通玄的《新华严经论》和《略释新华严经修行次第决疑论》等，以及宋朝李纲、祖钦（号雪岩）等，亦曾著论立说。马一浮在致蒋再唐信函的附记中，所说的“义海百门”，即指李通玄而言，因李的一部著作的名称叫《百门义海》。而函中关于“孔子叹《易》之德曰：非天下之至精至变至神，其孰能与于此，此犹《华严》之称大方广矣”的叙论，肯定也与李通玄的另一著作《大方广佛华严经中卷大意略述》相关。不过马先生此函中的一项学术特见，是把“六艺”中的《礼》《乐》与《易》合论，提出“《礼》《乐》统于《易》，犹终、顿该于圆”。贤首宗人的五教判分，以圆教为法界的最高教门，较之终教和顿教，其义理性海更圆融无碍[①]。故圆教可以统终、顿二教，

---

① 法藏（643—712）字贤首，唐代华严大师智俨的弟子、华严宗最重要的代表人物（被称为华严宗的三祖），曾得到笃信佛法的武则天的尊礼，至有“贤首”一名即武后所赐之说。法藏著述甚丰，现存者包括《华严经探玄记》20 卷、《华严经旨归》1 卷、《华严问答》2 卷、《华严一乘教义分齐章》4 卷、《华严金师子章》1 卷、《密严经疏》4 卷、《大乘起信论义记》5 卷、《华严经传记》5 卷等，计 20 余部；另已佚之著作，包括《华严经略疏》12 卷、《华严唯识章》1 卷等，也有近 20 种。法藏五教判说，见其所著之《华严金师子章》“论五教第六”，参见方立天著《华严金师子章校释》，第 29—30 页，中华书局，1983 年版。又关于法藏及其著述，可参见汤用彤：《隋唐佛教史稿》，第 167—171 页，中华书局，1982 年版；并可参阅吕澂：《中国佛学源流略讲》，第 191—202 页，中华书局，1979 年版。

如同《易》之可以统《礼》《乐》一样。这也是马先生于诸宗门何以最重华严的缘故，因华严向有“经王”之称，最有资格标识圆教。

马一浮 1941 年主讲复性书院期间，还撰有一篇《童蒙箴》，也是会通儒佛思想的重要著作。全篇为四言、十六章、百六十句，如同偈语，实为箴铭。儒之体用本末，佛之性体义理，特别儒佛会通之要窾，发明殆尽，概括无遗。其第一、二章写道：“何名为儒，动静一如；何名为佛，不留一物。妄生异端，五谷不熟，人云亦云，其病则俗。谁能将珠，与汝安目。如何是禅，息虑忘缘；如何是道，但莫填倒。禅不可传，道不可道，开口便非，动步即到。咄哉野狐，商量浩浩。”短短数语，就把儒、佛、禅、道的义旨通体揭示出来。第三、四章，复揭明进入儒佛的途径，要为由耳目之识，悟得性空，方能“归根得旨”，此为佛径；而儒学之门，须从忠信笃敬做起，不存妄念，以穷理尽性为依归。第五、六章进而论说：“性具万德，统之以仁，修德用敬，都摄诸根。颜曾所示，道义之门。性修不二，儒佛一真。同得同证，无我无人。古佛垂教，有实有权，有小有大，有偏有圆。儒者所宗，则唯一焉，内外本末，始终后先，显微无间，体用一源。”又将儒、佛两家“体用一源”“性修不二”的特点予以揭櫫。马先生说，“仁”是德的根本，修德必须用敬，而德的最高境界，是归之于道，在这点上儒、佛自无不同，他们都试图追求“无我无人”的本真之境。

《童蒙箴》的第八章，例示解儒解佛之难：“六经注我，我注六经。见性之言，其谁肯听？不立一法，不舍一法，祖意教意，是同是别，毫厘有差，天地悬隔。”指出对儒佛寻解，须不为繁复的名相所蔽，而以见性明道为旨归，否则诠释有误，何啻谬以千里。第十章：“缘生之法，说名为空，迷者执有，爱恶相攻，二俱不了，异论乖宗。空乃非空，有实非有，有智人前，合取汝口。”对佛学的两个最重要的概念“空”和“有”，做了意味深长的分疏，指出“空乃非空，有实非有”。第十一章：“嗟彼未悟，但逐名言，依他作解，自谓穷玄。举心动念，烦恼炽然，情忘即佛，见在即凡，夺之既尽，凡圣俱捐。”强调“忘情”和去“成见”的重要。第十三章：“万物一体，天下一家，汝性无尽，而生有涯，在彼无减，在我无加。贪嗔忽起，杀人如麻。狂心顿歇，空不生华。”说明儒学和佛学，就性体心源而言，乃是一家。关键在于要去贪嗔，汰狂心，做到无减无增。第十五章：“唯仁与智，不惑不忧，无得无丧，何取何求。文无歆羡，孔绝怨尤，佛者断痴，老亦贵柔。抱薪救火，乃迷之邮。”[1]我们从中看出，这是马先生用极简

---

① 《童蒙箴》，《马一浮集》第一册，第723—725页。

括的韵语、格言箴铭的形式，完整、系统地表达他的儒佛会通的思想，甚至还包括儒、释、道三教会通的思想，因为第九章有“老尚玄同，庄亦大通，任物自然，谓人无功”的绝妙概括，并表示不能赞成佛学旧师对道家的贬斥。“性修不二，儒佛一真”“祖意教意，是同是别，毫厘有差，天地悬隔”“万物一体，天下一家”这些论断，已经把儒佛关系辨析得再清楚不过。

马先生自己显然也非常重视这篇《童蒙箴》，所以在《箴》的正文前面撰有一篇小序，写道：“有童稚初近书册，闻儒佛之名，不知所谓，遽闻其义，书此示之。或曰：此岂所以告童蒙耶？谢之曰：彼将问来问，从此尘生，若无刮目之方，安有披云之日。吾不求其解会，会者宁复假言，此正所以告童蒙耳。不欲埋没后生，更增葛藤一上，勿谓不可语此。何为洒扫应对，何为精义入神，一任后人略简。”[①]马先生所说的“童稚”，当然不是年龄的标志，而是指在儒佛的学问面前常见的懵懂无知。因此这篇《童蒙箴》，应该是写给所有对儒佛感兴趣而又不了解儒佛真义的人看的。如同致蒋再唐补论儒佛义理的长信，这篇《童蒙箴》主要表达的也是马先生自己的一种学术理念，即儒佛会通的思想，而且写得入韵入诗，极为工致，绝非“洒扫

① 《童蒙箴》，《马一浮集》第一册，第723页。

应对”，而是“精义入神”。

第二年，即1942年，马先生又撰一跋，说《童蒙箴》“可谓解开布袋，倾出一栲栳，顾未有能契之者”[①]，显然跋语是在为这篇探得儒佛奥秘的杰构不为人所解会（“未有能契之者”），而感到遗憾。笔者深知马先生是非常重视此篇文字的，完全可以作为研究儒学和佛学的“典要”著作，但本人不敢谈有所解会，不过特地拈出，俟之知者而已。

三　借禅说义，以佛释儒

马一浮关于儒佛会通的思想，是他的一贯主张，其主要表达方式为儒佛互摄和以佛解儒。除了上面提到的一文一箴之外，我们在研读马先生的论著或论学书简时，随处都可以看到他的精彩举证。为简要地说明此题义，我们不必遍搜马著所有文字，只要看看他在集中讲论“六艺”之学时所提供的精彩论证，就思过半矣。

《泰和宜山会语》的“卷端题识”，在谈到“讲说”与“著述”的文体区别时，说著述文辞须有体制，而讲说则是称意而谈，虽方言俚语的掺入亦无不可，这与“释氏诸古

① 《书〈童蒙箴〉跋》，《马一浮集》第二册，第100页。

德上堂垂语实近之”[①]。可见他是怎样毫无避忌地开卷就援引释氏为喻，无非说明儒与佛的学理方式亦复可通耳。而《泰和会语》第四节的小标题是“楷定国学名义”，马先生解释道：“‘楷定’是义学家释经用字。每下一义，须有法式，谓之楷定。”[②]又说，“楷定”一语虽与哲学家所谓“范畴”、“领域”近似，但“楷定”一词摄义充分，似更准确。而此节第一段：“大凡一切学术，皆由思考而起，故曰学原于思。思考所得，必用名言，始能诠表。名言即是文字，名是能诠，思是所诠。凡安立一种名言，必使本身所含摄之义理明白昭晰，使人能喻，谓之教体。”[③]用词措意，佛氏义学的味道十足。可是马先生并不以此为满足，还要随文加上注释，直接揭明出处：“释氏立文身、句身、名身，如是三身为一切言教必具之体。”[④]写到这里，马先生又引佛说解释“教体”一词：“佛说此方以音声为教体。”[⑤]

另外，《宜山会语》释程颐《颜子所好何学论》，也是处处用佛理加以解说。伊川文中谈到，一个有修养的人，必须学会节制自己的情感，使之适度，而不要让喜、怒、

---

① 《泰和宜山会语》之《卷端题识》，《马一浮集》第一册，第 1 页。
② 同上书，第 10 页。
③ 同上书，第 8—9 页。
④ 同上书，第 9 页。
⑤ 同上。

哀、惧、爱、恶、欲七情“炽而益荡，其性凿矣”。马先生于此处立即引来佛氏眼、耳、鼻、舌、身“五根”之说，“五根”之外还有一“根”为“识”，也称“意根”，正是由于“识动于中”，才生出“法尘”，有了诸般分别。于是“六识炽然，流荡不守”，真静之本体之性，就被戕贼（凿）了[①]。你看马先生以佛理诠解伊川之论，何等洽切。谈到“五性感动而善恶分”，他说这在“儒家谓情，佛氏谓识”，互相连类比照，十分自然。接着解“觉”字：“觉是本心之明发现处，《起信论》谓之始觉。”[②]我们从这些例证可以看到，马先生似乎觉得，如果不引入佛学义理循环阐释，关于“六艺”的问题，就不易说得清楚。

《复性书院讲录》里同样充满了以佛释儒的例证。

复性书院1939年农历九月十七日在四川乐山的乌尤寺开讲时，马一浮郑重地做了“开讲日示诸生”的演讲，其中讲到学员为学的志趣应无“间杂”，马先生说：“儒者先务立志，释氏亦言发心，此须抉择是当，不容一毫间杂。”[③]仍是儒佛并提，互相补论。《复性书院学规》阐释学问的态度，说到“穷理为致知之要”，要求学者明白“心外

---

① 《颜子所好何学论释义》，《宜山会语》，《马一浮集》第一册，第65页。
② 同上。
③ 《复性书院讲录》，《马一浮集》第一册，第105页。

无物，事外无理，事虽万殊，不离一心”。紧接着便引出佛典：“佛氏亦言：‘当知法界性，一切唯心造’‘心生法生，心灭法灭’‘万行不离一心，一心不违万行’。所言法者，即事物异名。”[①]马先生显然认为佛家之义学，更便于说明为学态度的哲学问题。而在阐释“致知”和“穷理”的关系时，他更纯以佛理加以解说，写道：

> 知是知此理唯是自觉自证境界，拈似入不得，如人饮水，冷暖自知。一切名言诠表，只是勉强描摹一个体段，到得此理显现之时，始名为知。一现一切现，鸢飞鱼跃，上下与天地同流，左右逢源，触处无碍，所谓头头是道，法法全彰，如是方名致知，所谓知之至也。清凉观答唐顺宗心要云：语证则不可示人，说理则非证不瞭。证者方是真知，证后所说之理方是实理。不然只是揣量卜度，妄生分别，如盲人摸象，各说一端，似则似，是则不是。在佛氏谓之情识思量境界，谓之偏计执，全体是妄；在儒家谓之私智穿凿，谓之不诚。[②]

把“知”解释为“自觉自证境界”，“一现一切现”“法法全

① 《复性书院讲录》，《马一浮集》第一册，第111页。

② 同上书，第112页。

彰”，方是“致知”；而“揣量卜度”则是“偏计执”，即佛家的“情识思量境界”。恐怕我们和读者看了上面这些论述，都会不约而同地认为，佛家的解释确实析理透辟，严格周密，难怪马先生要不离不弃地坚持一定须用佛理来解释“六艺”的思想了。

值得注意的是，马先生在具体释解“六艺”原典之时，也从不离开以佛解儒的方法。《复性书院讲录》第二卷首章总论群经大义，最突出的概念分疏是佛氏的“判教”和孔门所谓“分科”的区别。他指出“判教”是佛氏义学的概念，“天台据《法华》判四教，慈恩依《深密》《楞伽》判三时教，贤首本《华严》判五教”[①]。儒家有没有“判教”？马先生持肯定态度。他说《论语》里“子所雅言，《诗》《书》、执礼”、“兴于《诗》，立于礼，成于乐”、《诗》可以“兴、观、群、怨”，以及《孟子》引孔子的话讲的“知我罪我，其唯《春秋》”，就是儒家的判教之旨[②]。而《礼记·王制》：“乐正崇四术，立四教，顺先王《诗》、《书》、《礼》、《乐》以造士。春秋教以《礼》、《乐》，冬夏教以《诗》、《书》。”[③]马先生说，也是判为“四教”的意

---

① 《复性书院讲录》，《马一浮集》第一册，第151页。

② 《群经大义总说》，《复性书院讲录》，《马一浮集》第一册，第151—152页。

③ 同上。

思。至于孔子的德行、言语、政事、文学诸目，是就七十子的材质而言，而非于“六艺”之外又分为“四科”。马一浮说：“分科者，一器一官之事，故为局；判教则知本之事，故为通。”[①]所以他颇重视孟子的一段话：“孔子之谓集大成，集大成也者，金声而玉振之也。金声也者，始条理也；玉振之也者，终条理也。始条理者，智之事也；终条理者，圣之事也。”（《孟子·万章下》）认为孟子之言是统、类合一之义，此与义学之判教宜有不同。

马先生讲《群经大义》，通篇都在比论儒学和义学两家的短长、分别及义理的会通。“判教与分科”的分别讲完之后，马先生接着讲“玄言”与“实理”的区分。他说：“古人垂语，皆本其所自得。见得端的，行得纯熟，自然从胸襟流出，不假安排，以其皆实理也。”[②]《易·乾·文言》曰：“修辞立其诚，所以居业也。”马先生极重此语，他说“诚”就是“真实无妄”，业即是行，“居”则是居其所而不迁。有“诚”，才能讲出“实理”。孔子、孟子讲的都是实理。而《庄子》文虽美，但喜欢说“理为无端厓，令人流荡失据”。这个分别就是“玄言”与“实理”的分别。如果以佛氏之言判之，“则知老、庄为破相教，孔、孟为显性

---

① 《复性书院讲录》，《马一浮集》第一册，第155页。

② 同上。

教。一于破相，则性亦相也；一于显性，则相亦性也。”[①] 这里用佛氏关于“显性教”和“破相教”之说，来分别“六艺”之实理和老庄之玄言，亦即在马先生看来，关于“六艺”之判教是实理，而非玄言。

《群经大义》的“总说”之后，接着讲《论语大义》，具体分诗教、书教、礼乐教、易教、春秋教五目，然后逐一予以析论。马一浮指出，诗教主仁，所以孔门问仁者最多。而孔子对所问之仁，总是随机而答。马先生于是引佛教义来验证诗教之仁，道是：“此方真教体，清净在音闻，欲取三摩提，要以闻中入。”马先生说这是《诗》的妙义，因为它具有“四种悉檀”。何谓“四种悉檀”？马先生解释说：“四悉檀者出天台教义，悉言遍，檀言施。华、梵兼举也。一世界悉檀，世界为隔别分限之义，人之根器各有所限，随宜分别，次第为说，名世界悉檀。二为人悉檀，即谓因材施教，专为此一类机说，令其得入，名为人悉檀。三为治悉檀，谓应病与药，对治其人病痛而说。四第一义悉檀，即称理而说也。”[②] 以此义衡之《论语》，则樊迟问仁，子曰“爱人”；问知，子曰“知人”，马先生说这是世

① 《复性书院讲录》，《马一浮集》第一册，第 157 页。

② 《论语大义·诗教》，《复性书院讲录》，《马一浮集》第一册，第 161—162 页。

界悉檀。因为“仁”是普遍的关怀，有博施济众之义，所以以“世界悉檀”解之，绝无不恰。孔子答子贡问所说的“己欲立而立人，己欲达而达人”，涉及人我关系的推己及人，所以属于人悉檀。答司马牛，曰“仁者，其言也讱”。“讱”为斟酌言语，以求对症下药，故为“治悉檀”。答颜渊曰“一日克己复礼，天下归仁焉”。兹事体大，事涉心的“全德”、“总相”，称其为“第一义悉檀”，不失为取喻有伦。而且按马先生的解释，不仅论“仁”有四悉檀，论“政”也有四悉檀，此为“书教”所呈现。同样，礼乐教也可以用四悉檀配。如孔子答孟懿子曰“无违”，是世界悉檀；答孟武伯曰“父母唯其疾之忧”，为人悉檀；答子游曰“不敬何以别乎”、答子夏曰“色难”，是对治悉檀；答或问禘（指祭祀祖先的活动——笔者注）之说曰：“知其说者之于天下也，其如示诸斯乎”（指其掌），是第一义悉檀等[①]。马先生以佛氏之义学学理来诠解儒家的经典论说，真可谓得心应手，无不切中。

至于解释《论语》中的“易教”，援引佛典之处更多。《论语》“朝闻夕死”章最能见出《易》义，于是马先生引来《楞伽》：“一切法不生，我说刹那义，当生则有灭，不

① 《论语大义·礼乐教中》，《复性书院讲录》，《马一浮集》第一册，第173页。

为愚者说。”他解释道：“言朝夕者，犹刹那义也。死生之义，佛说为详。然彼土之言虽多，亦无所增，此土之言虽简，亦无所失。此在学者善会。先儒不好举，佛说亦无过也。”[①]此处他取儒佛两齐的态度。而《论语》“子在川上”章，马先生以为是在变易中见其不易之理，所以他引佛理为说：“‘逝者如斯夫’是法、喻并举。‘逝’言一切法不住也，‘斯’指川流相。一切有为诸法，生灭行相，逝而无住，故非常；大化无为，流而不息，不舍昼夜，故非断。法尔双离断常，乃显真常不易之实理。”又加注道：“断常二见之常，是刻定死常，与真常之常不同。妄计诸有，不坏灭，是死常；法尔如然，无有定灭，乃是真常。”[②]然后又引朱子语，认为用他物取譬道体而易见者，则“莫如川流”。这些地方，马先生已经不只是以佛解儒，而是将儒义佛理融而为一，并论双提，合义取解。

不过在马先生看来，有时佛氏之义理比儒义似更高一筹。例如孔子、朱子、程子均以不息之川流比喻道体，程子且说汉以后诸儒多不解此义。马先生于此则说：“某谓禅师家却识得此义，如赵州云：‘汝等诸人被十二时使，老

---

① 《论语大义·易教上》,《复性书院讲录》,《马一浮集》第一册，第185—186页。

② 《论语大义·易教下》,《复性书院讲录》,《马一浮集》第一册，第187页。

僧识得十二时。’赵州不必定读《论语》，却深得‘川上’之旨。亦如肇公不必定读《易》，其作《物不迁论》却深得变易即不易之旨。参活句莫参死句，乃可与言学《易》也。”[①]而在另一处，更明指“《易》教实摄佛氏圆顿教义”。至其所以然的理由，马先生则不避烦引，写道：

> 三易之义，亦即体、相、用三大。不易是体大，变易是相大，简易是用大也。《中庸》正义引贺玚云："性之与情，犹水之与波。静时是水，动则是波；静时是性，动则是情。"《楞伽》云："诸识有二种生住灭，谓流注及相，诸识有三种相，谓转向、业相、真相。转向、业相可灭，真相不灭。偈云：比如巨海浪，斯由猛风起。洪波鼓冥壑，无有断绝时。藏识海常住，境界风所动。种种诸识浪，腾跃而转生。"《起信论》宗《楞伽》而作，有两段文与贺玚语绝相似。一"显智静相"文云："如大海水因风波动，水相风相不相舍离，而水非动性，若风止灭，动相则灭，湿性不坏故。如是众生自性清净，心因无明风动，心与无明俱无形相，不相舍离，而心非动性，若无明灭，相续则灭，

① 《论语大义·易教下》，《复性书院讲录》，《马一浮集》第一册，第188页。

> 智性不坏故。”一“答二种生灭征诘灭义”文曰：“所言灭者，唯心相灭，非心体灭。如风依水而有动相，若水灭者则风相断绝，无所依止。以水不灭，风相相续，唯风灭故，动相随灭，非是水灭。无明亦尔，依心体而动。若心体灭，则众生断绝，无所依止；以体不灭，心得相续。唯痴灭故，心相随灭，非心智灭。”学者当知佛氏所言生灭即变易义；言“不生不灭”者，即不易义；若“不变随缘，随缘不变”，即简易义也。[①]

《论语》“子在川上曰，逝者如斯夫，不舍昼夜”一语，诚然所含理趣意蕴极为丰富，人生与自然法则尽在其中，当然《易》道亦包含其中。而将此丰富意蕴阐释得题无剩义，则非引佛理不得如此圆转详贴。这是马一浮先生的高明处，也是他不得不以佛来解儒的学理缘由。

四 《易》道与佛氏诸相

除此之外，马一浮在复性书院讲述的其他几部经典，如《孝经大义》、《诗教绪论》、《礼教绪论》、《洪范约义》、

① 《论语大义·易教下》,《复性书院讲录》,《马一浮集》第一册，第188—189页。

《观象卮言》等，亦无一不是以佛氏之义学来会解儒学义理之作。最突出的莫过于以"《华严》'法界'之名与《易》义相准"，如前所述，这是马一浮先生的一贯思想。他写道："学《易》最是难言。盖在圣人得之则为妙用，在凡愚执之即成死法。此贤首所谓微言滞于心首，转为缘虑之场，实际居于目前，翻成名相之境也。尝谓二氏之学实能于费中见隐，故当为《易》教所摄。"[①]而在阐发"《易》道本大"的义理之时，更是纯用佛氏语式给以说明，造语十端，予以彰显。马先生写道：

一、大是周遍义，举一全该故。

二、大是包蕴义，含摄无尽故。

三、大是自在义，随时变易故。

四、大是无碍义，通而不睽故。

五、大是无尽义，为物终始故。

六、大是无方义，无有远近故。

七、大是无为义，感而恒寂故。

八、大是不测义，两在不二故。

九、大是即物义，与物为体故。

---

① 《观象卮言》，《复性书院讲录》，《马一浮集》第一册，第 452 页。

十、大是无我义，虚中而应故。[①]

此十重义，将《易》之广矣大矣之旨概括无遗。然而马先生会通佛理与《易》学的努力并未到此为止，他还进一步把《易》之为大，用佛氏诸相，逐一加以表述。他说："不易，故大是显其理之常也"、"变易，故大是显其气之变也"、"简易，故大是显其用之神也"。从而"于不易中示变易，于变易中见不易。'不舍一法，不立一法'，乃许'随处作主，遇缘即宗'。'言满天下无口过，行满天下无怨恶'。虽大用繁兴而其体恒寂，是故'可以酬酢，可以祐神'，即当于佛氏之言'用大'。"[②]马先生最后说，如果这样的道理还不能会得，那就证明自己是"自安于小"了，而与易道了不相关而或自执而"成死法"。马先生如此比较会通的结果，佛理与《易》理均得到了圆释。观《观象卮言》和其他诸书，我们可以会得，马一浮先生是20世纪学者中真正深于"易"者、精于"易"者，而不知尚有谁家可出其右。吾不知矣，吾不知矣。

马一浮先生担任复性书院主讲期间，约用去一年多的时间讲论"群经大义"。从《论语大义》开始，接着讲《孝

① 《观象卮言》,《复性书院讲录》,《马一浮集》第一册，第451页。
② 同上书，第451—452页。

经大义》、《诗教绪论》、《洪范约义》和《观象卮言》。讲论《孝经大义》、《洪范约义》、《观象卮言》等篇，在体例上有一明显的变化，即在每篇甚至每节之后，都加上了“附语”，文字有短有长，长者数百上千言，足可独立成文。这些“附语”的写作，马先生更加放开手眼，不拘一格地大量援引各种佛典著作以为参证。如《孝经大义》“释至德要道”一节之“附语”，谈到义学家释经的方法，特标举“六离合释”之法，马先生极为称赞。而研究天台宗的学者释经，立“五重玄义”：一释名，二辨体，三明宗，四论用，五判教相；华严家则用十门释经：一教起因缘，二藏教所摄，三义理分齐，四教所被机，五教体浅深，六宗趣通局，七部类品会，八传译感通，九总释经题，十别解文义。马先生说，两相比较，华严的方法较天台更为严密。[①]佛氏之义学家解释经典，其条理能够细密到如此程度，马先生无法不给予由衷的肯定。他说，即使是儒者说经，恐怕也到不了这一地步。甚至在马先生看来，佛氏说经的条理性，不独儒者“尚未及此”，就是“时人”所标榜的“科学整理”，怕也难得“梦见”。他竟连类比照，情不自禁地联系现状做了少见的批评。的确，佛学义理的幽渺之思和逻辑之细密，是儒、释、道三教的思维资源中最见光彩的部分，

---

① 《孝经大义》，《复性书院讲录》，《马一浮集》第一册，第225—226页。

而不必看作只是马先生个人的学术偏好。

《孝经大义》在“释五孝”一节里提出，五孝之义，“当假佛氏依、正二报释之”。“五孝”是指天子、诸侯、卿大夫、士、庶人，此五种身份之人的孝义内涵。然则为何要用佛氏的依、正二报来解释？马一浮说：“佛氏以众生随其染净，业报所感，而受此五阴之身，名为正报。此身所居世界国土，净秽苦乐不同，亦随业转，名为依报。”又说：“人之智愚贤否，正报也。国之废兴存亡，依报也。”[①]该节之“附语”对此义又进而申论道：

> 何故说依、正二报？以时人倒见，以为人生一切，都被环境所使，换言之，即是为物所使。是正报随依报转，自己全无主宰分，即无自由分，真乃迷头认影。彼不知环境是自己造成，即佛说一切国土唯依心现也。若能转物，即同如来不为物转，斯能转物。其实物不能自转，转物者心，所谓“一切唯心造”，不可说一切唯物造也。知自己是正报，环境是依报，始有转物分。换言之，始可改造环境，始有自主分也。明依、正不二之旨，乃悟所依之土同于影响，土即身之一部分，物即心之一部分也，不可认奴作郎。然依

① 《孝经大义》，《复性书院讲录》，《马一浮集》第一册，第233页。

报胜劣，又须明别业、共业所感不同。百千微尘世界差别无边，即是众生心行差别无边所现。今人只知有物而不知有心，不知心外无物，所以成为颠倒。因欲显示正理救此失故，所以须说依、正二报。[①]

所以引来佛氏的依、正二报之说，马先生的苦心在于欲拯救今人的“只知有物而不知有心”的颠倒的精神世界。“只知有物而不知有心”，人的“孝敬”的义理就流失了，人类的一切美德亦无从谈起。而“六经”的义理，主要在于阐发与传播成德之教。故马先生不避繁引佛氏典藏，冀以此为助发，使学子能够更深层地理解包括《孝经》在内的儒家的最高经典。

马先生的以佛解儒和儒佛会通思想，在他的论学书简和《尔雅台答问》及《尔雅台答问续编》等论著中，也可以得到证验。他已经形成言说习惯，几乎是离佛而不言儒。《示吴敬生》在谈到人心之陷溺及佛氏钳锤的恶辣时，写道：“‘人之生也直，罔之生也幸而免。’佛氏亦言直心、深心、大心，是即《坤·文言》所谓‘直方大，不习，无不利’也。今日人心之病，一‘罔’字尽之。委曲盖藏则不直，迁就回护则不方，私小自便则不大，是皆罔也。”又

① 《孝经大义》,《复性书院讲录》,《马一浮集》第一册，第 237 页。

说："佛者之徒，钳锤恶辣，其锻炼人手眼，有时为儒者所不及。然龙象蹴踏，非驴所堪，故不遇大机，则大法终閟。今人只是好人称誉，一闻针砭，即不能受，此真自弃者也。虽圣人复起，无如之何。'子温而厉'，'即之也温，听其言也厉'。唯其爱人之厚，故温；唯其为人之切，故厉。能知圣人之言厉，然后于禅师家之恶辣钳锤可无疑也。"[①]这说明马先生对佛氏的喜好，不单纯在义学的思理方面，连钳锤棒喝使之猛然醒悟的批评方法，也极力给予肯定。

而在《示王星贤》的文字中，则直接向他的这位贤弟子介绍读佛书和参悟的体验，他说："看《灯录》随分理会得一二，则亦佳。其不能理会得者，所谓无义味语，正是直下令人情识不行，与伊剿绝。忽然触动关捩子，如寐忽觉，如寻失物忽得，便豁然疑滞顿释，身心庆快，此方是格物致知之真实田地也。"又说："佛家有四句诀云：'顶圣眼生天，人心饿鬼腹，畜生膝盖离，地狱脚板出。'盖寿、暖、识，三亦不相离。寿谓气息，暖即温度，识指神识。人死气息先断而体犹温，即神识尚未去体。其最后冷之处，即神识所由出也。生善道者从上出，生恶道者从下出。亦《楞严》所谓'想多则生，情多则沉'之旨。然轮回之说，实有未尽，当以朱子有轮回、有不轮回之理为正。

---

① 《示吴敬生》，《尔雅台答问续编》，《马一浮集》第一册，第 550 页。

此本与佛说相应，因彼亦言入圣则无轮回，唯人天六道乃有轮回也。若尽其道而死，则生顺没宁，岂复更有随业转生之事？此非深明死生之故，未易言作得主在。”[①]此段文字见出马先生受佛学浸润之深，所谓真“明生死”者矣。其读《灯录》随时会得的体验，“如寐忽觉，如寻失物忽得”、“豁然疑滞顿释，身心庆快”，以及“人之疑情须是自起方能真切，他人教不得，故不特悟须自悟，疑亦须自疑也”等，都是非过来者不知也。

王星贤、张立民、张德钧等几位是马一浮的得意弟子，因此马先生答这些弟子之问，引佛理尤多而深邃畅快。《示张德钧》共七十五则，首则即引《华严》、《楞严》、《起信论》诸佛典，阐述觉与不觉之义。明之徐莱（字南泉）有一偈：“学道之人不识真，只为从来认识神。无始世来生死本，痴人认作本来人。”马先生称此偈可与孟子、张载把手共行。他解释道：“若依佛语会通，则横渠所谓‘气质之性’者，识也；‘天地之性’者，智也；‘善反之，则天地之性存焉’者，即是转八识成四智。大鉴所谓但转名言，无实性也。形而后有‘气质之性’是全真起妄，‘善反之’则举妄全真。‘君子有弗性焉’，即不认识神也；‘天地之性

① 《示王星贤》，《尔雅台答问续编》，《马一浮集》第一册，第556—557页。

存焉'，即三身四智体中圆也。若能如此，则幻化空身即法身矣。幻化即为形而后有，非曰空无也。"[①]如此会得会通的结果，张载的"气质之性""天地之性"云云，就被"注破"了。马先生说："若遇横渠，必骂曰：这老汉，着甚死急。"但为使弟子们领会张载的用意，日用中应不以"气质之性"用事，他宁愿"不惜横身"。

遇到弟子们的笔记、文章对以佛解儒稍有见地，马先生立即热情予以肯定，批道："和会佛义处，颇见思理。"[②]当涉及对程子著作中"有为"一词的理解时，马先生指出，程子是据佛经"有为法"和"无为法"对说之义。他因此强调："故不明义学，直读他先儒书不得。"[③]有时他情不自禁，会大段大段地讲起儒佛会通的道理。《示张伯衡》有一则牵及"六艺"与佛教顿教、渐教的关系，他写道：

> 凡教皆就机立名，机有顿、渐，故教有顿、渐。天台所立化仪四教，尚有秘密、不定两门，此不由安排，不容拟议。如《华严》唯是顿教，《阿含》《方等》《般若》同为渐教非顿。以化法四教配之，藏、通、别皆渐

---

① 《示张德钧》,《尔雅台答问续编》,《马一浮集》第一册，第 573 页。

② 同上书，第 579 页。

③ 《示张伯衡》,《尔雅台答问续编》,《马一浮集》第一册，第 603 页。

而非顿，圆则是顿而非渐。贤首判五教，小、始、终即当藏、通、别，皆渐也。于圆教外别出顿教，以收达磨一宗，其实圆即顿也。若不分顿、渐，则成侊侗。以顿唯摄圆，其余悉归渐摄，教相不得掍滥也。此依佛氏教乘言之，义学至贤首而极，后来更不能增损。若儒家本无是说，约义而判，六艺皆属圆宗，即并可说为顿教。"一以贯之"，非顿而何？《中庸》知、行三等，亦是言机有胜劣，及其知之一也，及其成功一也，则亦同归圆顿。到此田地，更无阶差、位次可言。学者分上，唯须就自己知、行上勘验。困勉是初，学利是中，生安是后。从生至熟，此乃有似于渐。及其知之、成功一也，方了得是顿。顿、渐在己而不在教，且莫议他偏与不偏，亦莫计此是儒义佛义，如此方有相应分。[①]

马一浮对佛教各宗派的义理均极稔熟，特别对天台宗的了解尤为深湛，"化仪四教""化法四教"都是天台宗的判教方法。不过他更推崇贤首的五教判，认为"六艺"大体上属于贤首"五教"中的圆宗，因此在义理方面当然是顿教而非渐教。他认为用佛氏的判教法来诠释"六艺"之学，有助于理解"六艺"的精要，而不必管它是儒义还是佛义，甚至也可以先不

① 《示张伯衡》,《尔雅台答问续编》,《马一浮集》第一册，第 608 页。

管其“偏与不偏”。此可见马先生阐释“六艺”而用佛理助发的态度是何等决然而不可动摇。

他为了打破人们对“二氏”的成见，还经常在论著中插入关于佛理所具有的普世性价值的解说。《尔雅台答问续编》“示金晓邨”谈到了佛学的“四依之说”。他写道：“佛氏有四依之说。一谓依法莫依人，二谓依义莫依文，三谓依智莫依识，四谓依了义莫依不了义。尝谓此可为治经之法。但彼所谓依智莫依识者，今恐未喻。盖识是现前分别揣量之知，智则是自然照了无碍之知，前后截然不同，却难以骤解。吾非是好谈佛法，实见义学煞有长处，谓学者不可遗之耳。”[①]“四依”中的一、二、四项，即依法莫依人、依义莫依文、依了义莫依不了义，我们看后不难明白，为什么马先生认为可以用这些方法来治经。因为佛氏之“法”即儒家之道；“义”即“谛”，指确当不移之道理；“了义”为无剩义。此三“依”自是诠解儒家经典的重要法门。但第三项“依智莫依识”，却不容易理解。我们不免发问：难道治经就不需要“识”而仅仅依靠“智”吗？马先生预见到此一层，特地予以分说：“识是现前分别揣量之知，智则是自然照了无碍之知”，说明“识”和“智”所涵藏的两种“知”是不同的：一为辨类分别，是为初步认识

① 《示金晓邨》，《尔雅台答问续编》，《马一浮集》第一册，第635页。

事物的方法；二为洞悉底里，达到对真理的认识。他由此希望一般学者能够看到或者不要忘记佛氏义学的长处。

马一浮先生的以佛解儒、儒佛会通的思想，我们在他的著作中随时随地都可以看到，可以说处处皆是，这里无须一一尽举。但《尔雅台答问续编》卷五的“答黄君”，是一篇极特殊的文字，将儒佛会通思想的理念和修道途径、本体和工夫一体给予最透彻的说明。他写道：

> 无论儒佛，凡有言教，皆以明性道为归。然见性者多，尽性者少；说道者多，行道者少。若其门庭设施，方便应机，大都曲为今时，亦不可为典要。惟有指归自己一路是真血脉。故凡学道人，必以见性为亟。见性方能行道，行道方能尽性，然后性道不是空言。先要知见正，功夫密，久久纯熟，时至理彰，方得瞥地日用处自然合辙，乃可与古人把手同行。到此田地，一切平常，并无奇特。知见正在读书穷理，就善知识抉择，不轻疑古人，不轻信时人。到知得彻时，触处洞然，自不留余惑。功夫密在日用上，无论动静语默，应缘涉境，违情顺情，总是一般。行得彻时，无入而不自得，佛氏唤做尘尘三昧，如此乃有相应分。切莫得少为足，贪着静境界以为胜妙，须知此皆自己识心变现，非是实有，若生取著，翻成障道。如仁者自述

> 所历诸境，从前自以为得力者，不久遇缘，即又变易。当病不知人时，向所谓灵光者何在邪？固知常住真心、至诚无息者不当如是也。晚近道家流派甚杂，其高者只明得气上事，用以摄生，亦有小验。遽以此为博大真人，则恐近于戏论，似未须深留意也。欲图见性尽性，中土圣贤，其言简要，实已该摄无余。佛氏之义学、禅宗料简益详，并资牖启，而禅宗铲除情见，尤为直截。但学者不明古人机用，或随语生解，无有入处。故信不及，转为名言所缚耳。足下今日若能涤除旧解，一意儒书，引归自己，直下承当，行之自有受用。或欲浏览佛乘，则先看《楞严》《圆觉》，再阅《五灯》，古德机缘，于情识所不能领会处，忽然触着磕着，必有见性分。然后终日所行，莫非是道，夫孰能御之？然切忌卜度穿凿，勿将动静打成两橛，心境分为二事，如此亦思过半矣。[①]

马一浮先生在此一段文字中，把他的儒佛会通思想阐释得极为集中，且结合尽性行道的体验和经验，所牖启于来学者的意义也至大矣。“无论儒佛，凡有言教，皆以明性道为归”“古德机缘，于情识所不能领会处，忽然触着磕着，必

---

① 《答黄君》,《尔雅台答问续编》,《马一浮集》第一册，第682—683页。

有见性分”。此段文字实不亚于于一篇专题论文，我们不妨将其看作马先生关于学者尽性行道不能或缺儒佛资源的一篇“言教”。

五 与儒学为终始，与佛学为终始

马一浮先生以佛解儒、儒佛会通的思想是始终如一、全面贯通的。也可以说是一生为学，言传身教，须臾不离。虽然他叙述自己的学问路径有云：“余初治考据，继专攻西学，用力既久，然后知其弊，又转治佛典，最后始归于六经。”[①]但这番话是在复性书院向弟子们讲的，正是他集中阐讲“六艺”之学时期。如果就其复性书院的讲论及泰和、宜山之两《会语》，也就是1938年至1945年这段时间而言，他当然是浸润在“六艺”之中，以“归于六经”概括之，自是实写。只是，我想说明，即使在马先生致力于阐讲“六艺”时期，在他集中讲论“群经大义”之时，他不仅没有丢弃佛学，而恰是在此一时期，把儒学之义理和佛氏之义学熔为一炉，转相阐释，道法圆融，使他的以佛解儒、儒佛会通的思想达至全新的境界。

马一浮先生坚定地认为，如果没有佛学的根底，对

① 乌以风辑录：《问学私记》，《马一浮集》第三册，第1191页。

“六艺”之学不可能有切实的解会。他说：“读儒书，须是从义学翻过身来，庶不至笼统颟顸。”[①]这个话，一语千金。而当讲到见性知命的关键在于用“艮”，而“艮”就是“成始而成终”“用敬就是用艮”时，他联系自己的学问经历说道：“吾昔从义学、禅学翻过身来，故言之谛当，可以自信。”[②]再次重复他的为学经验。论者或以1927年《致金蓉镜》一函为说，主张从1927年开始，马先生就已完全归宗于“六艺”了，再不将佛禅挂之唇吻。其实，如此断分，并非没有问题。因为金氏的来函对禅学持强烈的批评态度，所以马先生的回函首先针对金氏的态度加以辩说。

第一，马一浮指出，就20年代的具体情况，根本谈不到有什么禅学，而且也没有能够入于“斯可”之列的禅师；因此你金先生针对现时状况发难，不能说完全没有看到一些弊端，但如果以此衡量古德，就不可以了。他说：“古德于遍参之前，多周历讲肆，广习经纶。必俟三学赅练，密行成就，始能发悟。未有不明义学，不净毗尼，而可卤莽承当者。”[①]当然也不排除有“言下神解，不历闻修”的高士，但如果不是“久植德本”，不可能达到这一境界。

---

① 《马一浮先生语录类编》,《马一浮集》第三册，第1055页。

② 同上书，第1057页。

① 《致金蓉镜》(1927年7月),《马一浮集》第二册，第494—495页。

后人不考察特定情形，“徒诧举悟缘，侈陈机辩”，致使禅学走上“劣机”和“粗识”之路。

第二，印度传来的佛典，剖析名理时，语言华赡，因此难免失之于奢，不如中土圣人的言教都很简实，所以程朱诸儒游意佛禅既久，终乃求之“六艺”。可是佛禅之中确有许多宝贵的东西，我们的态度应该是“礼失求野”，而不必“屏诸四夷”。

马一浮此函的最后一段，谈到了于参禅一事，他年来已“不挂唇吻”，连佛禅方面的书也束之高阁，想用有生之年专研“六艺”之学[②]。马先生表达的是自己的一种愿望，自属真诚，但后来的经历表明，他并没有从此弃绝佛学；相反，我们前面已多所论列，马先生一生，始终与儒学为始终，始终与佛学为始终。儒学和佛学同为他的两根学问支柱，共同支持他的儒佛会通的学问大厦。

---

② 同上书，第 495 页。

第八章　马一浮的佛禅境界和方外诸友

马一浮学术思想的特点，是儒佛兼治、儒佛并重、儒佛会通。

论者或云，马先生和梁漱溟、熊十力一样，也经历一个由佛返儒的学问历程。马先生固然是伟大的儒者，其对“六艺”之学和儒家经术义理所做的贡献，可以视他为宋明以后之第一人。但他同时又是不可有二的现代佛学学者。他长期浸润涵泳释氏载籍，深谙佛理禅机。即使是1938年至1945年的民族危难时期，他在江西泰和、广西宜山和四川乐山，主要讲论“六艺”之学，也从未忘情于他所钟情的佛氏之义学和禅学。

一　读儒书须是从义学翻过身来

他讲论“六艺”的基本方法，是以佛释儒，“借他禅语来显义”。翻开《泰和》《宜山》两会语和《复性书院讲演录》，以及与友朋的通信，这方面的例证触处皆是。他甚至认为，如果不引入佛学义理，关于“六艺”的问题是否能说得清楚，也大可怀疑。他的可成为典要的名言是：“读儒书，须是从义学翻过身来，庶不至笼统颟顸。”[①]他的这种立场也曾引起过一些学者的不满，与他相交多年的友人叶左文（1886—1966），就曾提出疑义，说他的《泰和》《宜山》会语“庞杂”“入于禅”“入于鄙诈慢易而有邪心”，批评得相当严厉。

马先生面对责难毫不退却，写给叶的信平静、委婉而意态坚定。他说：“浮诚不自量，妄为后生称说。既蒙深斥，便当立时缀讲，以求寡过。然既贸然而来，忽又亟亟求去，亦无以自解于友朋。言之不臧，往者已不及救；动而有悔，来者犹或可追。今后益将辨之于微隐之中，致慎于独知之地。冀可以答忠告之盛怀，消坊民之远虑，不敢自文自遂以终为君子之弃也。世固未有言妄而心不邪者。据浮今日见处，吾子所斥为邪妄，浮实未足以知之。”针对叶左文的“入于鄙诈慢易”和“有邪心”的妄测诬评，马一浮反驳道：“盖浮所持以为正理者，自吾子视之则邪也；浮所见以为实理者，自吾子视之则妄也。夫人苟非甚不肖，

① 《马一浮先生语录类编》，《马一浮集》第三册，第1055页。

必不肯自安于邪妄。平生所学在体认天理，消其妄心，乃不知其竟堕于邪妄也。若夫致乐以治心，致礼以治身，亦固尝用力焉而未能有进，不自知其不免于鄙诈慢易之入有如是也。”[①]指出叶的批评与自己的学理学心南辕北辙，不生干系，只不过彼此对于正邪、是非所持的标准不同耳。

至于“庞杂”“入于禅”之讥，马先生则坦然写道：“谓吾今日所言有不期而入于禅者，浮自承之”、“其引用佛书旁及俗学，诚不免庞杂。然兼听并观，欲以见道体之大，非为夸也。罕譬曲喻，欲以解流俗之蔽，非为戏也”。又说：“兄不喜佛氏，乃并其所用中土名言而亦恶之，此似稍过矣。浮今以‘六艺’判群籍，实受义学影响，同于彼之判教，先儒之所未言。”又说：“判教实是义学家长处，世儒治经实不及其缜密。”[②]直接肯定佛学思理之细密和逻辑之圆融，不用说此亦是后世知者所共见。而另一答叶氏函则自道：“浮实从义学、禅学中转身来，归而求之六经，此不须掩讳。”[③]

叶左文是陈介石（1859—1917）的弟子，浙江开化人，生于1885年，比马一浮小两岁，清末曾为广东盐使，治考据之学，早年在杭州时曾与马一浮一起读《论语》，彼

---

① 《致叶左文》第十函（1938年），《马一浮集》第二册，第438—442页。

② 同上。

③ 《致叶左文》第十一函（1938年），《马一浮集》第二册，第445页。

此相与甚得。后任职北京图书馆，以所校《宋史》名家。但两人的学术观点多有歧义，尤其对佛学的看法大相径庭。当1918年两人通信时，已涉及对佛氏的不同理解。马一浮当时在信中写道：

> 旧于释氏书不废涉览，以为此亦穷理之事。程子所谓大乱真者，庶由此可求而得之。及寻绎稍广，乃知先儒所辟，或有似乎一往之谈，盖实有考之未晰者。彼其论心性之要，微妙玄通，校之濂洛诸师，所持未始有异。所不同者，化仪之迹耳。庄、列之书，特其近似者，未可比而齐之。要其本原，则《易》与礼乐之流裔也。此义堙郁，欲粗为敷陈，非一时可尽。又虑非尊兄今日所乐闻，故不敢以进。尊兄壹志三《礼》，恪守程朱。虽终身不窥释氏书，何所欠缺。若浮者亦既读之而略闻其义，虽以尊兄好我之深，吾平日信尊兄之笃诚，恨未能仰徇来旨，一朝而屏之。且其可得而扃闭者，卷帙而已。其义之流衍于性道，冥符于“六艺”者，日接于心，又恶得而置诸。不敢自欺以欺吾兄，避其名而居其实，自陷于不诚之域，故坦然直酬，以俟异日之得间而毕其说。[①]

① 《致叶左文》第三函（1918年），《马一浮集》第二册，第429—430页。

此可见马一浮先生对佛学之执拗，已到了弃之不可、舍之不能的地步。宋儒对佛氏的态度，他也不敢苟同。“二程”所谓二氏可以“乱真”的说法，他认为不过是“一往之谈”。他说那不是“乱真”，而是“所持未始有异”，其本原与《易》和礼乐是相通的。他并且想在学理上对此做出系统阐释。他说的“俟异日之得间而毕其说”，就是欲会通儒佛的意思。他的这一愿望，二十年后在《泰和会语》、《宜山会语》和《复性书院讲录》中得到了实现。

对佛氏之义学和禅学，马一浮可谓终其一生，“痴心”不改。

二　李叔同出家所受马一浮的影响

不仅此也，日常生活中的马一浮，也是经常浸润、徜徉于佛禅义海之中。

他的友人中很多都与佛、禅有信仰或学术的因缘。谢无量是他从青年到晚年未曾间断的最好的朋友，谢是诗人、文学史家，对佛学亦有深湛的研究，曾著有《佛学大纲》一书。谢无量的胞弟谢希安，1889年生，复旦大学毕业，后任教于四川高等学堂。由于宿因，“志乐方外”，遂于任教四川时出家，先在成都大慈寺剃发，后在贵州高峰山万华寺受戒，法名万慧。复又云游缅甸、印度等国，成为享誉南亚的高僧。马一浮写给谢无量的信中，总是对万慧眷念无已，几次写诗寄意感怀[①]。直到50年代以后，他还与万慧法师有书信联系。

1959年，万慧在仰光示寂，马先生为之撰写塔铭和后记[②]，赞扬其在异域游玄栖禅、传播佛法的功德，并以一首七律为悼："林卧观空隘九垓，法云深护碧崔嵬。行藏语默无差别，幻翳星灯泯去来。梵业早知辞后有，劳民何日靖三灾。孤峰遥礼安禅处，百鸟衔花绕塔回。"诗题为："万慧法师行化印缅垂四十年，末后卓安于仰光之宝井峰，兹闻示灭，信众为就山建塔，远征题咏，寄此以志悲仰。"[③]同时给谢无量也寄去一诗，写道："隐几冥然识气先，阅人成世悟无迁。雕龙炙毂方盈耳，枯木寒岩自送年。尚及黄冠迎野祭，可能雪夜忆湖船。迩来一事堪惆怅，度岭玄沙

① 1940年，马一浮掌复性书院于四川乐山，曾有《寄怀万慧法师仰光》七律一首："不隔灵光莫系风，梦中流转尚飘蓬。寄书金色拈花侣，可忆西湖卖酱翁。无舌人来应解语，吹毛剑在任挥空。六牙白象何时见，欲问瞿昙那一通。"而当得到万慧法师的书信后，马一浮欣喜若狂，立成五律作答："片羽来鸡足，高轩忆桂林。干戈成间阻，衰病益愁吟。喜得支公讯，如闻海上琴。嘉君方外趣，识我故园心。"两诗分别见《马一浮集》第三册，第93、111页。

② 《万慧法师塔铭并后记》，《马一浮集》第二册，第265—266页。

③ 《万慧法师行化印缅垂四十年，末后卓安于仰光之宝井峰，兹闻示灭，信众为就山建塔，远征题咏，寄此以志悲仰》，《马一浮集》第三册，第633—634页。

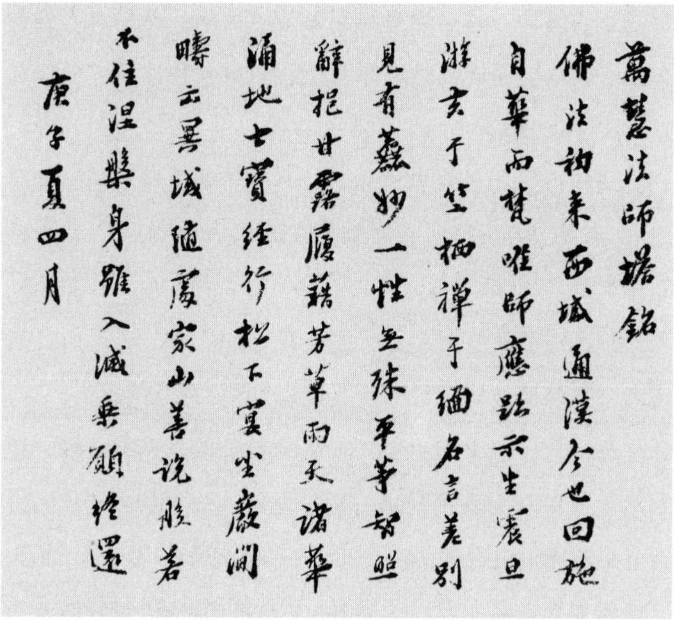

《万慧法师塔铭》

竟不还。”诗后注：“闻令弟法师已示寂，安住涅槃，脱离尘秽。虽世情所戚，而法性无迁，料哀乐不能入也。”[①]虽为万慧的四十载不还乡感到惆怅，却对法师的示寂给以佛家的礼赞。

他的另外两位来往甚多的友人，一是彭逊之，一是李叔同，这两人继万慧之后，也都出家了。马一浮 1918 年农

① 《简畜庵》,《马一浮集》第三册，第 634 页。

历正月初四在写给谢无量的信里说："彭逊之忽思绍佛种，遂将薙染，李居士叔同亦同修净业，不谓慧师之后，复有斯人。各求其志，在彼法可谓无有增减。他日吾子若来，或视此二僧于大慈山中，亦一段因缘。"[①]给李叔同的信里也说："故人彭君逊之，耽玩羲《易》有年，今初发心修习禅观，已为请于法轮长老，蒙假闲寮，将以明日移入。他日得与仁者并成法侣，亦一段因缘耳。"[②]彭逊之出家修行的僧舍，还是马一浮为之向法轮长老请来的，此可见对李、彭二人的出家，马先生采取的是理解和同情的态度。但彭、李的情况亦有区别，马先生对李向无间言，对彭的做法则一直有所保留。

李的出家，与马先生的影响有直接关系。李是现代中国发轫时期的极不寻常的文化俊杰，他的诗、书、画、戏剧的成就已载入20世纪的艺术史册，当时后世鲜有异词。他的出家是由于他的慧根，是自觉的理性选择。马与李1902年在上海南洋公学相识，后来李于民国初年执教杭州第一师范，同处一城一地，来往开始频繁起来。当1918年李叔同落发出家时，马先生异乎寻常的平静，盖因知其性分使然，不可阻挡，也不必阻挡。今存马致李的五封信

---

① 《致谢无量》第九函，《马一浮集》第二册，第357页。

② 《致李叔同》第二函，《马一浮集》第二册，第498页。

函，大都涉及寄佛书给李之事，佛书包括《起信论笔削记》《三藏法数》《天亲菩萨发菩提心论》《净土论》《清凉疏抄》等[①]。马一浮对弘一法师（李叔同佛号）的影响熏习，此可作为证明。而李叔同1917年3月在写给赴日本留学的弟子刘质平的信里，更明白晓示："自去腊受马一浮大士之熏陶，渐有所悟。世味平淡，职务多荒。"[②]后来，当1924年弘一大师撰写《四分律比丘戒相表记自叙》时，再次提起马一浮对他确立释氏信仰的影响：

> 余于戊午七月，出家落发。其年九月受比丘戒。马一浮居士贻以灵峰《毗尼事仪集要》，并宝华《传戒正范》，披玩周环，悲欣交集，因发学戒之愿焉。[③]

《毗尼事仪集要》和《传戒正范》都是律学宝典，前者为明末高僧智旭（灵峰是其居所）所述，后者的作者是清初宝华山龙藏寺僧人见月。佛教初入中国，戒、定、慧三学，独戒学长期未获重视。公元2世纪中叶，印度僧人昙柯迦罗

---

① 《致李叔同》第二至第五函，《马一浮集》第二册，第497—499页。

② 李叔同：《致刘质平》第六函（1917年3月），《弘一大师全集》第八册，福建人民出版社，1992年，第94页。

③ 李叔同：《四分律比丘戒相表记自叙》，《弘一大师全集》第七册，第419页。

在洛阳看到的景象仍然是：“虽有佛法，而道风讹替，亦有众僧未禀归戒，正以剪落殊俗耳。”[①]于是出所译《僧祇戒心》，供僧众遵行。但直到唐朝以前，虽翻译之戒律著作和本土自订之僧制律议日多，仍不能表示律宗的最后建立；只有经过唐代高僧道宣的“集大成”之创举，特别是南山“三大部”的诞生，我国佛教的律宗即南山宗方正式形成[②]。但宋明以后，南山宗的地位逐渐式微，清初宝华山诸大德的重建努力，不过是微弱余光之再现而已。马一浮有鉴于此，特推荐灵峰、宝华的著作给李叔同，希望他出家后不随流俗，能够担负起明律振颓的崇高使命。弘一法师果然妙解神会，“披玩周环”，即有“悲欣交集”之感，终于走上发

---

① 释慧皎：《高僧传》（汤用彤校注）卷一，中华书局，1992 年，第 13 页。

② 佛学研究界普遍认为道宣为中国律宗的真正创主，其所著“三大部”包括《四分律删繁补阙行事钞》《四分律含注戒本疏》和《四分律删补随机羯磨疏》等。道宣俗姓钱氏，生于隋开皇十六年（596），卒于唐高宗乾封二年（667），《宋高僧传》说他是丹徒（江苏镇江）人，也可能是长城（浙江长兴）人。16 岁出家，尝学律于智首律师，后居终南山白泉寺及崇义、丰德两寺。《四分律行事钞》《四分律羯磨》等著作，就是在崇义寺写就。故道宣创建的律宗，又称南山宗。见《宋高僧传》卷十四《唐京兆西明寺道宣传》，中华书局，1987 年，第 327—330 页。又汤用彤著《隋唐佛教史稿》第四章第五节“戒律”，介绍道宣事迹甚详，可参看。此见《汤用彤全集》第二卷，河北人民出版社，2000 年，第 182—187 页。

愤学戒、穷研律学的道路。可见不仅李的出家直接受到马一浮的影响，他的佛学信仰的建立，也是马先生婉转启悟的结果。

1942年弘一法师圆寂，马一浮写有哀诗两首，其诗曰：

> 高行头陀重，遗风艺苑思。
> 自知心是佛，常以戒为师。
> 三界犹星翳，全身总律仪。
> 只今无缝塔，可有不萌枝。
>
> 春到花枝满，天心月正圆。
> 一灵原不异，千圣更何传。
> 交淡心如水，身空火是莲。
> 要知末后句，应悟未生前。[①]

马一浮和弘一法师的交往是真正的君子之交，“交淡心如水”句概括无遗。李叔同出家后皈依律宗，故诗中以“常以戒为师”、“全身总律仪”重叠昭示之。李、马都是有佛性之异人，

---

① 《哀弘一法师》,《马一浮集》第三册，第166页。又《马一浮集》只载前面一首，第二首兹据《弘一大师全集》之附录补齐，见是书第十册《附录卷》，第233页。

因此“自知心是佛”既指李，也是马先生自道。“一灵原不异”之“一灵”，显然指人的心性、性体，“千圣”所传，无非在此，儒佛岂有二致？

弘一法师圆寂的次年，印西等浙江弟子欲为大师在山中建塔，请铭于马一浮先生。此时马先生正在四川乐山担任复性书院主讲，因请铭之书写纸张未及时寄到，迟迟未能下笔。但当他看到一本《弘一法师生西纪念册》，其中“乃无一佳文，深为弘一惋叹”[①]，于是触发之下，奋笔疾书，文不加点，一挥而就。这就是写于1943年11月18日的《弘一律主衣钵塔记并铭》，其词曰：

> 弘一音公示灭于泉州之明年，其学人印西自北天目以书抵予，言浙中沙门仰师高行，将奉其衣钵，营塔于山中，属予为之记。予惟在昔如来灭度，敕诸弟子以戒为师，故三藏结集，律与经论同重，犹此土之有礼宗矣。自唐以来，讲肆禅林，门庭并盛，独南山宣律师以弘律著。迨及灵芝，其传寖微。晚近诸方受具，虽粗存仪轨而莫窥律文，不究事相者有之。音公生当末法，中岁出家，不为利养，誓以明律，振此颓

① 《弘一律主衣钵塔记并铭》之附《文成示学人》，《马一浮集》第二册，第259页。

风。发愤手写《四分律戒相表记》，校正南山《三大部》，并为时所称。讲论尤力，诸方推之，号曰律主。至其秉心介洁，制行精严，俨然直追古德，可谓法界之干城、人天之师范者也。荼毗后，既分藏舍利于泉州承天、开元二寺，造塔之缘，盖犹有待。浙西固师行化之地，四众归敬，欲奉衣钵，同申供养，其孰曰非宜。夫佛种从缘，虽聚沙缚苇，苟以一念恭敬殷重之心出之，在实教中举因该果，即许已成佛道。斯塔所在，十方缁素有来瞻礼者，当念自性清净，是名为戒。能于日用四威仪中，守护根门，不犯轻垢，遮诸染法，具足一切戒波罗密，即不异与师相见，必为师所摄受，亦为诸佛之所护念。视诸造塔功德殊胜，不可称量，岂独纪念云乎哉。系以铭曰：佛三学，戒为首。净意根，及身口。作用是，迷乃否。去邪执，入正受。少持律，法衰久。唯音公，叹希有。敬其衣，念无垢。孰为铭，马蠲叟。[①]

短短四百零一字的塔记，把弘一法师皈宗律学的学理渊源、信仰怀抱和功德建树概括无遗。试想“法界之干城、人天之师范”的十字考语，是何等分量。而记后之三言十六句

① 《弘一律主衣钵塔记并铭》，《马一浮集》第二册，第258—259页。

的塔铭，如同顺口溜般朗朗上口，但所藏之无比渊深的义学内涵跃然纸上。马先生毫不掩饰地说，他这篇塔铭并记“其言质实，可以示后”[①]。

马一浮另外还有一首《题弘一法师本行记》七律：“僧宝空留窣堵砖，一时调御感人天。拈华故示悲欣集，入草难求肯诺全。竹苇摧风知土脆，芭蕉泫露识身坚。南山灵骨应犹在，只是金襕已化烟。”第四句下有注云：“师出家不领众，临灭手书‘悲欣交集’四字。”诗后亦有注：“师持律为诸方所推，远绍宣律师，为中兴南山宗尊宿，人谓末法希有。”[②]称弘一为“中兴南山宗”即律宗的尊宿，对其佛行给予的评价不谓不高，然弘一大师完全当得。

三　彭逊之的“观修”与“返其初服”

彭逊之的情况与弘一法师不同。彭治《易》，有《易注》书稿，得马先生赏识，曾出资请抄工为之誊写。后彭在马先生影响下，倾心向佛，自以为于禅定有所得，遂出家为僧。但马先生并不赞成他这样做，因为在交往中看出

---

① 《弘一律主衣钵塔记并铭》之附《文成示学人》，《马一浮集》第二册，第259页。

② 《题弘一法师本行记》，《马一浮集》第三册，第170页。

他心存间杂，强生知见，未免求证过速。彭出家后，痴迷“中夜起坐”一法，以为此法是“成佛秘要”。马告诫他，如果视此为不二法门，很容易堕入谤法之过。他在给彭的一封信中谆谆启导：“经言文殊忽起佛见法见，便贬向二铁围山。今仁者我法二执如此坚固，纵饶智慧如文殊，犹恐不免遭谴，慎之慎之。一入魔宫，动经尘劫。不可背先佛之诚言，信时师之误说。此非小失也。奉劝仁者亟须读诵大乘，深明义解，虚心参学，亲近善友。务使二执俱尽，方可顿悟无生，速成佛道。若如来书之言，正《楞严》所谓譬如蒸沙，终不成饭，甚为仁者惧之。”[①]

马一浮给彭的另一信涉及佛教的“修观行”问题。佛教的深邃义涵，说来自然浩博无涯。但对信徒的个体生命而言，主要是通过修行寻求解脱之道。这是一个相当曲折、艰难而痛苦的自我体验与反省的过程。首先要对自己的言行动念做每时每刻的省察观照，然后再对与自己有关联的周边世相做细致入微的省察观照，于是发现自己和别人都是很可怜的，悲悯之心油然而生。如此反复体验省察的结果，宜有可能获得“正念”，也就是具备了能够认识自我同时也能认识自我所处世间的能力。这一持续修行实践的过程，佛教叫作“修观”。而“禅定”则是“修观”达至的一

---

① 《致彭俞》第十四函，《马一浮集》第二册，第484页。

种境界。“禅定”本身还有诸多层阶，例如初禅、二禅、三禅、四禅等等。四禅之外还有更高一层的无色定禅。彭逊之给马一浮的信里，妄称自己通过“中夜起坐”一法，“已悟入空”，但却担心“嗔习难断”，所以想求速证，以使“外绝轻毁，内断余嗔”。说法本身已陷入矛盾，说明他连初禅的境界亦未能修得，所以马一浮写道：

> 窃恐此语正是生灭根本。菩萨修一切观行，皆以菩提心为本因，不求世间恭敬。伏断烦恼，全在自心，不依缘境。妄心若歇，岂复更有敬慢诸境。须知诸境界相，全由自心妄现计我。我所执取而有当、体本空真，如性中本无人我等法，亦无凡圣之相，孰能为智愚，孰能施敬慢耶。取境即是取心，除心不待除境。妄心顿歇，真性自显。如是观行，决定相应。若带惑而修，恐招魔业，切更审谛，不可放过。从上古德修习观行者，莫不先资于教，深明义相，严净毗尼，勤行忏悔。凡此皆以助发观行，令速得相应。[1]

并且告诉他“观”和“教”是一致的：“譬如仁者向时治易，观象、玩辞决不偏废。今欲习观，加持密咒而废教

① 《致彭俞》第十五函，《马一浮集》第二册，第485页。

典，可乎？夫教、观一也。蕅益云：观非教不正，教非观不传；有教无观则罔，有观无教则殆。经、咒亦一也。经是显说之咒，咒是密印之经。拟之于《易》，咒是卦爻，经则彖、文言也。"[①]马先生对彭因"修观行"而陷入的妄执，给予循循善诱的理据说明，从中可见出他的佛学造诣之深湛，不仅精于义理，且对观修经验亦有深切的了解。

马一浮为了帮助这位友人步入修行的正途，并烦托李叔同（李当时尚未出家）带去佛书数种，包括《天亲菩萨发菩提心论》一册、《删定止观》一册、《教观纲宗》一册，及《楞严忏法》和《大悲心咒行法》各一册，希望他不以其繁为苦，尽量认真阅读"详味"[②]，把经、教和观行的修炼结合起来。但彭逊之到底不具备弘一法师那样的慧根，观修未果，又因其弟子和寺中长老发生龃龉而愤然不平。马先生又规劝他守持佛门静修之道，宁可"修慈忍辱"，万不可"斗诤瞋恚"，悉心阐发静修之人所以必须如此的佛理因由：

> 今贤徒之事，或是先业所招，故令魔得其便。正宜从缘省发，痛划人我，悬崖撒手，万事冰消，即转

① 《致彭俞》第十五函，《马一浮集》第二册，第485页。

② 同上书，第486页。

烦恼成解脱道；安可推波助澜，驱使坠坑落堑，增其结业耶。是非不系人口而在自心，果其内省不愆，则诬枉之来，有如把火烧天，无所施做，奚必皇皇求谅道路。况法道果隆，自有龙天拥护。今众缘未附，强之何益。[①]

读了这段文字，我们可以知道马一浮先生于释氏非止于学者的佛理研究，而是有信存焉。难怪像弘一法师这样的高才大德，也无法不屈服于他的影响之下。他不仅把佛家正修法道讲得如此通透无隔，使得释氏之内省哲学情理昭然，而且相信“法道果隆，自有龙天拥护”。但彭逊之似乎听之藐藐。尽管他不停于著述（不久又有《天命说》新著寄奉马先生），但他所言所修之道，马先生无论如何不能认可。

何况彭氏对于自己的所谓“道”，还有强人接受的意味。因此马先生在信中写道：“公所谓道，虽非浮之所及知，然以朋友之爱言之，可谓至笃矣。浮不慎抱疾，一卧两月，始能出户，公惜其幻质之早衰，闵其朝闻之不逮，此诚是也。然以其不好公之道为罪，则不亦过乎。人之契理各有所会，续凫截鹤，未可强齐。公之谆谆屡以为言者，岂不以实见有生死可出、佛道可成乎？乃若浮则无得无证，

① 《致彭俞》第十七函，《马一浮集》第二册，第 487 页。

不见有生死可出、佛道可成，与公今日见处正别。若今执吝幻色而修如公所示法门，此皆风力所转，终成败坏。公即作佛，浮亦甘处大阐提。”[①]对彭的执迷于“生死可出、佛道可成”为“实见”，马先生则表示，自己于此“无得无证”，不便按彭的“中夜起坐”法去修行。实际上马先生认为彭之所修是“外道”，不是佛禅的正宗。

后来彭逊之终因不适应空门而“返其初服”，马先生欣然支持，说：“末法缁流，难与为伍，实非贤者栖泊之地。”又说：“虽在昔持论未能符合，爱重之心不以是而改也。”[②]彭于1946年无疾而终，享年71岁，马先生甚哀痛，有诗记之曰：“零落先秋近月圆，炉香才尽赋游仙。身如聚沫终归海，国是栖苴莫记年。凡圣同居良不碍，形神俱往若为传。多君临化无余事，撒手从心返自然。”诗前小序追叙与彭的交往经过：“故人溧阳彭逊之俞，才敏有奇气。壮岁治《易》，于象数独具解悟。四十后出家为僧，号安仁大士，不屑于教义，自谓有得于禅定，而颇取神仙家言，以是佛者或外之。晚岁反儒服，治《春秋》《周礼》，著书不辍。年七十一无疾而终。先一日，预知时至，沐浴更衣，语人曰：吾明日行矣！次日果泊然坐化，莫测其所诣也。余与

① 《致彭俞》第十八函，《马一浮集》第二册，第487页。

② 《致彭俞》第十九函，《马一浮集》第二册，第488页。

君交旧，虽持论不同，甚重其专且勤又笃。老居困，不易其所好。今验于君之逝，盖其平日之所存，非可苟而致者。因为诗以哀之，时丙戌八月几望也。”①

马一浮与彭逊之的交往，不仅见出他佛学修养之深，而且见出他宅心之厚。如果不是马先生，换另外一个人，与彭的交谊早告终了。但马先生看重彭对学问“专且勤又笃”，始终给予耐心的启导和帮助，包括对彭的家人也多有关切（常以润笔之资周济彭之妻儿）。尽管彭“不屑于教义”，痴迷不一定可靠的“中夜起坐”，出家多年后又还俗，犯了“出尔反尔”之忌，马一浮仍不弃之，且对其预知大行之期给予肯定，认为是平日精修累积的结果，不是随便可以达致的，因此事愈增加了他对这位老友的敬重。

四　马一浮的“方外三友”

佛教人物中与马一浮来往最多的，是慧明、楚泉、肇安三位法师，马先生称他们为“方外三友”。20世纪初，浙江、福建的佛教，极“末法之盛”，而杭州尤为高僧大德乐居之所。马一浮的“方外三友”，都是杭州的高僧，慧明法师居灵隐寺，楚泉法师居高旻寺，肇安法师居香积寺。

---

① 《哀彭逊之》，《马一浮集》第三册，第419—420页。

马先生和他们往来唱和，不拘形迹，1942年所作《忆方外三友》诗颇记其事。

《忆方外三友》是一首绝句，写道："慧明叹我祖师相，楚泉哂我文字禅。独有肇安旁不肯，贺予佛祖一时捐。"诗后有记曰："灵隐慧明禅师初见予曰：'好一个祖师相。'予曰：'祖师岂有相邪？'高旻楚泉禅师谓予可学禅，从文字入，百滞能路。予答曰：'除却文字请师道。'皆相与大笑而罢。香积肇安禅师与予交最稔，一日见过，相揖曰：'昨见公诗，开口便道贴颇言句比生冤。且喜公己事已明，特来相贺。'予谢曰：'此间不容著他闲佛祖，敢劳相贺。公幸遇我，若是古人便呼苍天，苍天！'肇亦大笑。今三子者俱迁化已久，予尚游人间，求方外之隽如三子者，不复遇矣。壬午八月病中书。"[①]马先生诗集中多有与此"三友"唱和之作，单是与肇安法师就有三十二题六十一首，其中关于落叶诗的赠答多至九首。如《落叶再和》之四：

大地本来无寸土，现前何法可当情。
寒岩古木忘缘住，万水千山任意行。

① 《忆方外三友》，《马一浮集》第三册，第832页。肇安引录的马一浮"贴颇言句比生冤"句，见于马诗《答肇安禅师》，《马一浮集》第三册，第32页。

雁来雁去非有迹，花开花落总无生。

藤萝一觉安然足，谁见浮云点太清。[①]

马先生与方外友人赠答的诗大都类此，不仅诗味足，禅味亦足。“大地本来无寸土，现前何法可当情”和“雁来雁去非有迹，花开花落总无生”等诗句，确可验证楚泉禅师的预断，马先生可以从文字入于禅道。

马一浮和肇安法师的交往，有许多有趣的故事。早在1906年，马先生就曾与谢无量一起，在虎跑寺听肇安讲《法华经》，是为相识之始。十年后，“机语相契”，始相唱和。于是马先生集了一副联语：“大唐国里都无舌，三十年来不少盐。”准备送给肇安，但置于箧中一年多，竟没得到面奉的机会。可巧一日两人相遇于西湖，便邀肇安至马先生家中，“共语终日”，方以旧日所书楹帖相送。第二天肇安登门赠诗致谢，马先生又次韵作答，一口气写了四首五古，其第一首有句云：“幻化互相酬，不杂空与色。”[②]两人纯是在佛禅境界中的交往与唱和。

马一浮先生还有一首《答肇师追和象山鹅湖韵》，亦属

---

① 《落叶再和》之四，《马一浮集》第三册，第44页。

② 《次韵答肇安法师》四首之诗前小序，《马一浮集》第三册，第792—793页。

妙绝。是诗写于1910年，肇安的原唱为："茫茫宇宙若为钦，亘古纲常只此心。涓滴终须成润泽，泰山何敢小微岑。应世已知无愧怍，斯人元不在升沉。幸有慈湖能继述，先生留得到而今。"已是诗思高致，难以酬对。可是马先生的答诗，无异流水行云，更上层楼，其诗云："闲名除却始堪钦，宇宙拈来唤作心。直下虚空如粉碎，谁言大海异蹄涔。夜塘雨过人方戽，天际鸿飞影易沉。不是余殃元不了，儿孙争得到如今。"[①]肇安诗的首联，以宇宙为"钦"，以纲常为心；马先生答诗之首联，是为破肇安句意，认为必欲除去闲名，宇宙方"堪钦"，而径以宇宙为心，寓"纲常"不可为心之义。颔联，肇安以大泽与涓滴、高山与小丘相齐，摄庄入佛，禅机尽显。而马先生视山丘为已被粉碎的微尘，直是虚空而已，因此也就不需要计较大海和蹄涔之水到底孰多孰少的问题了。而肇安颈联的"应世已知无愧怍，斯人元不在升沉"句，未免有计较之心流露，马诗则逐句予以破之。戽为汲水灌田的戽斗，"夜塘雨过"还要他戽斗何用？至于"升沉"云云，马答诗谓，只有飞鸿的影子可云"沉"，飞鸿本身翱翔天际，自与"升沉"无与。尾联兹不赘，读者意会可也。两人皆为诗中道长，体势玄言无不称妙，高下自然可泯。

---

① 《马一浮集》第三册，第799页。

有时为探讨佛理的某一义谛，他们禁不住要用禅宗的话头，互相启悟。一次肇安向马先生请教“一阴一阳之谓道”的意旨，马先生以“颂”的方式作答：

> 一阴一阳，明暗双双。冰河发焰，六月飞霜。

肇安也回一颂，写道：

> 一阴一阳，八字分张。天无二日，民无二王。

马先生又答以二颂，一为：

> 一阴一阳，无有乖张。天地合德，日月同光。

另一为：

> 天际一双孤雁，池边独立鸳鸯。打瓦钻龟莫管，搀旗夺鼓何妨。[①]

机锋相契，诗禅合一，妙不可言。还有一次肇安宴集诸友，

---

① 《马一浮集》第三册，第 801 页。

座中所举话头无人能会，嗣后马先生戏呈四绝句给肇公，其一曰："刹那销尽见无生，相对空筵两眼明。莫向人间谈果色，云门只合许三平。"其二是："行茶度饼尽酬机，撤果签瓜亦应时。竟日街头看傀儡，何人索唤买油糍。"其三为："花开紫陌聚游人，换水添香个个亲。细柳黄莺输巧舌，空持王膳转饥轮。"其四是："乾坤吞却甚山河，谁道离乡食面多。争奈驴年难梦见，新罗国外有新罗。"[①]在禅机上两人能够做到彼此完全契合。马先生在致肇安的一封信里说："叠蒙惠诗，往复数四，极法喜游戏之致。师自忍俊不禁，仆亦如虫御木。"又说："虽复诗人习气，亦是和尚家风。"[②]

楚泉法师的佛慧修养也深为马先生所赞许。主讲复性书院期间，一次马先生讲述他与楚泉以及月霞法师交往的经过，感慨颇深。他说：

> 民初识月霞法师。月霞初受哈同供食，办华严大学于哈同花园，僧徒从之者百数十人。既而逻迦陵生日，欲使僧众拜寿。月霞以沙门不礼王者，拂袖而去之杭州，生徒悉从焉。因假海潮寺为校址，聘教授，程演

① 《肇公招预宴集，座中举话，无人领会，戏呈四绝，即以为谢》，《马一浮集》第三册，第 55 页。

② 《肇师将如余杭住茶亭庵以此赠其行》所附之《与肇师书》，《马一浮集》第三册，第 794 页。

生、陈撄宁皆与焉。其后应袁氏召，入都弘法，不果而还，养疴于清涟寺，未几圆寂。封龛时，吾往吊，因识楚泉法师，听其说法脱口而出，自饶理致。诵偈有云："水流常在海，月落不离天。"自后颇与往还，时相谈论。是时吾看教而疑禅，尚未知棒喝下事。一日，楚泉为吾言：居士所言无不是者，但说天台教是智者的，说华严教是贤首、清凉的，说慈恩教是玄奘、窥基的，说孔孟是孔孟的，说程、朱、陆、王是程、朱、陆、王的，都不是居士自己的。其言切中余当时病痛，闻而爽然，至今未尝忘之。因取《五灯会元》重看，始渐留意宗门。楚泉为吾言：居士看他书尽多，不妨权且搁置，姑看此书，须是向上一着转过身来，大事便了。又云：棒喝乃是无量慈悲。当时看《五灯会元》有不解处，问之不答。更问，则曰：此须自悟，方为亲切。他人口中讨来，终是见闻边事耳。吾尝致彼小简，略云：昨闻说法，第一义天萨般若海一时显现。楚泉答云：心生法生，心灭法灭。心既不起，何法可宣？既无言宣，耳从何闻？义天若海，何从显现？居士自答。其引而不发每如此。楚泉而后，又有肇安，见地端的。吾常觉儒门寥落，不及佛氏有人。以前所见，求如此二人者，殊不可得。[①]

① 《马一浮先生语录类编·师友篇》，《马一浮集》第三册，第1089页。

马一浮与楚泉、肇安不是一般的交往，而是法理禅心互有默契，彼此启悟，受益良多。关于在楚泉法师面前承教一事，马先生曾有诗记之，曰："面壁亲承教外传，离言有说在忘筌。草庵久契无生谛，内院初明不共禅。入海算沙因智碍，分河饮水只情偏。一从杜口毗耶后，五味俱同昨梦蠲。"[①]此诗反映出，在佛禅境界的修养方面，马先生与诸高僧大德之间，已看不出有多少分别。如果强生分别，于马先生于方外诸大师，均可谓不遭边界也。

另外还有一次是报国寺重建之后，楚泉法师欲请马先生撰写碑文，没有得到马先生的允诺，而是写了一首七古《赠楚泉禅师》，饶有意味。诗中写道："相逢一语平生快，天下老僧俱捉败。客来不辞鼠粪拈，开铺更要羊头卖。成都市上识君平，高祖殿前瞋樊哙。卸却项上千斤枷，斩断脚跟五色带。昔年平地摝鱼虾，此日毛端见尘界。早知水墨尽为龙，不假驴驼病已瘥。愧我久如虫御木，于师独许针投芥。即今酬对是谁某，诸有言辞皆分外。置标建刹事既周，本自无成安有坏。但凭鸟迹问行云，莫使他年上碑在。"[②]非常潇洒诙谐的一首诗，如不是相交至深而在学理上又有默契的老友，是不会这样随意书写的。"相逢一语平

① 《赠楚泉禅师》,《马一浮集》第三册，第 32 页。

② 同上书，第 15 页。

杭州虎跑“滴翠崖”题字下合影（20 世纪 50 年代，左一为丰子恺、左二为马一浮，题字为马一浮手迹）

生快，天下老僧俱捉败”两句，最能见出马先生对楚泉法师的揄扬，以及和这位高僧交往给马先生带来的喜悦。

五　禅诗和题影

马一浮一生不绝于吟咏，诗歌创作的成就之高和数量之多，置诸 20 世纪中国现代学人的行列，他的名字应排列在最前面。而且他的诗作，很多都是佛禅义理之诗，这一点我们从他与诸方外友人的赠答诗中，已约略窥到。当然远不只笔者上面引录的这些诗作，这类诗篇在马先生整个诗歌创作中，实占有相当大的比重。下面以年次略举数例。

落花常念佛，念佛即花开。
莫向花边觅，俱从佛处来。
落花时不异，花佛理全该。
寄语看花客，门门有善才。[①]（1920年）

见性不言见，闻道不言闻。
若可从人得，岂惜持赠君。
澄潭映秋月，青山生白云。
只为勤方便，转以滋泯棼。
不如吃茶去，休问麻三斤。[②]（1943年）

舜若本无身，玄珠并是尘。
不逢穿耳客，每笑刻舟人。
弹指成千劫，经天尚两轮。

① 《吴建东持念佛法门，而好举“无可奈何花落去”之句为警策，乞予为书之，因成小偈，并以助喜》，《马一浮集》第三册，第791页。

② 《非见闻》三首之三，《马一浮集》第三册，第238页。

虚空消陨后，遍界若为春。[1]（1945 年）

一真法界，事事无碍。
金翅飞空，牯牛逐队。
蚊虻过前，日月相代。
当生不生，成即是坏。
优哉游哉，无乎不在。[2]（1957 年）

以上所引只不过是抽样举证，实不能尽其万一。但我们可以看出在马一浮先生的精神世界里，诗与禅结合得何等紧密，即使不涉及与方外友人的往还，也经常营造出美妙的佛禅境界。

然而又不仅此也。马先生在日常生活中，也经常以沙门自比自喻，称自己“穷年栖隐迹，壁观近沙门”[3]、“将此身心奉尘刹，是则名为报佛恩”[4]。他与佛门和禅道的关系，如庄生梦蝶，不分彼此，两存两忘。而所以能够如此的缘由，则根源于他的天性。当他 4 岁在家初发蒙的时候，跟随一位叫何虚舟的先生读唐诗，一次先生问他最爱诗中

---

① 《正观》,《马一浮集》第三册，第 391—392 页。

② 《法界颂》,《马一浮集》第三册，第 598 页。

③ 《江村遣病》第一首,《马一浮集》第三册，第 109 页。

④ 《马一浮先生语录类编 · 儒佛篇》,《马一浮集》第三册，第 1056 页。

何句，他脱口而出："茅屋访孤僧。"这位先生非常惊异，于是向马一浮的父亲讲及此事，说："您的孩子莫非要当和尚不成？"40年代马先生已届耳顺之龄，回忆起幼年的这段往事，仍不免感慨万千。他说："时甫四龄，岂知此诗意味，然竟以此对者，过去生中习气为之也。"佛教唯识之学喜讲"种子"与"熏习"，认为一个人今生的习气，能够在前生中找到"种因"。马先生看来似不疑此说。他并以《大智度论》中佛弟子过河戏弄河神的故事为例，说明"习气廓落之难"。此可见，马一浮先生的佛缘是宿因使之，与生俱来。所以他说："今年已耆艾，虽不为僧，然实自同方外。"[①]马先生的生命形态，确可以看作一未出家的"僧人"，一位未曾受戒的禅师。"虽不为僧，然实自同方外"这句话，足以概括马一浮的一生。

1960年，马先生所作《自题旧稿》诗也写道："秋虫春鸟不相知，触境逢缘在一时。方外区中俱昨梦，波流电

① 《马一浮先生语录类编·诗学篇》,《马一浮集》第三册，第1010页。关于《大智度论》所记佛弟子过河的故事，马先生引录道："《大智度论》中有佛弟子毕稜伽婆磋为阿罗汉，尝欲过河，呼河神为小婢。河神诉之佛前，佛嘱赔礼，即曰：'小婢，我今忏谢汝。'河神不悦，以为戏侮。佛云：'是其心中，我慢确已净尽。但彼过去五百生为婆罗门，尚有余习未尽耳。'河神不服，因喻之曰：'如以香水储瓶中，倾泻出之，涓滴无余，不可谓非净尽，但以鼻嗅之，则香气犹在，此即余习之谓也。"亦见《马一浮集》第三册，第1010页。

谢有如斯。”诗后自注：“余八岁时，先妣教之学诗。一日，指厅前菊命咏，限麻字韵。应声曰：‘本是仙人种，移来高士家。晨餐如可洁，岂必羡胡麻。’先妣喜曰：‘儿出语似有宿根。然童幼已见山泽之志，必游于方外，非用世之资也。’今年垂八十，不违先妣记莂之言，庶可没齿无憾。”[①]此又证明马一浮的方外之思，早在幼年即已深植于心田，他母亲当时就已明白点出，马先生自己也以终生不违为幸。

特别是他的许多影像题词，佛禅味道十足。二十余岁时自题像：“是我相，非我相。佛者心，狂者状。”又题：“烦恼相，怨贼身。究竟灭，何尝生。此是浮，若分明。无机体，有形神。人生观，宗教心。骨肉为石魂为星，挂之宝镜光英英。”[②]使用的完全是佛教语言，而且明白坦承，自己的人生观是“佛者心”和“宗教心”。《题六十四岁时摄影》共有十一则，分别为：

> 影现有千身，目前无一法。若问本来人，看取无缝塔。

---

① 《自题旧稿》，《马一浮集》第三册，第639页。按此处马一浮所述之限韵菊花诗，与《示弥甥慰长、镜涵》（《马一浮集》第二册，第178—179页）信中所述，词句互有异同。信中结尾两句作“晨餐秋更洁，不必羡胡麻”，此处为“晨餐如可洁，岂必羡胡麻”，而且只取后四句诗。盖系口头叙说，故有所省略也。

② 《二十余岁时自题像》，《马一浮集》第二册，第268页。

其容寂然，其气熏然。而犹为人，知我其天。

此亦非吾，吾亦非彼。太极之先，于穆而已。

山泽之癯，尘劳之侣。孰与周旋，载罹寒暑。

槁木当前，神巫却走。与子相见，不出户牖。

无名可名，无相而相。烂坏虚空，何出安放。

雁过长空，影沉寒水。孰往孰来，何忧何喜。

无色无心，非生非灭。常寂光中，本无一物。

无我无人，亦隐亦见。何以名之，星翳灯幻。

无位真人，面门出入。离相离名，追之弗及。

四大五阴，毕竟空相。所谓伊人，白云青嶂。[①]

1952年自题影为：

忧来无方，老至不知。空诸所有，乃见天机。[②]

《题七十九岁时摄影》共十一则，分别为：

动亦定，静亦定。尔为谁，形问影。辛丑人日摄，蠲叟自题，时年七十有九。

非有非无，离名离相。此是何人，眉毛眼上。

---

① 《题六十四岁时摄影》,《马一浮集》第二册，第269—270页。

② 《一九五二年自题影》,《马一浮集》第二册，第270页。

似有形神，本无名相。遗我故人，见之纸上。

窅然者思，侗然者貌。借日无知，亦幸既髦。

般若无知，涅槃无名。实相无相，当生不生。

气聚则生，缘离则灭。形溃返原，如水中月。

形固可使如槁木，朝彻而后能见独。

常寂光中时一现，非同色身迭相见。

假借四大以为身，吾犹昔人非昔人。

行若遗，坐若忘，宇泰定，发天光。

黜聪明，绝言思，守寂默，顺希夷。[①]

1959年梦中题影为：

非相无相，示有人我。示此相者，如飞鸟影，如水中月。毕竟空寂，无有实义。

并附记曰："己亥大寒夕，梦自题影相如是，醒时不遗一字。平时梦中作文字，未有如此之晰者，未知是何祥也。旦起映雪记之。蠲戏老人。"[②]

1961年农历二月自题影像是：

---

① 《题七十九岁时摄影》,《马一浮集》第二册，第271—272页。

② 《一九五九年梦中题影》,《马一浮集》第二册，第272页。

土木尔形骸，尚澡雪尔精神猗。形与神其俱敝，殆将返其真猗。[①]

同年五月自题影为：

入于寥天一，见吾衡气几。因我始有尔，无相谁名予。

渠今谓是我，我今乃非渠。或有忘形者，无劳睹影疑。[②]

1961年夏五月另一自题影像作：

槁木今犹在，流波去复还。百年容易过，万事莫如闲。宴坐唯观树，冥行不见山。金丹空有诀，无意驻衰颜。辛丑夏五月，蠲戏老人自题。[③]

另还有自题近影：

---

① 《一九六一年自题影像》，《马一浮集》第二册，第272页。

② 《马一浮集》第二册，第272—273页。

③ 同上书，第273页。

其神凝，其容寂。尔为谁，吾不识。[①]

这些对自我影像的题词固然是哲人的睿智之思，但更是马先生佛禅思想的真情流露。

六 “花开正满枝”

这里需要特别提到1967年马一浮逝世前夕所写的《拟告别诸亲友》。实际上这是马先生的遗嘱。全文如下：

乘化吾安适，虚空任所之。
形神随聚散，视听总希夷。
沤灭全归海，花开正满枝。
临崖挥手罢，落日下崦嵫。[②]

如果把这首诗译解为语体文，意思应该是：我愿意顺化自然，因此无所谓归宿。反正宇宙只是个虚空，哪里都无不可。人的生死，不过是形神的聚散而已。但不论是聚是散，我都视而不见听而不闻了。如同浮在水面的圆泡破了一样，

① 《自题近影》，《马一浮集》第二册，第273页。
② 《拟告别诸亲友》，《马一浮集》第三册，第758页。

最后总要流归到大海里去。你看满枝盛开的鲜花，似乎都在为我送行。落日已经下山，正好是悬崖撒手的时候。

这篇辞世的告白，空灵顺化，穷神知化，无减无增，非始非终。但必须承认，这也是马先生佛禅境界的最后表达。“乘化”“虚空”“聚散”“沤灭”“花开”“落日”“临崖挥手”这些词语，无一不深涵佛氏义学禅学之理蕴。并非巧合的是，弘一法师的《辞世二偈》里，也有“华枝春满”的句子，此见于第二偈：“问余何适？廓尔亡言。华枝春满，天心月圆。”[①]而马一浮悼弘一法师的哀诗里，如前所引，也有“春到花枝满”句，此可见马一浮与弘一律主，可谓心同理同，词同义同。

马一浮是1967年6月2日辞世的，卒年85岁。四十年前的同月同日这一天，恰好是中国现代学术的开山王国维昆明湖自沉的日子。而当1965年马先生83岁的时候，已经写过一首《预拟告别诸友》，全诗也是八句：“吾生非吾有，正命止于斯。梦奠焉能拟，拈花或可师。优游真卒岁，谈笑亦平时。遍界如相见，无劳别后思。”[②]同样禅味十足。

“花开正满枝”也好，“华枝春满”也好，“拈花微笑”

---

① 弘一大师：《辞世二偈》，《弘一大师全集》第八册，第31页。

② 《预拟告别诸友》，《马一浮集》第三册，第745页。

也好，都是指佛教信仰者的生命摆脱诸执束缚之后，所获得的大自在、大欢喜，也即涅槃之境。涅槃之境的精神形态标志，是寂静和极乐。马一浮在《法数钩玄》一书“释常乐我净四德”时写道：“安稳寂灭之谓乐。离生死逼迫之苦，证涅槃寂灭之乐，故名乐。”又说：“经云诸行无常，是生灭法，生灭灭已，寂灭为乐。”[①]赵朴初居士《遗嘱》也有“花开花落，水流不断”句。易地移时，同此一理，即在佛家看来，人之生死，犹如“花开花落”，“死”的同时，也就是“生”。换言之，如果说是“无生，无死，无来，无去”（龙树菩萨语）亦无不可。小乘佛教把涅槃视作个体生命对烦恼的解脱，所谓“五蕴皆空”。大乘佛教主张“诸法无我”，通过涅槃看到了“实相”的大光明。

《维摩诘经》写道：“譬如高原陆地，不生莲花，卑湿淤泥，乃生此花。”生命达至涅槃，犹如在淤泥中培植出莲花。马一浮是大乘佛教的推奉者，他面对死亡，体验到了生命的欢乐、光明与尊严。“沤”虽然“灭”了，但水还在向大海的方向奔流不息。再看看满池淤泥里的莲花，不是开得越来越灿烂吗？“花开正满枝”句，实亦含有普度众生的义谛。

---

① 《法数钩玄》卷一，《马一浮集》第一册，第 883 页。

第九章　马一浮与国学

一　浙江大学的人文传统

浙江大学，我是第一次来，但你们学校的一部分——杭州大学——是我非常熟悉的学校。杭大的一些教授，像姜亮夫教授，敦煌学家；语言学家蒋礼鸿先生；戏曲专家徐朔方先生；还有词学家夏承焘先生，都是我认识并且熟悉的长辈。我几次到过杭州大学，它的人文传统在全国的高等学校里面是一流的。开始你们合并的时候，我作为局外人，还曾经为杭大抱不平。现在生米煮成熟饭，只好如是了。

我也熟悉你们原来的校长竺可桢教授，当然我不认识他，但是他的传记与日记，我读得非常仔细。他怎样去请马一浮先生，见面情形，前后的经过，以及马先生在抗战时期，你们的学校已经从杭州迁移到江西泰和的时候，第一次讲国学，竺先生也在下边。他日记里都有记载。后来到广西宜山，竺先生也在那里。我看他的日记很感动，在战乱流离中的这样一所学校，可以说始终弦歌未绝。他的妻子在流离中去世了，而许多的学生和教授都蒙受苦难。但这所大学始终保持良好的教学秩序，无论是在泰和还是在宜山，都是如此。我看这段历史，个人颇多感触。那么，可以想见，现在的浙江大学如果能够承继这个传统，未来自是不可限量。

二　王国维是否真的“烧书”

我是念文学出身，但是中间在学问上有一个转变。80年代中期的时候开始不那么喜欢文学，因为在集中读陈寅恪、王国维、钱锺书的书，看他们的文章写得太好了，学问太精到了，自己就不想写作了。甚至以前出的一些书，关于文学的，越看越不顺眼，在家里都塞到谁也看不见的地方。由于自己有这个感受，我就相信王国维烧过书。大家知道有一个学术史的掌故，在1912年，辛亥革命的第二年，罗振玉对当时新的政治变局心存保留，他就躲到日本，住在京都的乡下。这时候王国维也跟他一起去了，他们是好朋友，后来又成为儿女亲家。两个人的关系，故事非常生动，这里不去讲它。罗振玉说，王国维到了日本以后，在他的影响下，把带去的《静安文集》——王先生早期学日文，后来又学英文，喜欢康德、叔本华，把他们的很多著作翻译成中文。而在那个前后，他办《教育世界》杂志，他的很多文章都是在这上面发表的。这些文章，关于教育的，关于文学的，关于西方哲学的，关于美学的，数量不小。这些文章后来收辑起来，出版为书，叫《静安文集》，他到京都的时候，带了一百多册——罗振玉讲，王国维到京都以后，学问发生转变，把带去的书烧掉了。研究王国维的人，很多认为他不会烧书，我也算研究王国维的人之一，但我相信他会烧书。

因为，一旦进入到古史研究，接触到金文、甲骨文、古器物的研究，就会觉得文学研究未免浮泛。我当时也产生了这种思想，非常看轻文学。但我现在必须补充，当我年龄大了以后，又觉得文学有点意思，它是史学和哲学的一个很好的补充。我是说，文学也不可偏废。当一个人的年龄离开青年阶段，学问积累到一定程度，会觉得文学不能完全满足自己的需求，因为你想追求真相，希望了解事物的究竟，必然会走向史学和哲学。而在这个“走向”的阶段难免产生轻视文学的思想。可是当年龄更加增长以后，又觉得文学是多么好啊，美妙到人生不可或缺的地步。

三　学问太“热”未必好

20世纪的现代学者当中，我喜欢王国维，喜欢陈寅恪，喜欢钱锺书，可以说研究了他们多年。但是我还喜欢另外一个人物——马一浮。我在1996年为一套书写的长序，叫《中国现代学术要略》，后来三联书店出版了，在这篇文章里面，我讲到陈寅恪和马一浮的时候，我说陈寅恪是站在地上，怀着家国的深情和历史的兴亡之感；而马一浮，我说他站在云端，很早就实现了精神世界的自我超越。在20世纪的学者群中，能够完成自我超越的学者并不多，但马一浮先生是突出的一位。

当然，当时很多学界的朋友不赞成我的说法，庞朴先生说："你把马一浮说成神仙了，怎么可以？"李泽厚也不赞成。我多么高兴，刚才杜维明先生居然说马一浮提出的"国学就是六艺之学"的观点，我表示赞成。杜先生，你知道，我这个观点孤立了十年。（杜维明插话：汤一介也赞成）是的，汤一介先生是我的好友，比我年长，汤先生也同意"国学是六艺之学"。我的文章是2006年发表的，叫《论国学》。我为什么会特别地赞成，简直是不得了地赞成，深深地赞成，无比地赞成马先生的关于"国学是六艺之学"的立说？他的这个见解的重要性究竟在哪里？

大家知道近十年中国出现了"国学热"，出现了传统文化热，这不是没有缘由的。因为百年以来，我们长期处于传统的断层之中，现在当经济有了一些根基之后，围绕经济发展的同时有一个传统的重建问题，有一个文化的重建问题。在这个背景之下出现“传统文化热”、“国学热”，不足为奇，甚至是理所当然之事。但是我们做学问的人有一个看法，只要是学问，一旦成为“热”，效果就未必佳。我以为还是以“不热”为好。因此，我提出国学不需要那么“热”，与其热，不如扎扎实实地做。我可以举两个例子，过去在我们960万平方公里的土地上，出现过两个“热”：一个是《红楼梦》“热”，叫“红学热”；还有一个是“鲁迅热”。鲁迅好不好？当然好。《红楼梦》好不好？当然好。“热”的结果，《红楼梦》蒙了很多污，到现在很多人一听“红学”还在摇头。很不幸，我曾经长时间跻身“红学”，大学就开始研究《红楼梦》。“鲁迅热”以后，鲁迅也蒙受了扭曲，反而鲁迅在当代的价值没有真正得到认知。现在很多人否定鲁迅，其实鲁迅何等深刻啊！他没有过时！仅仅由于当年“热”的时候把他捧得太高，人们有一种逆反心理，就把他放在了地上。但真正了解中国文化，了解学术的人，甚至了解文学的人，岂可以轻视鲁迅！当然也不能轻视《红楼梦》，我只是说，无论何种学问，只要是学问，太“热”了都未必是好事。

国学也一样，如果在没明白国学为何物的情况下，“国学”就大热起来，肯定不是好事情。当然大家真正了解国学了，也就无所谓“热”，就变成日用常行了。前些年甚至说出现了“陈寅恪热”、“钱锺书热”，我个人也甚不以为然。因为陈先生的著作并不是很好读，还没研究到怎样呢，就已经“热”了。现在是不是已经出现了“马一浮热”？我希望马一浮不要“热”。为什么？马一浮的书以及他的人格精神更加不好懂。甚至最近，我还说过：“还没见有几个人真正读懂了马一浮先生的著作。”我的意思，读马，研究马，不那么简单，不那么容易。

四 马一浮是“儒之圣者”

马先生不仅仅是学者，不仅仅是大儒，他还是20世纪的“儒之圣者”。过去学界常常把熊十力、梁漱溟跟马一浮相提并论，但在这三个人当中，要讲学问的“本我”境界——注意我用了一个词，学问的“本我”境界——马先生要高于梁、高于熊。但梁和熊也都很了不起，人格精神也都是一等的。但是马先生的“本我”境界，比梁、熊要高一筹，这是我的看法。我说马先生是20世纪大师中的“儒之圣者”，但是你不能讲熊十力是“儒之圣者”，也不能讲梁漱溟是“儒之圣者”。他们都是儒学思想现代重构当中的重要人物，但只有马先生我们可以称他为“儒之圣者”。

马先生又不仅仅是“儒之圣者”，他还是“高人”，还是“逸士”，也可以说是一个现代的隐者。在中国传统当中，有品评人物的传统。这个在六朝时期，在魏晋南北朝时期最发达。出现了很多奇书，譬如刘邵的《人物志》，譬如《世说新语》，一部记述魏晋人物风采面貌、品评人物性格精神的专书。我们如果用传统的方法品评人物，马先生显然不仅仅是大学者，不仅仅是大师级的人物，不仅仅是“儒之圣者”，他还是“高人”。原来杭州大学的一些朋友，当时就流传，很多人不敢去看马一浮。为什么这样？因为他的学问太大了，他的眼光太锐利了，你刚一进来，想说的话，没想说的话，他全知道。所以他是“高人”。

马先生学问根底的深厚，他的超越的精神，他的内在精神的净化，少有与之比肩者。他常说的一句话叫“刊落习气”。大家不要以为“习气”就是日常生活中的“庸俗之气”，不仅为我们学者所要去掉，也为一般人所要去掉。当然这是佛家的话。每个从事专业的人也有这样那样的专业“习气”。常常我们看到有一些学人，甚至有一些老师，自己做哪一方面的研究，就把这一方面抬到非常高的位置，觉得另外的领域都没有他这个领域重要。这也是一种“专业偏执病”，也是专业的“习气”。专业的成就是好的，专业的精神是好的，专业的“习气”是要不得的，需要“刊落”。马先生身上一无“习气”，把“习气”完全“刊落”了。他是一位学识渊雅的大学者，与古贤为伍，思想很成系统，我没法在今天的场合一一细说。

五　国学概念的取义及流变

马一浮的国学定义为什么重要？在于以前讲“国学”，对国学的内涵外延，没有阐述清楚，或者虽有所说明，但在学理上论证不足。“国学”这个概念中国历史上就有，《周礼》里面就有，《汉书》《后汉书》《晋书》里面，都有“国学”的概念。唐代也有，你看庐山下面有个——现在也还叫——白鹿洞书院，也是近三十年恢复重建起来的。这个书院由南宋朱熹建成，成为当时的“四大书院”之一。但是在朱熹之前，这个地方不叫白鹿洞书院，而是叫“白鹿洞国学”。白鹿洞国学是个什么意思呢？是所学校。可见，在中国历史上，“国学”这个概念是有的，“国学”这个名词是有的，但历来讲的所谓“国学”，都是指“国立学校”的意思。

那么“国学”作为一个现代学术的概念是什么时候出现的呢？至少从我们现在掌握的材料，1902 年梁启超和黄遵宪的通信里面，就开始使用“国学”的概念了。要知道这两位都是 1898 年戊戌政变的时候被处罚的人员，梁启超跟他的老师康有为跑到海外，而黄遵宪，当时在湖南参加陈宝箴领导的“湖南新政”，也受到了处分。他有在日本的经历，有外交经验，是很了不起的一个人。其实他很稳健，在湖南的时候就提出主张渐进的变革，反对激进的变革，实际上他跟康、梁的激进是有区别的，但还是处分了他。

在慈禧太后政变后的晚些时候，被革职的黄遵宪回到广东老家，而这个时候梁启超有一段在日本。他们在1902年有一封通信，梁启超写给黄遵宪的信我们看不到了，我们看到的是黄遵宪写给梁启超的信。黄遵宪在信里说："你提出要办《国学报》，我觉得现在还不是时候。"办《国学报》是不是时候，我们探讨国学概念可以暂且不管它，至少在1902年这一年，一个是梁启超，一个是黄遵宪——试想，他们在晚清，是何等样的地位，何等样的人物——他们提出了并且使用了"国学"的概念。

而在1902至1904年，梁启超写《中国学术变迁之大势》，里面最后一节，又使用了"国学"的概念。他说，现在有人担心，"西学"这么兴旺，新学青年唾弃"国学"，很可能国学会走向灭亡。梁启超说不会的，"外学"越发达，"国学"反而增添活气，获得发展的生机。他在这里再次用了"国学"的概念，而且把"国学"和"外学"两个概念比较着使用。

我们知道，在1898年——维新改革最高涨的时期——当年五月，张之洞，晚清的大人物，写了一篇大文章叫《劝学篇》。他在《劝学篇》的"外篇"里面有一节专门讲"设学"——设立学校——他说在课程设置的时候，要以

"旧学为体，新学为用"。可是在 1921 年梁启超写《清代学术概论》，转述张之洞的主张，他说，自从张之洞提出了"中学为体，西学为用"，全国一时以为"至言"——以为这个话讲得太好了，谁都同意。可是，他在转述的时候做了一个改变：张之洞本来是讲"旧学为体，新学为用"，他在《清代学术概论》里转述成为"中学为体，西学为用"。

从此以后，"中学为体，西学为用"这个判断，一个晚清以来学术思想史上的重要判断，就被所有研究文化研究历史的人记在脑子里了，而忘记张之洞在《劝学篇》里面本来讲的是"旧学为体，新学为用"。今天研究"国学"概念的渊源与流变，我可以说，张之洞在《劝学篇》里讲的"旧学"，梁启超转述的时候讲的"中学"，跟"国学"的概念——梁启超和黄遵宪 1902 年讲的"国学"的概念——几乎是同等概念，实际上就是中国的这套传统的学问。可是，当时虽然这么讲了，对于什么是"国学"，没有人作分疏。

时间一直到 1923 年。大家知道，1922 年，北京大学成立"国学门"，1925 年清华大学成立"国学研究院"，这个时间很重要。在 1923 年的时候，北京大学的"国学门"要出版一个刊物，叫《国学季刊》。北大这个《国学季刊》的发刊词请胡适之先生来写，胡适之先生就在这个发刊词里讲——他因为有西学的底子，又有中学的底子，他喜欢下定义——什么是国学呢？他说："国学"就是"国故学"

的“省称”。“国故”是谁提出来的呢？他说自从章太炎先生写的一本书叫《国故论衡》，“国故”这个词，大家就觉得可以成立了。这是在中国现代学术史上，胡适之先生第一次对国学的概念做了一次分疏。

但是我们觉得这个概念的内涵太宽，所以胡先生这个定义事实上没有被学术界采纳，后来很长时间，30 年代、40 年代——50 年代不讲这些了——后来到“国学”的概念继续讲的时候，都不见再有人说“国学”就是“国故学”的省称。为什么呢？“国故”这个概念太庞杂，古代的社会制度、人物、语言、文字、文学、艺术、礼仪、风俗、习惯、服饰都包括在里面了。如果“国学”就是研究这些漫无边际的所有中国历史上的事物，你很难把握住哪些是这一“学”的主要内容。

所以，事实上，学术界没有采纳胡先生的定义，学术界不约而同地在三四十年代都认可“国学”的另一个定义，就是国学是“中国固有的学术”。什么是中国的“固有学术”呢？就是先秦的诸子百家之学，两汉的经学，魏晋的玄学，隋唐的佛学——当然唐代的文化内容多了，经学在唐朝也很发达，有《五经正义》——但唐朝的佛学的地位格外突出。而到宋代的时候，一个新的哲学流派出现了，就是理学，以朱子为集大成的理学。而到明代，则出现了以王阳明为代表的心学。清代中叶的时候——主要是乾隆和嘉庆时期，清代的学术比较发达——这时候的学问，以考据为主要特征，叫“朴学”，甚至也叫“清代汉学”。

就是这样一个学术史的流变，大家觉得这就是“国学”。钱穆先生在北大讲国学的时候——后来整理成书叫《国学概论》——他首先讲，“国学”这个概念将来“恐不立”，然后说明，他书中讲的是“本国学术思想的流变和变迁”。而马先生给“国学”重新下定义的时候，也说：“今人以吾国固有的学术名为国学”。只不过他并不认可这个定义。因为人家会问：你是指哪个时代的学术呢？先秦的、两汉的、魏晋南北朝的、唐代的、宋代的、明代的，还是清代的？还有，你是指哪一家的学术？讲中国的学术，不仅有儒学，还有道家，还有道教，还有佛学，你是指哪一家的学术呢？所以，马先生觉得把国学定义为“中国固有学术”，还是太笼统、太宽泛。

六　马一浮重新定义国学

1938 年 5 月，浙江大学已转移到江西的泰和，在那里，竺可桢校长请马一浮先生去开了一个国学讲座。关于马先生在浙江大学开国学讲座这件事可以写一本书，竺先生一到杭州就任——他是大气物理学家，哈佛的博士，也是中研院的院士——就听说此地有个马一浮，学问超群，立刻登门拜望，邀请马先生到浙大来任教。马先生拒绝了。要知道，马先生不愿在大学里任教，文章也很少写，观念上与当时的潮流不合。

不久，竺校长又带着人去了，再次恳请马先生来学校任教，马先生又没有同意。第三次，他又去了——这个中国传统的礼仪，事不过三，三次邀请，对方不好再拒绝了——于是谈到用何种名义去开讲座，马先生想到是否可以用“国学讲习会”的名义。因为马先生不是教授，也没有职称，他觉得需要有一个合适的身份名义。他自己提出，可不可以就叫“国学大师”。以马先生的学问和身份，“国学大师”当然没有问题。但是，浙江大学的领导研究，说是以“研究会”的名义肯定不行，那是要成立组织了，需要上面批准。至于“大师”的名字，认为有点像佛教，也不好，就没谈成。

第二年，日本人打来了，浙江大学迁移到江西的泰和了，马先生自己也去逃难了。开始他逃难到了桐庐一带，几个亲戚，几个私淑弟子，一百箱书，他没有太太。马先生的婚姻的故事更好听，我没法给大家讲了。他们就商量，马一浮先生这个时候想，如果跟浙江大学一起逃难是不是会好些？于是马先生给竺校长写了一封信——这封信写得措辞之典雅，表达意思之婉曲，只有马一浮写得出来。竺校长接到此信，如获至宝，于是马先生到了泰和，就在

1938 年 5 月的一天，开了国学讲座。

马一浮国学讲座的第一讲，就是从“楷定国学名义”开始，他提出，时下关于“国学”是固有学术的提法，还是太觉“广泛笼统，使人闻之，不知所指为何种学术”。所以他提出：“今先楷定国学名义，举此一名，该摄诸学，唯‘六艺’足以当之。”“六艺”就是《诗》《书》《礼》《乐》《易》《春秋》，即孔子之教。马一浮先生认为，国学就应该是“六艺之学”，这是他给出的新的不同于以往的国学定义。“六艺”就是“六经”，是中国学问的最初源头，是中国文化的最高形态。

他提出的国学的这个新定义，长期没有人闻问，直到 2006 年，我写《论国学》，才把马一浮先生的国学定义重新提示出来，强调“国学者，六艺之学也”。这是马先生的原话。从那以后，七八年的时间，我不断写文章，演讲，倡导，鼓吹，不遗余力。虽然不见有谁写文章跟我讨论，但是我知道，大多数人不很赞成我的看法，觉得刘梦溪竟然认为国学就是“六经”，这不是把“国学”等同于“儒学”吗？其实“六艺”不光是儒学的源头，道家的源头可以直接追溯到《易经》，“六经”是和文史哲各科都不相重复的我国学术的一门最高的学问。

马一浮提出这样一个国学定义，它的了不起之处在哪里呢？它可以跟教育结合起来。你讲“国学是中国的固有学术”，那是关于学术史流变的学问，专业人员研究起来尚且不无困难，你怎么可能叫社会学科、自然学科、其他学科都来关注这样一个“国学”呢？一般民众更不用说了。可是既然叫“国学”，就不能跟一般民众不发生关联。如果定义“国学”是“六艺之学”，就是“六经”，跟全体民众都会有关系。马先生的两位朋友——刚才讲到的熊十力和梁漱溟——熊先生就讲过，“六经”是中国人立国和做人的基本依据。你要了解“基本依据”这四个字，实际上是说中国人的精神源头和根底在“六经”。所以如果把“国学”定义为“六经”的话，它就可以进入现代的教育。

七 国学和“六经”的价值论理

“六经”的文辞很难读，怎么进入呢？我告诉大家，《论语》和《孟子》可以看作是“六经”的简约、通俗的读本。因为孔子和孟子讲的思想，就是“六经”的思想。孔、孟阐述的义理，就是“六经”的基本义理。我把“六经”的基本义理概括为“敬”“诚”“信”。刚才杜先生讲到“诚”“信”，但是我把“敬”放在了最前面。这个“敬”是什么？就是人的“自性庄严”。你看马先生在《复性书院演讲录》里面，主要讲的是一个“敬”字。“敬”是个体生命的庄严，是人性的至尊至重，是每个人都应该具有的，我甚至认为“敬”已经进入中华文化的信仰之维。

这种“自性的庄严”，是不是一般人不能实现呢？马先生当然实现了。我刚刚讲的陈寅恪，一生提倡“独立之精神，自由之思想”，当然是“自性的庄严”的表现。马先生对这个“敬”字的解释，有一极重要的特见，他说《论语》里讲“三军可以夺帅，匹夫不可以夺志”，“志”是什么，马先生说“志”就是“敬”。因此这个“敬”是不可以被“夺”的，已经构成个体生命的价值信仰，当然不可以“夺”了。

学者、知识人士应该有“自性的庄严”，一般人士、没有文化的人有没有“自性的庄严”？当然有。我们看《红楼梦》，当贾赦要娶鸳鸯做妾的时候，鸳鸯坚决不允，做了很多极端的举动，包括破口大骂，甚至把自己的头发剪下来，所彰显的就是鸳鸯这个年轻女性的“自性的庄严”。孟子讲的“富贵不能淫，贫贱不能移，威武不能屈”的“大丈夫”精神，更是“人的自性庄严”的突出体现。人的“自性的庄严”，就是人的良知，匹夫匹妇都可以做到，男女老少都可以做到，有文化没文化都可以做到。我们当下所缺的，就是这种人的“自性的庄严”。当代文化价值理念的建构，就中国传统这一块，我讲的以“敬”来带领的这些价值理念，包括诚信、忠恕、仁爱、知耻、和同等，应该是最重要的亟待填补的精神价值。

而以“六经”为内容的国学，就可以通过教育的环节，和全体国民联系起来。所以我主张在小学、中学和大学的一二年级开设国学课，在现代知识教育体系之外补充上价值教育。当然文化价值的建构，还有另外一个方面，就是现代文明的观念、途径、方式、礼仪，也需要填补建构。在这方面，中外的价值理念可以互阐。传统不能割断，世界也不能脱离。既要“各美其美”，也要“美人之美”。

第十章　马一浮国学论的施教义旨

到底什么是国学？如何定义国学这个概念，学术界的看法不太一致。我们做学问的人，有一个心理原则，就是自己之所讲，必须是自己所信，而不在乎自己的讲法别人是否同意。揆诸各家之说，我最服膺的是马一浮的国学论。但马先生为国学所做的新立名，自有其历史渊源和学理依据，不了解题义的前缘，便无法了解它的来世今生。所以今天站在学术的立场谈论国学，必须从头说起，从历史流变中分梳其学理内涵。

一　“国学”一词的来历

国学这个概念，首先要区分历史上的国学和现代的国学。中国历史上很早就有国学这个语词，比如在《周礼》里面，就有“乐师掌国学之政，以教国子小舞”（《周礼·春官·宗伯》）的记载。到了汉代，仍然有国学一词，如《汉书·食货志》记云："是月，余子亦在于序室。八岁入小学，学六甲、五方、书计之事，始知室家长幼之节。十五入大学，学先圣礼乐，而知朝廷君臣之礼。其有秀异者，移乡学于庠序。庠序之异者，移国学于少学。"[①]《后汉书》也有相关记载，其中东汉光武帝时期的大臣朱浮，"又以国学既兴，宜广博士之选，乃上书"云云，语义最为明显。[②]

《晋书》的帝纪则有东晋孝武帝十年二月"立国学"的直接记载[③]；而《晋书·束皙传》更写道："皙博学多闻，与兄璆俱知名。少游国学，或问博士曹志曰：'当今好学者谁乎？'志曰：'阳平束广微好学不倦，人莫及也。'"[④]此处的"少游国学"，明显指学校无异，因为在那里他见到了博士曹志，并与之对话。否则如果是作为一门学问的"国学"，他和兄长结伴到里边去"游"，不仅措意不伦，而且那门学问里的人还跳出来和他说话，夸赞他"人莫及也"，简直是活见鬼了。又《晋书·袁瑰传》载其上疏给晋成帝有云：

---

① 《汉书》卷二四《食货志》。

② 《后汉书》卷三三《朱浮传》。

③ 《晋书》卷九《孝武帝纪》："十年春正月甲午，谒诸陵。二月，立国学。"

④ 《晋书》卷五一《束皙传》。

畴昔皇运陵替，丧乱屡臻，儒林之教渐颓，庠序之礼有阙，国学索然，坟籍莫启，有心之徒抱志无由。昔魏武帝身亲介胄，务在武功，犹尚废鞍览卷，投戈吟咏，况今陛下以圣明临朝，百官以虔恭莅事，朝野无虞，江外谧静，如之何泱泱之风漠然无闻，洋洋之美坠于圣世乎！古人有言："《诗》《书》义之府，礼乐德之则。"实宜留心经籍，阐明学义，使讽诵之音盈于京室，味道之贤是则是咏，岂不盛哉！若得给其宅地，备其学徒，博士僚属粗有其官，则臣之愿也。[①]

袁瑰在此奏疏中提出的诉求是，希望国家能拨给"宅地"，以改变"国学索然"的情况。然则此处国学之所指，显然是欲建立学校的意思，否则要宅地何为？所以下文才说："疏奏，成帝从之。国学之兴，自瑰始也。"[②]应该是批准了他的建议，拨给了宅地，学校建立起来了。虽只是一封简短的奏疏，其于兴教立学所起的作用，岂可小视哉。

南北朝时期南朝的梁武帝，既笃信佛教，又苦嗜典坟，故力倡立学兴教，至有"修饰国学，增广生员，立五馆，置五经博士"[③]之举。梁武帝的长子昭明太子萧统更以好文尚友

① 《晋书》卷八三《袁瑰传》。
② 同上。
③ 《梁书》卷三《武帝纪下》。

著称，史载其三岁即“受《孝经》《论语》，五岁遍读五经”，八九岁就能够讲《孝经》了。他讲完之后，还“亲临释奠于国学”[①]。这里的国学一语指的又是国立学校，所以才有到国学释菜祭奠的举动。释菜即舍菜，是为祭奠先师孔子的一种仪式。《礼记·月令》有载：“是月也，毋竭川泽，毋漉陂池，毋焚山林。天子乃鲜羔开冰，先荐寝庙。上丁，命乐正习舞，释菜。”《礼记·文王世子》亦载：“凡始立学者，必释奠于先圣先师，及行事，必以币。凡释奠者，必有合也，有国故则否。”又云：“始立学者，既兴器用币，然后释菜，不舞不授器，乃退。”其义甚明。亦即释菜的举动，是古代学校的一种常规仪式，当年朱子在白鹿洞书院开讲前，也有此祭奠仪式。马一浮主讲复性书院，开学时也有类似礼仪。

由此可知，历史上关于“国学”一词的记载，其所指确是国立学校。汉晋如是，隋唐亦复如是。《隋书·礼仪志》有载：“仲春令辰，陈养老礼。先一日，三老五更斋于国学。皇帝进贤冠，玄纱袍，至璧雍，入总章堂，列宫悬。王公已下及国老庶老各定位。司徒以羽仪武贲安车，迎三老五更于国学。”[②]此处所叙是关于养老敬老的礼仪，七十岁、八十岁各有分别，国老和庶老亦有分别，但当这些老

---

① 《梁书》卷八《昭明太子传》。

② 《隋书》卷九《礼仪志》。

人到国学斋戒的时候，王公大臣等须提前到国学去迎候，以彰显养老礼仪的隆重。在那里可以举行斋戒仪式，有品阶的显贵要提前在那里迎候，那么这个地方自然是场所，而非一门学问。《隋书》卷二六《百官志》又载："国学，有祭酒一人、博士二人、助教十人、太学博士八人。又有限外博士员。天监四年，置五经博士各一人。旧国子学生，限以贵贱，帝欲招徕后进，五馆生皆引寒门俊才，不限人数。大同七年，国子祭酒到溉等，又表立正言博士一人，位视国子博士。置助教二人。"[①]此又明示国学里面的人员安排设置。可以设置包括祭酒、博士、助教在内的各种人员，当然指的是学校了。新、旧《唐书》则屡见"皇太子释菜于国学"的记载[②]。还有，江西白鹿洞书院的前身在晚唐就叫"庐山国学"，为避繁冗，不一一列举。

---

① 《隋书》卷二六《百官志上》。

② 《旧唐书》卷三《太宗纪下》："丁丑，皇太子于国学释菜。"卷五《高宗纪下》："癸未，皇太子弘释奠于国学。"卷七《睿宗纪》："丁亥，皇太子释奠于国学。"卷八《玄宗纪上》："戊寅，皇太子诣国学行齿胄礼，陪位官及学生赐物有差。"卷十一《代宗纪》："二月丁亥朔，释奠于国学，赐宰臣百官飨钱五百贯，于国学食。"卷四五《舆服志》："景龙二年七月，皇太子将亲释奠于国学，有司草仪注，令从臣皆乘马著衣冠。"《新唐书》卷二《太宗纪》："二十一年正月壬辰，高士廉薨。丁酉，诏以来岁二月有事于泰山。甲寅，以铁勒诸部为州县，赐京师酺三日。虑囚，降死罪以下。二月丁丑，皇太子释菜于太学。"等等，不可计数。

那么宋明呢？试看史载之例证。《宋史·真宗纪》载：“冬十月戊午，延恩殿道场，帝瞻九天司命天尊降。己未，大赦天下，赐致仕官全奉。辛酉，作《崇儒术论》，刻石国学。”[①]将文章刻石于国学，当然这个国学是学校了。又《宋史·礼志》载：“至圣文宣王，唐开元末升为中祠，设从祀，礼令摄三公行事。朱梁丧乱，从祀遂废。后唐长兴二年，仍复从祀。周显德二年，别营国子监，置学舍。宋因增修之，塑先圣、亚圣、十哲像，画七十二贤及先儒二十一人像于东西庑之木壁，太祖亲撰《先圣》《亚圣赞》，十哲以下命文臣分赞之。建隆中，凡三幸国子监，谒文宣王庙。太宗亦三谒庙。诏绘三礼器物、制度于国学讲论堂木壁。”[②]此段记载，前面叙述唐五代以来孔庙的祠位和从祀情况，然后说宋如何增修，而且太祖、太宗都曾往谒文庙，并下诏在国学讲堂的木壁上图绘礼器及制度。不仅说明此处的国学是学校，而且证明这所国学是设在文庙里。事实上唐宋以后，国学之建校，很多都设在文庙，已成为制度。《宋史·选举志》又载：“大中祥符二年，以门荫授京官，年二十五以上求差使者，令于国学受业，及二年，审官院与判监官考试其业，乃以名闻。”[③]

① 《宋史》卷八《真宗纪三》。

② 《宋史》卷一〇五《礼志八》。

③ 《宋史》卷一五九《选举志五》。

这说明当时的国学，还担负有后备官员的培训任务。

明代关于国学的记载更多，盖缘于越到后来学校越发达故也。《明史·选举志》写道："科举必由学校，而学校起家，可不由科举。学校有二：曰国学，曰府、州、县学。府、州、县学诸生入国学者，乃可得官，不入者不能得也。入国学者，通谓之监生。举人曰举监，生员曰贡监，品官子弟曰荫监，捐赀曰例监。同一贡监也，有岁贡，有选贡，有恩贡，有纳贡。同一荫监也，有官生，有恩生。"[①]可见作为国立学校的国学，其地位之高。国家所立，谓之国学；府、州、县所立的学校，则不能称国学。而且府、州、县学校的生员，只有进入国学后才能得官，并有专门的职称曰监生。国学设祭酒、司业，负责诸生的管理和训导。永乐时期的宿儒胡俨，受命担任国子监祭酒，史载其"居国学二十余年，以身率教，动有师法"云[②]。按明清的设学制度，国学和国子监是一而二、二而一的关系。大量外省才俊都是由乡举入国学，而后进入官员队伍。也有外国的王子或达官子弟来国学学习者。《明史》记载："洪武二十五年夏，中山贡使以其王从子及寨官子偕来，请肄业国学。从之，赐衣巾靴袜并夏衣一袭。其冬，山南王亦遣从子及

---

① 《明史》卷六九《选举志一》。

② 《明史》卷一四七《胡俨传》。

寨官子入国学，赐赉如之。自是，岁赐冬夏衣以为常。明年，中山两入贡，又遣寨官子肄业国学。”[①]中山王、山南王都是琉球分裂后的国主，直到永乐时期仍继续派子弟入于国学。而日本的王子滕祐寿者，也曾“来入国学，帝犹善待之”[②]。

兹可见中国历史上的“国学”，从《周礼》开始，嗣后两千多年来不绝如缕，但无不指的是国立学校的意思，这和我们今天大家都在讲的国学，和现在有一点热的这个国学，概念的含义所指、内涵和外延，完全不同，在学理上和在事实上两者均不容混淆。

二　现代国学如何发生

我们今天讲的国学，是跟西学相比较而存在的一个概念，一定意义上可以称作现代国学。现代国学的概念发源于何时？据我个人接触到的资料，至少在 1902 年，于梁启超和黄遵宪的通信中，他们已经在使用国学这个概念了。

1902 年这个历史时刻是这样的。1898 年是中国近代史上变法维新最火热的一年，特别是陈宝箴领导的湖南的改

① 《明史》卷三二三《外国列传四》。
② 《明史》卷三二二《外国列传三》。

革，走在了全国的前面。但这一年的秋天，慈禧发动政变，扼杀了“百日维新”。当时走在改革前面的一些人，不少都受到了处分。谭嗣同等“六君子”，遭遇了不幸。慈禧很不喜欢的康有为和梁启超，逃到了国外，否则和“六君子”将是同一命运。谭嗣同也是可以跑掉的，但他说改革如果需要流血，愿意从自己开始。戊戌惨剧改变了变革人士的命运，也改变了中国的命运。

第二年，即1899年，义和团运动爆发，清廷开始是镇压，后改为利用。康梁等许多维新人士跑到国外，被外国人保护起来。慈禧想废掉光绪的企图，也遭到外国人的非议。所以慈禧最恨洋人。义和团的一个指向，恰好是反对洋人，攻击耶稣教，双方在此点上有一致的利益。但利用的结果，事态闹大了，弄到许多地方杀洋人，攻打使馆，向外国人宣战。结果招致1900年八国联军打到北京，慈禧离京出逃。接着便是谈判、议和、赔款，慈禧又重新回到紫禁城。这个老太婆也不是毫无反省，对戊戌在案人员，除了康梁，其余都不再追究。黄遵宪也是戊戌在案人员，1898年在湖南担任盐法道，是陈宝箴改革的有力推手。政变后他受到了革职永不叙用的处分。陈寅恪的祖父陈宝箴和父亲陈三立，也被革职永不叙用。黄遵宪戊戌政变后在广东老家赋闲。这时梁启超流亡日本，两个人有很多通信的机会。黄在1902年9月写给梁的一封信里谈到，梁关于创办《国学报》的纲目写得很好，但他认为当时还不是办此种刊物的时候，宜“略迟数年再为之未为不可”[1]。可惜梁启超写给黄遵宪的信，我们无缘得以看到，只看到了黄的信，《黄遵宪全集》里面有此信的全文。

我们是探讨现代意义的国学如何发生，因此梁任公倡办《国学报》的时机合适与否，可以暂且不论。我们关注的是，在1902年的秋天，梁启超和黄遵宪这两位晚清思想界的翘楚，就堂而皇之地使用“国学”一词了。其实如果再往前推上几年，1898戊戌变法那一年，湖广总督张之洞当百日维新高潮之际，出版了一本著作叫《劝学篇》，该书外篇的第三节为“设学”，在谈到学校课程设置的时候，他说宜“新旧兼学”，应该“旧学为体，新学为用，不使偏废”。可是大家知道，在中国近现代思想史上，这个关键词不叫“旧学为体，新学为用”，而是“中学为体，西学为用”。这是在传播过程中出现的转换和转译。第一转换者是梁启超，他在1921年出版的《清代学术概论》一书里，说张之洞当时讲的“中学为体，西学为用”，得到很多人的推许，一时“举国以为至言”。梁启超转述张之洞思想的时候，使语词发生了变化。梁启超在清末民初的思想界有极

---

① 黄遵宪：《致梁启超函》(1902年9月)，《黄遵宪全集》上册，中华书局，2005年，第433页。

大的影响力，经他一转述，大家便习焉不察地以为，张之洞本来讲的就是“中学为体、西学为用”。我讲这段掌故是想说明，张之洞在《劝学篇》里讲的“旧学”，以及梁启超转述时讲的“中学”，跟1902年黄遵宪和梁启超通信中讲的“国学”，其概念的义涵大体是相同的。

也有学者认为，国学这个概念是从日本传来的。我没有查到依据。但国粹这个概念来自日本，应无疑问。日本明治维新的时候，有一个口号，叫“脱亚入欧”，也就是欧化和西化。这个潮流走了相当一段之后，以志贺重昂为代表的本民族派知识人士创办了一本叫《日本人》的杂志，提倡本民族的精神，主张发扬日本民族自己独有的国粹。国粹这个词就是这样在日本产生的。当时许多中国留学生在日本，章太炎、梁启超等一些有日本经历的学者，面对西潮对中国的冲击，对国粹一词感同身受，殊可理解。章太炎的著作中，经常使用国粹一词。“用国粹激励种性”就是章太炎提出的。1902年梁启超和黄遵宪讨论《国学报》的通信，梁也提出了“养成国民，当以保国粹为主义，当取旧学磨洗而光大之”[①]的思想。梁任公此处的“取旧学磨洗而光大之”的“旧学”一语，实与国学为同等概念。

---

① 《黄遵宪全集》上册，第433页。

三　胡适对国学概念的分疏

国学相当于中学，也相当于中国的旧学。但是最早提出这个概念的时候，学者们并没有对其本身加以分疏。直到1923年胡适为北大国学门的《国学季刊》撰写发刊词，才第一次对这个概念做了分疏。北京大学国学门成立于1922年底，第二年决定创办一种刊物，叫《国学季刊》，发刊词是胡适所写。胡适在发刊词里说："国学在我们的心眼里，只是国故学的缩写。中国的一切过去的文化历史，都是我们的国故，研究这一切过去的历史文化的学问，就是国故学，省称为国学。"[①]这是胡适给出的关于国学的第一个定义。依照胡适的看法，国学就是国故学，也就是研究所有过去的历史文化的学问。"国故"这个词，是章太炎的发明，辛亥革命前他旅居日本时写的一本书就叫《国故论衡》，该书正式出版在1910年。所以胡适说："自从章太炎著了一本《国故论衡》之后，这'国故'的名词于是成立。"[②]

---

① 胡适：《〈国学季刊〉发刊宣言》，《胡适全集》第二卷，安徽教育出版社，第7页。

② 胡适：《研究国故的方法》。

然而“国故”这个词，在“五四”前后所引起的学界的故事也不少。首先是为了和傅斯年创办的《新潮》相抗衡，毛子水、刘师培等办了一本《国故》月刊。两本刊物都创生于1919年，前者在1月，后者在3月。两本刊物还为“国故”问题展开了一场论争。《新潮》刊载的傅斯年的文章叫《国故论》，《国故》月刊刊载的毛子水的文章叫《国故和科学的精神》。两方都是北京大学的学人。其次是双方的观点虽然不同，但在主张要用科学的方法“整理国故”这点上，是相同的。再次是1919年12月，胡适在《新青年》第七卷第1号上发表《新思潮的意义》一文，大声呼吁“整理国故”，该文的副题就以“研究问题，输入学理，整理国故，再造文明”为标示[①]。经胡适之先生奋臂一呼，“整理国故”的口号从此便大行其时了。

问题是，定义国学为研究国故的学问，其内涵是不是有些过于宽泛呢？因为举凡中国历史上的典籍、制度、语言、人物、习惯、风俗，总之所有过去的历史文化，都可以叫作国故，那么研究中国历史上所有这一切东西当然都可以叫作国学了。但如果说国故学就是国学，其定义涉及的范围显然过于宽泛，而有失学理的严谨。一个概念，它的内涵过于宽泛，外延的边际扩展得过于遥远，这个概念

---

① 胡适：《新思潮的意义》，《胡适全集》第二卷，第691页。

的内容就要流失，而使概念本身缺乏学理的确定性。果然，到后来，一直到今天，学术界并没有延续使用国学即国故学的定义，甚至连“国故”这个语词，后来人们也很少提及，以至到了弃置不用的地步。大家不约而同地认可另一个关于国学的定义，即国学是指中国的固有学术。20世纪30年代、40年代，学术界大都是这样的看法。即使在今天，文史方面的专业人士使用的其实也还是这个定义。

只不过由于近来国学走热，一些不很了解近现代学术流变的人士，起而无限扩大国学的内涵和外延，不仅回到了胡适的国学即国故学的提法，而且将国学的内涵扩大到整个中国的历史文化。世界上的各文明体国家，哪一个没有自己的历史文化？能够说自己的历史文化就是这个国家的国学吗？显然是不通的。更主要是如此出问题，无异是把学术和学术研究的对象混为一谈了，把国学和国学所要研究的历史资源混为一谈了。胡适其实说得很明确，即认为“研究这一切过去的历史文化的学问，就是国故学，省称为国学”。明显地，胡适是说国故学是一门学问，而“过去的历史文化”不过是国故学研究的对象，并未糊涂到以为“一切过去的历史文化”本身就是国学。正如当胡适的这篇发刊宣言发表时，宋育仁为之所加的评点所说：“历史完全只有材料，还说不到加工，更说不到制造的方术，何况原素、原质、化合种种学理，梦也想不到。”

不料如今谈论国学的人，却直接认定“一切过去的历史文化”，或者直称传统文化本身，就是国学。学理、逻辑、概念混淆到如此地步，却不以为非，反而放言阔论，我们还有什么好说的呢。殊不知，如果过分扩大国学概念的义涵的范围，甚至扩大到将学问和学问的对象混为一谈，不仅国学没有了，天下的所谓学问也就不存在了。

这就如同说不要加工磨成面粉了，小麦拿来直接吞噬就可以了。钢铁也不必熔炼了，铁矿石直接取来制作工具武器就已经很好了。这样比喻，人们会以为是有悖常理的笑话，但秉持传统文化即国学主张的人们，其可笑的程度丝毫不亚于以小麦为面粉，拿矿石当钢铁。

四 马一浮重新定义国学

其实这个问题早在20世纪30年代末期，就已经有重量级的学者对当时流行的“国学是中国固有学术”的定义，给以深刻的检讨了。这位学者在20世纪初，被友人称为读书最多的人，我则称他为“儒之圣者”，他是马一浮。

马一浮是浙江绍兴人，因为父亲在四川做县丞，他出生在四川。但在他五岁的时候，父亲不愿做官了，全家又回到上虞县长塘乡老家。他天赋极高。家里请的教师，是一位很有名望的举人，没过多久，这位举人就说这个学生我教不了。马一浮的父亲以为孩子对老师有什么不礼貌之处，后来见老师讲的恳切，只好同意其辞馆。马一浮十六岁的时候参加绍兴府的科考，他考取了第一名。同考的有鲁迅和周作人昆仲。结果被在当地很有影响的浙省贤达汤寿潜（民国后曾担任浙江总督及交通部长）看中了，把女儿许配给了马一浮。

马一浮母亲早逝，父亲在他和汤女结婚后不久也去世了。更奇的是，一年多以后马一浮的新婚妻子也离开了人世。此后马一浮终生未娶。他 1883 年出生，1967 年辞世，享年八十四岁。年轻时一度在上海学习英文和办翻译刊物。1903 年二十岁的时候，赴美担任清政府驻美使馆留学生监督公署的秘书，地点在美国北部的一个城市圣·路易斯。1904 年在日本停留半年。然后回国，专意读书。他读书之多，据说无人能及。他被认为是当时中国最有学问的人。但他不轻易著述，也不入讲舍。1912 年蔡元培主掌民国教育部，聘请马一浮担任秘书长。由于在读经和废止读经的问题上两人观点相左，马赞成读经，蔡主张废除读经。在教育部任职不到一个月，马一浮就辞归杭州。1917 年蔡元培就任北京大学校长，又想到了他的这位学问好的绍兴同乡，函请马一浮担任北京大学文科学长。马一浮回了一个电报，说“古有来学，未闻往教”，婉拒了。蔡元培这才另请陈独秀担任北大文科学长，同时聘请胡适做北京大学教授，都是在1917年这一年。北京大学成为新文化运动的摇篮，1919年“五四”运动的发生，都跟这些人事布局有直接关系，这是后话。马先生不入讲舍，很少写文章，也不著书，但是没有哪个人不知道他的学问是最好的。

这种情况后来发生了变化。1936年4月，大气物理学家、中央研究院院士竺可桢受命担任浙江大学校长，4月25日接任，5月6日就注意到此间有马一浮其人，知道马先生是杭州的瑰宝。于是决定立即请马先生来浙大任教，并接连三次登门拜请。本来马先生后来有所松动，由于名分问题发生了周折。马先生做事情，是讲究名分依据的。你请我到浙江大学开讲座，那么我是谁呢？既不是博士，也不是教授，突然去开一个讲座，他觉得名分不够清楚。所以马先生提出来可不可以国学大师相称，以及授课的名义可否采用国学研究会的名称。此两项浙大方面包括竺可桢校长，都觉得不妥，认为“大师之名有类佛号”，而研究会更麻烦，需要呈请党部核准。竺可桢请联系的人与马先生再行商量。但第二年就是1937年，日本人打来了，侵略势力渐及浙省，为避寇，浙江大学1937年底内迁到江西泰和。马一浮也在逃难，几门亲戚，几个学生，百余箱书，一站一站地转徙。先逃至桐庐，再逃至开化，不堪其苦。这时想到，如果跟浙江大学一起逃难，是不是会方便一些呢？

于是马先生给竺校长写了一封信，文言写的，婉转得体。开头几句是“在杭承枉教，忽忽逾年。野性疏阔，往来礼废，幸未见责”。然后说“自寇乱以来，乡邦涂炭”，听说贵校已迁江西，而且“谘诵不缀”，可见“应变有余”，让人钦佩。接着说自己年迈力衰，已不堪流离之苦。而“平生所需，但有故书”，一路辗转，或遗或弃，即使“不为劫灰”，也会被老鼠吃掉，这是我最感难过的。下一步局势如何，不好预期，如果日人大举占领浙江，逃难的方向只有江西。但自己一向于“赣中人士，缈有交旧”，不知“可否借重鼎言，代谋椽寄”，使本人“免失所之叹，得遂相依之情”[①]。这些虽是以私相扰，但“推己及物，实所望于仁贤”。竺可桢校长得信，知道是不请自来，立即安排专人专车把马一浮接到泰和。

马一浮先生的国学讲座就是在这样的背景下在浙大开讲的。首讲在 1938 年 5 月 14 日下午三时，竺可桢校长亲临听讲。他先讲“横渠四句教”，然后就以“楷定国学名义”为题，讲到底何谓国学。“楷定”是佛学的概念，就是范畴界定的意思。马先生说：

---

① 马一浮：《致竺可桢》，《马一浮集》第二册，浙江教育出版社、浙江古籍出版社，1996 年，第 579 页。

“楷定”是义学家释经用字。每下一义，须有法式，谓之楷定。楷即法式之意，犹今哲学家所言范畴，亦可说为领域。故楷定即是自己定出一个范围，使所言之义不致凌杂无序或枝蔓离宗。老子所谓“言有宗，事有君”也。何以不言确定而言楷定？学问，天下之公，言确定则似不可移易，不许他人更立异义，近于自专。今言楷定，则仁智各见，不妨各人自立范围，疑则一任别参，不能强人以必信也。[①]

又说：

楷定异于假定。假定者，疑而未定之词，自己尚信不及，姑作如是见解云尔。楷定则是实见得如此，在自己所立范畴内更无疑义也。[②]

马先生虽使用佛家义学的“楷定”一词，以明自己断判的义定而不自专，但绝非疑而不能自信；而是斩钉截铁、充满学理的持守精神，称在自己所立之范畴之内不存疑义。接着便追溯国学概念演变的历史，写道：“照旧时用国学为

① 马一浮：《泰和宜山会语》，《马一浮集》第一册，第10页。

② 同上。

名者，即是国立大学之称。今人以吾国固有的学术名为国学，意思是别于外国学术之谓。”[①]所以他说这个概念是“依他起”，即有了外来学术之后，才有“国学”的提法。以至于马先生认为，严格地讲，“国学”这个名称“其实不甚适当”，“本不可用”。[②] 但大家都这样讲，他也只好“随顺时人语”，不另外“立名目”，也使用国学的名称来讲论。

不过对以往的国学的定义，他不能认同。国故学即国学的定义不必说了，认为国学是中国固有学术的定义，他也觉得太宽泛。他说：“依固有学术为解，所含之义亦太觉广泛笼统，使人闻之，不知所指为何种学术。”[③]所谓中国固有学术，就是指中国历史上各个时期的学术思想，譬如先秦的诸子百家之学，孔子、孟子、荀子、墨子、老子、庄子、韩非子的学术思想等等，一般称作子学。两汉行时的是经学。秦火之后，汉代重新搜集图籍，各种版本简错百端，六经之文的书写，文字也多有歧义。于是便请一些学者整理、研究、注释，并且授予“五经博士”的职称，经学由此兴盛起来。魏晋时期知识人士喜欢思辨，又出现了玄学。隋唐时期佛学的中国化过程进入佳境。宋代有以朱

① 马一浮：《泰和宜山会语》，《马一浮集》第一册，第10页。
② 同上书，第9页。
③ 同上。

熹为代表的理学。明代有王阳明的心学。清代乾嘉时期流行的学术思潮是朴学，主要通过考据的方法整理研究古代学术。晚清则是传统学术走向现代学术的转折期和过渡期。按照通常的理解，中国历史上的这些学术思想的出现及其流变，就是中国的固有学术。研究固有学术的学问就是国学，20世纪20年代、30年代学术界的许多人都是这样看的。但固有学术牵涉的范围实际上也非常广泛。所以马一浮不赞成如此定义国学。他说这个解释也太过于笼统宽泛，中国固有学术的方面、家数、类别仍然很多，是指哪一个类别，哪一家的学术呢？至少作为主要流派的儒、释、道三家，分明地摆在那里，如果说国学是固有学术，那么是指单独的某一家还是全部包括？至于有人以经史子集"四部立名"，马先生说，"四部之名本是一种目录"，就像后来的图书馆图书分类一样，涉及的每一专门学问，"皓首不能究其义，毕世不能竟其业"[①]，如此的国学怎么研究呢？

为此马一浮先生提出了自己关于国学的定义。他说：

> 今先楷定国学名义。举此一名，该摄诸学，唯六艺足以当之。六艺者，即是《诗》《书》《礼》《乐》

① 马一浮：《泰和宜山会语》，《马一浮集》第一册，第9页。

《易》《春秋》也。此是孔子之教，吾国二千余年来普遍承认一切学术之原皆出于此，其余都是六艺之支流。故六艺可以该摄诸学，诸学不能该摄六艺。今楷定国学者，即是六艺之学，用此代表一切固有学术，广大精微，无所不备。[①]

也就是说，在马先生看来，所谓国学，应该指“六艺之学”。也就是《诗》《书》《礼》《易》《乐》《春秋》，孔门之教的文本典籍系统，有别于礼、乐、射、御、书、数，后者我认为是孔门之教的实践课。“六艺”后来亦称作“六经”。但《乐》这一经不传，论者也有的谓没有形成文本，可备一说。所以习惯上又称“五经”。但“六艺”之名，汉代仍在使用。郑康成（郑玄）就写过《六艺论》，原文散佚，经注中残存一些段落。马一浮年轻时也有撰写《六艺论》的想法。

把国学定义为“六艺之学”，是马一浮先生的学理发明，是大学者的高明之见。因为“六艺”或曰“六经”，是中国学术的经典源头，是中国文化的最高形态，定义“六艺之学”为国学，可以使国学成为中国固有学术的经典之学。

---

① 马一浮：《泰和宜山会语》，《马一浮集》第一册，第10页。

五　马一浮国学论的学科整合意义

然而马先生在提出这个国学的新定义以后，并没有引起学术界的重视，甚至泥牛入海，悄无声息。自1938年5月到2006年10月，将近七十年的时间，始终没有人提起马一浮重新定义国学这一公案。

直到2006年10月，时光老人已经走过了六十八年的时间，终于有人提起了这段尘封久远的学术公案。这就是本人在2006年对国学的发生历史和源流演变做了一次比较细致的梳理，写成《论国学》一文，两万五千字，先在《21世纪经济报道》连载，后全文发表于2006年秋季号《中国文化》杂志。此文的最后一节，我引来马一浮的国学定义，表示学理上的完全认同，并提议在小学设国学课，以"六艺"为主要内容。因为我近年在研究马一浮和他的学术思想，知道他言不轻发，发必有中。比较起来，国学即国故学的定义，以及国学是固有学术的定义，都没有马先生的国学即"六艺之学"的定义准确、深刻、无衍、无漏。这个概念所包容的内涵，不多也不少，无蔓也无失。而其他两个定义，即国学是国故学的定义，内涵蔓延得太广不必说，即使国学为固有学术的定义，除了过于宽泛笼统之外，其现实操作层面也不无问题。

我国固有学术属于学术史的范围，文史专业人士要想进入尚且需要多种准备，一般人士没有可能甚至也不必要与之发生干系。国学为“六艺之学”的定义就不同了，它是属于全体中国人的，中国人做人立国，其精神义理的根基就在“六经”。

现在一些设立了国学院的大学，正在致力于一件与学科建设有关的大事，就是希望教育部、国务院学科组正式批准设立国学一级学科，授予国学博士、国学硕士。据说已经有不少学界的朋友，包括比我年长的师友，都认为此议可行。其实此事并不可行。如果此议获得通过，中华人民共和国教育部决定设立“国学博士”，将是一个很大的误判，既是学科建设的误判，也是人文教育指导思想的误判，虽然也许只是一个集体无意识的误判。主张此议的朋友忘记了一条，就是如果设立“国学博士”，那么文史哲三大学科的博士，包括文学博士、历史学博士、哲学博士，还要不要存在？如果存在，国学博士涉及的研究对象和文史哲各科的研究对象，还有没有分别？这一点绝不是分科研究和综合研究所能解释的。就按很多人都可以接受的国学定义，认为国学是中国的固有学术，如果国学院的博士候选人论文写的是李白和杜甫研究，文学院的另一候选人写的也是李白和杜甫研究，答辩如果通过，为什么一个授予国学博士，另一个却授予文学博士？这个区分在哪里？哲学、史学同样有此问题。假如写的都是王阳明，都写得很好，为什么给他国学博士，给另一位哲学博士？显然是说不过去的。在现代学位制度的背景下，如果不重新厘定国学的内涵，所谓“国学博士”其实是一个不通的概念。还有，如果设“国学博士”，那么要不要也设“西学博士”？我在一次会上表达自己对此一问题的看法，我说听说要设立国学博士，“梦溪期期以为不可也”。

只有在一种情况下，即接受马一浮先生的国学定义，认可国学是“六艺之学”，把国学看作是以《易》《诗》《书》《礼》《乐》《春秋》“六经”为主要研究对象的经典学问，则“国学博士”的概念也许勉强还说得过去，而国学院的学科存在的合法性也随之增加。事实上，世界上各主要文明体国家，各大文明的开源经典，都是有别于学术分科而单独自立的经典之学。比如对《圣经》的研究，是可以独立为学的。又譬如对伊斯兰教经典《可兰经》的研究，也是一门独立存在的经典专学。我们把对“六经”的研究作为一个独立的学问门类，完全能够成立。复按历史，我国汉以后的教育与学术，历来都是这样厘定的。经学作为单独的一科，而区别于诸子之学，以及集部之学和史部之学。能不能通经明道，是能否成为通儒的必要条件。

马一浮这位20世纪的“儒之圣者”把国学定义为“六艺之学”，即认为国学主要是研究“六经”的学问，不失为一代通儒的慎思明辨之论。如果我们能够认同马先生的国学定义，以“六艺之学”即中国学术的经典源头、中国文化的最高形态“六经”，作为国学的基本义涵，那么国学和现代学术分科的重叠问题就可以适当化解。当然即便如此，也不一定非要设“国学博士”不可。文学博士、历史学博士、哲学博士等名称，毕竟是世界各国通行的人文学术分门类的学位名称，我们在设立人文学科学位的新名称的时候，宜乎参照世界通行的学位名称的公则，以利于学术交流和国际间的学术对话。

有人不了解，清华大学 1925 年成立国学院，1929 年就撤销了。北京大学 1922 年底到 1923 年成立国学门，1927 年撤销了。原因何在？很多人以为，清华国学院撤销，是由于王国维 1927 年自杀，梁启超 1929 年去世，四大导师去其二，只剩下赵元任和陈寅恪，新的导师人选难以为继，于是不办了。那么北大国学门为什么也只存在了四年？实际上，是由于到 20 年代末期，清华、北大两所现代学府，文史哲三科已经分立完成，各有建制完整的系所，研究和教学的师资力量也都很雄厚，在这种情况下，国学院单独存在的意义大大减弱。总之，这是现代学术分科使然，而非其他人事或时事的原因造成。

经学在中国古代历来是单独的，为先的，领军的，所以“四部之学”的类分以经为首。经学的取径入门须通过小学，即文字学、训诂学和音韵学。也就是清儒说的“读书必先识字”。因此“小学”理所当然地包括在以经学为主要义涵的国学范围之中。清代学者在音韵、训诂方面的成就，可以说前无古人。他们把清以前的中国典籍翻了几个过，每一部书的每一个字，他们都重新审视，包括某一个字最早的读法如何，汉代如何读，宋明的读法怎样，他们都考订得很清楚。单是研究《说文解字》的著作就有近百种，其中段玉裁的《说文解字注》最为学者称道，“说文段注”一直到今天仍是文字训诂的典要之作。另外还有桂馥的《说文解字义证》、朱骏声的《说文通训定声》、王筠的《说文释例》和《说文句读》，并称为清代“许学”的四大家。

《说文解字》是汉代许慎的一部字书，研究《说文》是一门专学，称为“许学”，这在学术史上是极为罕见的案例。按照钱锺书先生的说法，研究一本书可以成为一门标名的专学，历史上并不多见，研究《说文解字》而称“许学”，研究《文选》而称“选学”，堪称一书而名学的特例。而千家注杜（杜甫）、百家注韩（韩愈），却不能称为“杜学”或“韩学”。不过研究《红楼梦》而称“红学”，钱先生是认可的。但如果认同经学和小学是国学的两根基本支柱，认同马一浮先生的国学定义，就和现代学术分科不发生矛盾了。而且这样并没有把国学的内涵狭窄化，而是找到了中国学问的宗基，归义于中国文化精神的大本，把国学还给了国学。

六　马一浮国学论的立教义旨

马一浮的国学论和他的六艺论是一致的。而“六艺论”包括“六艺之学”“六艺之道”“六艺之教”“六艺之人”四个环节。六艺之学，即六经的学问系统，可以分开单论一经，也可以诸经合论。六艺之道，指六经的精神义理，依马先生的解释，所谓圣学，就是义理之学。他说：“今当人心晦盲否塞、人欲横流之时，必须研究义理，乃可以自拔于流俗，不致戕贼其天性。”①六艺之教，是指用六经来教学育人。六艺之人则是指通过六艺之教，所培育的经过六艺精神义理熏陶涵化的受教者。

马先生以《礼记·经解》所引孔子的话，来诠解六艺之为教的大略精神义理范围。孔子的原话是：“入其国，其教可知也。其为人也，温柔敦厚，《诗》教也；疏通知远，《书》教也；广博易良，《乐》教也；絜静精微，《易》教也；恭俭庄敬，《礼》教也；属辞比事，《春秋》教也。”②

---

① 马一浮：《泰和宜山会语》，《马一浮集》第一册，第7页。

② 《礼记·经解》，[清]孙希旦撰《礼记集解》下册，中华书局，1989年，第1254页。

到一个国家，从民情风俗方面可以看到这个国家的教育实施情况，可谓事理昭昭，概莫能外。国人接人待物如能表现出亲切和蔼的态度，那是《诗》教的收效。如果人们通达阔大，不斤斤计较于眼前的蝇头小利，那应该是《书》教的结果。而《乐》教则使人亲和良善，《礼》教让人恭敬节俭。《易》教可正人心，使言行知所趋（吉）避（凶）。《春秋》教则比类照鉴，使人能够明是非而辨善恶。这和《庄子·天下篇》所说的："《诗》以道志，《书》以道事，《礼》以道行，《乐》以道和，《易》以道阴阳，《春秋》以道名分。"[①]为各自陈述解读的角度不同，义理旨归殊无不合。要之，六艺施教的重心在其价值论理的涵化，亦即因教以明六艺之道。以六艺之道涵化培育受教之人，所成就的就是为六艺之人。故马先生说："有六艺之教，斯有六艺之人。"[②]

然六艺之道，受教者不能全得，往往是"学焉而得其性之所近"，这就难免学六艺而有所遗。《礼记·经解》曰："《诗》之失愚，《书》之失诬，《乐》之失奢，《易》之失贼，《礼》之失烦，《春秋》之失乱。"[③]但马先生强调，

---

① 《庄子·天下篇》，[清]郭庆藩撰《庄子集释》，中华书局，2013年，第937页。

② 马一浮：《泰和宜山会语》，《马一浮集》第一册，第11页。

③ 《礼记·经解》，《礼记集解》下册，第1254页。

所流失者并不是“六艺本体之失”[1]，而是学而只“得一察”而自失焉。《庄子·天下篇》写道：“天下大乱，贤圣不明，道德不一，天下多得一察焉以自好。譬如耳目鼻口，皆有所明，不能相通。犹百家众技也，皆有所长，时有所用。虽然，不该不遍，一曲之士也。判天地之美，析万物之理，察古人之全，寡能备于天地之美，称神明之容。是故内圣外王之道，闇而不明，郁而不发，天下之人各为其所欲焉以自为方。悲夫，百家往而不反，必不合矣。后世之学者，不幸不见天地之纯，古人之大体，道术将为天下裂。”[2]妙哉，庄生之论。天下学问的本末、精粗、大小之所发生的缘由，均为其析而言中矣。但六艺之道不同于一般的学问，它是一个整体，尽管“学焉而得其性之所近”也可以“适道”，但毕竟不是“天地之美”“万物之理”，最多不过是“一曲之士”而已。马先生说，这种情况，“佛氏谓之边见，庄子谓之往而不反”[3]，究其原因，显然是不知六艺可以总体统摄一切学术所致。

马一浮先生认为，六艺统摄诸学是一个总纲，识得此纲领，方能进入六艺之道和六艺之教。六经的学问体系

① 马一浮：《泰和宜山会语》，《马一浮集》第一册，第 12 页。

② 《庄子·天下篇》，《庄子集释》，第 938—939 页。

③ 同上。

固然博大精深，但其精神义理并非难窥其奥。依马先生的思理："六艺之本，即是吾人自心所具之义理。"[1]又说："天下万事万物，不能外于六艺，六艺之道，不能外于自心。"[2]此即是说，六经的义理跟每一个人的理性心性都是相通的，不是凭空外加，而是生命个体完全可以自认自证。所以马先生又说："当知讲明六艺不是空言，须求实践。今人日常生活，只是汩没在习气中，不知自己性分内本自具足一切义理。故六艺之教，不是圣人安排出来，实是性分中本具之理。"[3]这也就是孟子讲的，"理也，义也"，是"圣人先得我心之所同然"者（《孟子·告子上》）。明白了此一层道理，领悟六艺的精神义理就不致畏难了。换言之，就是用六经的理性精神启悟每个人自我的觉悟，除却沾染的尘埃，去掉"习气"，使人的"性分中本具之理"显现出来。故马先生又说："圣人之教，使人自易其恶，自至其中，便是变化气质，复其本然之善。"[4]是的，六艺之教的终极旨归，即在于使人"变化气质，复其本然之善"。难哉？不难也。孟子不是说"理义之悦我心，犹刍豢之悦我口"吗？只不过我们普通人，在大多数情况下经常是"日用而

---

① 马一浮：《泰和宜山会语》，《马一浮集》第一册，第 54 页。

② 同上书，第 55 页。

③ 同上书，第 57 页。

④ 同上书，第 19 页。

不知”罢了。

对于六艺之教，马一浮先生实抱有至高的期许。他把立教的眼光投向了整个人类。满怀激情地写道：“故今日欲弘六艺之道，并不是狭义地保存国粹，单独地发挥自己民族精神而止。是要使此种文化普遍地及于全人类，革新全人类习气上之流失，而复其本然之善，全其性德之真，方是成己成物，尽己之性，尽人之性，方是圣人之盛德大业。若于此信不及，则是于六艺之道犹未能有所入，于此至高、特殊的文化尚未能真正认识也。”[①]又说：“世界无尽，众生无尽，圣人之愿力亦无有尽。人类未来之生命方长，历史经过之时间尚短，天地之道只是个‘至诚无息’，圣人之道只是个‘纯亦不已’。往者过，来者续，本无一息之停。此理决不会中断，人心决定是同然。若使西方有圣人出，行出来的也是这个六艺之道，但是名言不同而已。”[②]马先生禁不住为之赞叹曰：“圣人以何圣？圣于六艺而已；学者于何学？学于六艺而已。大哉，六艺之为道！大哉，一心之为德！学者于此可不尽心乎哉？”[③]

学者天天言道，道在哪里？说道在吾心，固不误也。

---

① 马一浮：《泰和宜山会语》，《马一浮集》第一册，第23页。

② 同上。

③ 同上书，第21页。

但吾心之道，容易得一曲之偏。全体大用之道，或如庄生所说的“天地之美”和“万物之理”，可以说悉在六经。六艺之道与吾心合其德，方成得六艺之人。呵呵，大哉，六艺之为道也。

七　马一浮国学论的施教内涵

如果我们认同马一浮重新给国学下的定义，即认为国学是“六艺之学”，具体包括经学和小学的内容，那么国学在今天的具体发用，特别是其施教内涵的展开，就是非常现实的问题了。

首先，它是一种学问根底，是为学的大本，人文学者、文史学者，都需要有此根底。所谓为学要知本末，“六经”就是学问的“本”，其余都是末。所谓做学问要明源流，“六经”就是源，其余都是流。所谓知终始，六经就是始。马一浮说的“六艺可以统摄一切学术”，就是这个意思。而且也可以知道，定义国学为“六艺之学”并不是要把国学儒学化，而是把国学复原为最高的经典之学。因为，诸家之学都可以从“六经”中找到渊源。实际上，谈中国人文，谈中国的文史之学，谈中国的学问，如果不懂得“六经”，不懂得“四书”，应该难以置喙。晚清大儒沈曾植就曾说过，后生没有念过“四书”，不具备他与之交谈的理由和条件。

其次，六经不仅是中国学问的源头，也是中国人德范德传的渊薮，是中国人立身修德之基，同时也是中华立国的精神支撑。我们中华民族，如无“六艺”为精神依据，便人不知何以为人，国亦不知何以为国矣。葛洪说过：“五经为道德之渊海”，既是“治世存正之所由”，又是“立身举动之准绳”，“其用远而业贵，其事大而辞美，有国有家不易之制”[①]。斯又如一位古学先生所言：“吾常昧爽栉梳，坐于客堂，朝则诵义文之《易》，虞夏之《书》，历周公之典《礼》，览仲尼之《春秋》。夕则逍遥内阶，咏《诗》南轩，洋洋乎其盈目也，焕烂兮其溢目也，纷纷欣然兮其独乐也。当此之时，不知天之为盖，地之为舆，不知世之有人，己之有躯也。”[②]是为读经之乐，虽是古人的感受，亦不妨略资想象。

第三，以六艺之学为国学，则国学可以入于国民教育。2008 年，我继《论国学》之后，又写了《国学辨义》长篇论文，对国学入于国民教育的问题进而有所探讨。我主张小学、中学和大学的一二年级，作为通识教育的课

---

① 朱彝尊：《经义考》卷二九五《通说一》，台北“中央研究院”文哲研究所校点发行，1999 年，第 777 页。

② 同上书，第 774 页。

程，都开设国学课。内容就是“六经”，而以《论语》和《孟子》作为入径。本来开始我提出的是在小学开设国学课。香港中文大学的金耀基先生，著名的文化社会学家，曾担任中文大学的校长。他看到我的《论国学》一书，写信说，你提出了重要的问题，这一主张等于在现在通行的知识教育之外，补充上价值教育。但金先生说，何必只在小学呢？他说中学和大学也许更重要。我觉得他讲得非常正确，所以在《国学辨义》长文中采纳金耀基先生的高见，论述了小学、初中、高中、大学一二年级开设国学课的具体设想。当然六经的文字比较难读，但《论语》和《孟子》可以成为六经的入门阶梯。因为孔孟所讲的义理，就是六经的义理，这一点宋代的“二程”（程颢、程颐）和朱熹，他们讲得最清楚。二程子甚至说：“学者当以《论语》《孟子》为本。《论语》《孟子》既治，则‘六经’可不治而明矣。”他们还做了一件思想史和教育史上的大事情，即把《论语》《孟子》和《礼记》的《大学》《中庸》两篇，编订在一起，名为“四子书”，简称“四书”。明清以后“四书”广泛流行于社会，成为普通中国人进学的教科书。

“六经”虽难，“四书”却读来方便。当然《大学》《中庸》读懂也不容易，比较起来《语》《孟》更好读一些。所以我主张在小学、中学和大学的一二年级开设国学课，不妨从《语》《孟》入手，轻松一点，每周一节课，五十分钟，也不必看注释，主要是白文选读。小学就是《论语》和《孟子》，一二三年级也可以只读《论语》，四五年级再读《孟子》。开始选读，有了基础，再阅读全本。中学就可以读包括《大学》《中庸》在内的全本“四书”了。高中再加上“六经”经文的选读。过去的教育，中国传统的教育，私塾的教育，书院的教育，基本的教材，都是“四书”“五经”这些东西。在百年之后，几百年之后，这些中华文化的最基本的经典就可以成为中华儿女的文化识别符号。它不会影响青少年对现代科技的吸收，不影响他们将来选择的专业方向。我认为这是现代教育亟须解决的重大问题。

第四，如果认可六艺之学为国学，现代教育系统所缺失的传道的问题，就有着落了。自从1905年废除科举制度（这是中国教育转型的一个分界线），其中衍生出一个非常大的问题，为人们习而不察，这就是教育和传道的问题。晚清开始采取的西方教育体制，主要是知识教育。当然这是必然的选择。因为我们必须往现代的方向走，不可能不采取现代教育体制，重视知识教育，否则我们的科学技术便不会发展。但现代以知识教育为重心的教育体制，丢失了一个东西，就是“道”。我们的传统教育，历来把传道放在第一位。所以韩愈的《师说》提出：“师者，所以传道授业解惑也。”授业就是讲授专门知识，解惑是回答弟子的问题，但“传道”是放在第一位的，这是中国历来的教育传统。那么道者为何？传什么道？既不是老庄之道，也不是佛教之道，更不是基督教或天主教的道，而是中华文化最高经典里面的道。这个道在哪里？在《论语》，在《孟子》，但主要是在“六经”。“六经”的基本义理就是中国思想文化的天下大道。可惜现代教育制度建立以后这个道不传了，这是一个无可估量的损失。也许有人会讲，现代教育体制来自西方，不也是知识教育吗？人家不是也不传道吗？这个说法不对。西方也传道，只不过它有单独的系统，它的传道是通过教会。

第五，以六艺之学为国学，大中小学开设国学课，其中应当有文言文的写作练习一项。“五四”新文化运动，白话文代替文言文，自是不可阻挡的潮流，也是文化与社会发展的必然之势。但彻底放弃文言、废弃文言，则不是明智之举。就像现代知识教育丢弃了传道一样，文言写作的基本废弃也是文化传承的一个损失。文言有什么好处呢？文言的重要好处是它可以保持文本书写的庄严。文言表达婉曲典雅，可以不失身份的曲尽其情。其实国家的重要文诰、重要的文件，包括庆典的告白，以及外交文献，适当使用一点文言，会显得更加典雅庄重。诚如马一浮先生在抗战时期对国家文制所期许的：“飞书走檄用枚皋，高文典册用相如，中土如有复兴之日，必不安于鄙倍。但将来制诰之文，必须原本经术，方可润色鸿业，此尤须深于诗书始得。”[①]我所说的文本的庄严，就是这个意思，马先生已经专门示明了。

所以，如果定义国学为六艺之学，国学就可以入于国民教育。反之，如果定义国学为国故学，由于繁多而不知从何说起。即使定义为我国固有学术，那也不是很多人都需要涉猎的领域。那是研究中国学术史的人所研治的范围，不可能也不需要大家都“热”在其中。唯有六艺之学，关于六经义理价值的学问，那是与每一个人都相关的学问，应该成为国民教育的基础内容。如果一定要使用“国学博士”的称谓，那么其所做的学位论文，亦应该不出经学和小学的范围，而且获得此一博士学位的人应该少之又少。其他博士需要三年，这个以经学和小学为主要研究对象的学科，应该需要五年或者六年的时间。此外，国学教育也应该同时成为国学研究的对象。以此大学的国学院，应该有三部的设置：第一，经学部；第二，小学部；第三，国学教育部。

按此思路，如此设置，百年来的国学与现代学术分科

---

① 马一浮：《示王子游》，《尔雅台答问续编》，《马一浮集》第一册，第667页。

的纠结，便可以迎刃而解了。

八 学习国学从《论语》开始

马一浮国学论的另一贡献，是发现《论语》里面有“六艺”。他说：“《论语》记孔子及诸弟子之言，随举一章，皆可以见六艺之旨。”[①]他的《〈论语〉首末二章义》一文，就是专为揭明此义而写。他写道：“首章曰：‘学而时习之，不亦说乎？有朋自远方来，不亦乐乎？人不知而不愠，不亦君子乎？’悦、乐都是自心的受用。时习是功夫，朋来是效验。‘悦’是自受用，‘乐’是他受用，自他一体，善与人同。故‘悦’意深微而‘乐’意宽广，此即兼有《礼》《乐》二教义也。”[②]又释“君子”一语云：“《易》是圣人最后之教，六艺之原，非深通天人之故者不能与《易》道相应。故知此言君子者，是《易》教义也。凡言君子者，通六艺言之，然有通有别，此于六艺为别，故说为《易》教之君子。学者读此章，第一须认明‘学而时习之’，学是学个什么；第二须知如何方是时习工夫；第三须自己体验，自心有无悦泽之意，此便是合下用力的方法。末了须认明

① 马一浮：《泰和宜山会语》，《马一浮集》第一册，第 28 页。

② 同上书，第 29 页。

君子是何等人格，自己立志要做君子，不要做小人，如何才够得上做君子，如何才可免于为小人。其间大有事在，如此方不是泛泛读过。”[①]

为何释君子而追溯到《易经》，马先生给出的理由是：“孔子系《易》，大象明法天用《易》之道，皆以君子表之。”[②]例如乾卦的象辞是：“天行健，君子以自强不息。”坤卦的象辞为：“地势坤，君子以厚德载物。”乾、坤两卦均以君子之名标领，可知“厚德”与“自强”是为君子之德也。以往研究者释君子一名，有时以“位”称，有时以“德”称，马先生则认为：“君子者，唯是成德之名。”[③]又说：“君子但为德称，不必其迹应帝王也。”[④]而《易经》涉君子一词，一般都是“以成德为行”(《易·乾卦·爻辞》)，这和《论语》中使用的君子概念，是一致的。马先生以《论语》首章为例，证明《论语》中有“六艺之旨”，应是真实不虚。至于《论语》的末章，马先生说，末章“不知命，无以为君子也”，是《易》教义；“不知礼，无以立”，是《礼》教义；“不知言，无以知人”，是《诗》

---

① 马一浮：《泰和宜山会语》，《马一浮集》第一册，第 31 页。
② 同上书，第 29 页。
③ 同上书，第 33 页。
④ 同上书，第 29 页。

教义。[①]亦属谛言。马先生又说，“首章是始教，意主于善诱”，末章是“终教，要归于成德”；“以君子始，以君子终，总摄归于《易》教”。

《〈论语〉首末二章义》在马先生只是示例，更系统的讲述主要在《复性书院讲录》中。《群经大义》是马先生在复性书院授学讲论的重头戏，共分七讲，曰《群经大义总说》，曰《论语大义》，曰《孝经大义》，曰《诗教绪论》，曰《礼教绪论》，曰《洪范约义》，曰《观象卮言》，共二十余万言。而《论语大义》置于群经释义之首，超过三万言。他的讲论方法，就是从《论语》说六艺。当然和《〈论语〉首末二章义》不同，此篇是系统论述。他说：“六艺皆孔氏之遗书，七十子后学所传。欲明其微言大义，当先求之《论语》，以其皆孔门问答之词也。据《论语》以说六艺，庶几能得其旨。”[②]他分别以诗教、书教、礼乐教上中下、易教上下、春秋教上中下，阐发《论语》中的六艺之旨。内容丰富详博，条例粲然，因非本篇题旨的重心，具体释解分疏，不是本文的任务。我只想证明，《论语》是可以直接通六艺的，《论语》反复讲述的义理，就是六经的基本义理。因此欲学六艺不妨从《论语》开始。

---

① 马一浮：《泰和宜山会语》，《马一浮集》第一册，第31页。

② 马一浮：《复性书院讲录》，《马一浮集》第一册，第137页。

马一浮关于《论语》通六艺的创解，哲学家贺麟先生评价极高，写道："进一步他提出《论语》为总经，指出《论语》中已包括六艺的大义。他以孔子言仁处，讲明诗教；以孔子言政处，讲明书教；以孔子言孝悌处，讲明礼乐教；以孔子之言正名，为春秋大义；以孔子在川上章，于变易中见不易，及予欲无言章，明示性体本寂而神用不穷，即以此两章，讲明易教大义。提纲挈领，条理清楚，颇能融会贯通。所以他《论语大义》一书，实最为他精要的纲。"[①]然则《论语大义》完全可以看作马先生讲述《群经大义》的纲。这样我们就可以放心地提出，《论语》不仅是后人进入"六经"的途径，同时也是今天我们学习国学的最便捷的途径。

在今天，对大多数民众而言，学习国学主要不是要进入"六经"的学问体系，那是一个烦难的学问世界。没有文字学、训诂学、音韵学的相当准备，未免障碍重重。即使有一定的小学训练，不了解中国的社会历史和制度变迁，特别是于学术流变的历史缺少整体的了解，进入"六经"的堂奥，也是困难的。所以我主张大学国学院的经学部，招生的人数不必多，学制需适当延长，最终以培养

① 贺麟：《五十年来的中国哲学》，上海人民出版社，2012年，第29—30页。

经学和小学专家或大师为职志。但一般的民众，包括大学生、中小学教师、公务员、企业员工，主要是学习“六经”的价值论理。也就是班固《汉书·艺文志》说的：“古之学者耕且养，三年而通一艺，存其大体，玩经文而已，是故用日少而畜德多。”学习国学，学习“六经”，主要是为了“蓄德”。

蓄什么德？近年我从《易经》《礼记》《论语》《孝经》等中国最高经典中抽绎出五组概念，包括诚信、爱敬、忠恕、知耻、和同，都是直接关乎做人和立国的价值论理。我认为它们是中国文化的最核心的价值理念。诚信来自《易经》乾卦的爻辞，引孔子的话说：“君子进德修业，忠信所以进德也。修辞立其诚，所以居业也。”大家细想，人生在世，何求何为？“进德修业”四字可以概括无遗。还不是想在事业上取得成功，并在道德上修为自己？而进德的前提，是“忠信”，修业的前提，是“立诚”。总之是“诚信”二字，可以使自己快乐自足，可以使自己事业有成，可以使自己立足天下而无愧忧。《论语》通六艺，其首章引曾子的话说：“吾日三省吾身，为人谋而不忠乎？与朋友交而不信乎？”孔子则提出“主忠信”。既是孔门之教，又是六艺之旨。“爱敬”一词连用，最早见诸《孝经》。其第二章引孔子语：“爱亲者，不敢恶于人；敬亲者，不敢慢于人。爱敬尽于事亲，而德教加于百姓。”第十八章："生事爱敬，死事哀戚，生民之本尽矣，死生之义备矣，孝子之事亲终矣。"也是孔子的话。《论语》首章载孔子的话："道千乘之国，敬事而信，节用而爱人，使民以时。""爱敬"两字于此处全出。孔子答樊迟问仁，则曰"爱人"(《论语·颜渊》)。而子路问君子，孔子说"修己以敬"(《论语·宪问》)。子张问如何行事，孔子的回答是："言忠信，行笃敬，虽蛮貊之邦行矣。"(《论语·卫灵公》)孔子谈礼仪的重要，又说："居上不宽，为礼不敬，临丧不哀，吾何以观之哉？"(《论语·八佾》)则礼的精神内核应该是"敬"无疑。"爱敬"这种价值论理，也可以由《论语》而通"六经"。

"忠恕"则直接来源于《论语》，即曾子说的："夫子之道，忠恕而已矣。"(《论语·里仁》)"忠"是推己，即看自己的"心"是否摆得正。"恕"是"及人"，即换位思考，将心比心。孔子对"恕"的解释，是"己所不欲，勿施于人"(《论语·卫灵公》)。我称恕道体现了中国文化的异量之美，已成为世界公认的道德金律。"知耻"来自《礼记·中庸》，也是引孔子的话："好学近乎知，力行近乎仁，知耻近乎勇。知斯三者，则知所以修身；知所以修身，则知所以治人；知所以治人，则知所以治天下国家矣。"我由此得出一个判断，即修身应该从"知耻"开始。

“和同”是我近年研究得最多也讲得最多的价值理念，其思想来自《易经·系辞下》：“天下何思何虑？天下同归而殊途，一致而百虑。”而《同人》一卦则是专门演绎“与人和同”《易》理的一卦。2016年《文史哲》杂志第3期有我的《论和同》一文，两万余言，析论考证“和同”之义甚详尽，有兴趣的朋友可找来参看，此不多具。“和”是由“不同”组成，不同也能共处于一个统一体中，是为“和”。如果都是由“同”组合在一起，那就不成其为事物了。所以《国语·郑语》引史伯的话说：“和实生物，同则不继。”史伯是古代的智者，他这句话道出了“和”“同”关系的辩证法。由“不同”组成的“和”是多样的统一，故能更新，故能发展，故能再生。如果是“同”“同”捆绑在一起，那就无所谓更新、发展和再生了。求之《论语》，则是孔子所讲：“君子和而不同。”斯言体大，穷理尽性，无漏无遗，一言九鼎。一个是“和而不同”，一个是“己所不欲，勿施于人”，我认为是孔子给出的，同时也是中国文化给出的人类麻烦解决之道。我有一篇文章专门论述此义，题目是《“和而不同”是中华文化的大智慧》。关于“敬”的义理价值，2016年第3期《北京大学学报》刊有我的一篇特稿，名《敬义论》，三万字的篇幅，可以说将“敬”的义理发掘殆尽。“敬”是人的不可夺之“志”，是生命个体的“自性庄严”。我的结论是，“敬”这个价值理念已经进入中华文化的信仰之维。

总之，诚信、爱敬、忠恕、知耻、和同，是六艺典籍中的最重要的价值论理，也是中国传统文化的最核心的价值论理。所谓国学，就是通过立教来传育这些万古不磨的价值论理，以培养、熏陶、涵化新时代的“六艺之人”。《礼记·大学》开篇之“大学之道，在明明德”以此，“在新民”，以此，“在止于至善”，更是以此。这些价值理念不仅没有过时，而且恰合于今天的文化建设和价值重构。实际上，这些价值论理不仅适用于中国人，也适用于外国人，适用于全世界所有的人。当年马一浮在浙江大学开国学讲座的时候，他不是说过：“此是某之一种信念，但愿诸生亦当具一种信念，信吾国古先哲道理之博大精微，信自己身心修养之深切而必要，信吾国学术之定可昌明，不独要措我国家民族于磐石之安，且当进而使全人类能相生相养而不致有争夺相杀之事。”①他说只有具备了此种信念，“然后可以讲国学”。马一浮先生的思想和信念，应该成为我们每一个致力于中国文化复兴的学人的思想和信念。

我们今天学国学，就是让这些高贵的精神论理跟我们

---

① 马一浮：《泰和宜山会语》，《马一浮集》第一册，第4页。

每个人的精神世界连接起来，跟我们中国人的精神血脉沟通起来，跟全世界人之为人的“本具之理”联系起来，形成现代的文化自觉，以恢复人类的本然之善。

（原载《文史哲》2017 年第 2 期）

跋 语

本书的最后一章《马一浮与国学》需要稍做说明。国学问题是我近年集中关注的课题之一，曾写过多篇文字，其中以《论国学》、《国学辨义》两篇长文最为系统，对国学在现代中国发生的渊源与流变，以及如何在当代发用，做了比较深入的探讨。这些文字都涉及马一浮先生给国学下的新定义，即认为国学应该是“六艺之学”。马先生学术思想的核心部分是经术和义理之学，“六艺”统摄一切学术，是他最著名的论点。1938 年先后在江西泰和、广西宜山，1939 年至 1945 年在四川乐山复性书院，讲论的内容无不关乎此学、此道、此理。而 1938 年在浙江大学首开国学讲座，第一讲就提出了“楷定国学名义”问题。他说：

> 今先楷定国学名义。举此一名，该摄诸学，唯六艺足以当之。六艺者，即是《诗》《书》《礼》《乐》

《易》《春秋》也。此是孔子之教，吾国二千余年来普遍承认一切学术之原皆出于此，其余都是六艺之支流。故六艺可以该摄诸学，诸学不能该摄六艺。今楷定国学者，即是六艺之学，用此代表一切固有学术，广大精微，无所不备。

将国学的内涵“楷定”为“六艺之学”，打开了国学研究与传播的新天地，马先生一生为学，都是在此一定义的笼括下建构并践行的。我写过多篇探讨马一浮国学定义的文章，包括篇幅较长的《国学和六艺之学》，且提出国学也应涵摄“小学”的部分。但此次辑篇成秩，却没有选用现成的文字书写稿，而是以 2013 年 4 月 22 日在浙江大学的演讲，作为此书的结章。此篇根据录音整理，保留了演讲的词气和现场的氛围，曾刊于 2013 年 6 月 3 日《人民政协报》。自古文无定体，既然阐释的是同一问题，何不以意态轻松、话语活泼的文字为上选。同时又决定即以此章的篇名作为我的这本研究马一浮专书的书名，以彰显一代鸿儒、真正的国学大师马先生对现代国学的贡献。

我写此书使用的马一浮的著作，是 1996 年浙江古籍和浙江教育出版社出版的三卷本《马一浮集》。繁体竖排，于我比较方便。其中不无舛误，使用时随手做了订正。其他参考用书，视手边所有，不求版本的统一。《论语》用的是程树德的《论语集释》，取其详博。“六经”则以《十三经注疏》为主，黄侃的手批《白文十三经》亦深惬我意。宋儒诸书，中华书局的理学丛书本比较好用。《朱熹集》用的是四川教育出版社1996年的十卷本。余者取用颇杂，兹不备述。又此书各章文字不是一时写就，前后十有余年，此次成书虽经重新校补订正，文字表达之调式仍难免有不尽一致的地方。只不过我心中眼中之马一浮，今日与昨日固未尝有异焉。

2014年8月3日稿竟谨记

增订版跋语

《马一浮与国学》初版印行于2015年6月，至今已经两年有半的时间。没想到这样一本安宁静谧的学术专业书，竟有不错的长效效应。现在不仅市面上寻觅不到，我手边也所剩无几了。三联书店决定重印，趁此机缘，补入《马一浮国学论的施教义旨》，作为全书的第十章。此章是对第九章《马一浮与国学》的补论延伸，表达方式一为简括口语的演讲文稿，一为取证翔实的专题论文，两者互为比照，更易于了解马一浮国学论的精义和题旨。这样一来，全书的篇幅增加了许多，是为增订版。是耶非耶，愿闻教言。

2018年3月25日于东塾